Geneen Roth · Sehnsüchtiger Hunger

Geneen Roth

Sehnsüchtiger Hunger

Wenn Essen ein Ersatz für Liebe ist

Kösel

Übersetzung aus dem Amerikanischen: Anke Grube, Hamburg.
Die Originalausgabe erschien unter dem Titel »When Food Is
Love. Exploring The Relationship Between Eating And Intimacy«
bei Dutton, New York.

Für Mark

der mir mitten in der Nacht
von Wunschknochen sang
und mehr

ISBN 3-466-30332-X
© 1991 by Geneen Roth
© 1992 by Kösel-Verlag GmbH & Co., München
Printed in Germany. Alle Rechte vorbehalten
Druck und Bindung: Kösel, Kempten
Umschlag: Elisabeth Petersen, Glonn

1 2 3 4 5 · 96 95 94 93 92

Gedruckt auf umweltfreundlich hergestelltem Werkdruckpapier
(säurefrei und chlorfrei gebleicht)

Inhalt

Danksagungen

Ich bin dankbar, Freunde zu haben, die bereit sind, sich die Zeit zu nehmen, mein Schreiben zu verstehen, zu hinterfragen und zu vertiefen. Sara Friedlander danke ich, weil sie jedes Kapitel willkommen geheißen hat, sobald es fertig war, und weil sie mich fest ans Leben gebunden hat. Für ihr meisterhaftes, verständnisvolles und herausforderndes Lesen des Manuskriptes danke ich Laura Davis. Jace Schinderman danke ich dafür, daß sie mir ihre Brillianz, ihre Fähigkeit zum makellosen Redigieren und die Perspektive eines halben Lebens Freundschaft angeboten hat. Für die Sichtweise eines Romanautors und einen Brief, den ich immer hochschätzen und in Ehren halten werde, danke ich Eddie Lewis. Cliff Friedlander danke ich dafür, daß er meine Arbeit hinterfragt hat und mich drängte, mehr als ein paar Kapitel umzuschreiben. Für ihre Unterstützung bei etwas, von dem ich hoffe, daß es wahr ist, danke ich Katy Hutchins. Natalie Goldberg danke ich für die unbeschreibliche Freude, die es mir gemacht hat, zusammen mit ihr zu schreiben, und für ihre Erkenntnis meiner Seele, die die Seele einer Schriftstellerin ist.

Außerdem würde ich gerne danken:
Maggie Phillips, die mich viel über das Thema dieses Buches gelehrt hat, indem sie mich ermutigte, das Unsagbare auszusprechen und ein Vorbild an beständiger Liebe ist; Sil Reynolds, die sich mir als Assistentin bei Workshops, als Lehrerkollegin und Schwester zur Verfügung gestellt hat; Ruth Wiggs, meine Mutter, die nach Kalifornien geflogen ist, um

dieses Buch mit mir durchzugehen, und mir dadurch viel über Mut, seelische Kraft und Heilung beigebracht hat; Karen Russell für die Bereitschaft, andere an ihrer Freude und ihrem Leid teilhaben zu lassen, und für das Beispiel, das sie uns durch ihr mit Leidenschaft und Anmut gelebtes Leben gibt; Maureen Nemeth für die Tüchtigkeit, mit der sie mein Büro leitet, und die Freiheit zu schreiben, die mir das gibt; Nancy Wechsler für ihre beruhigenden, weisen Ratschläge; Michaela Hamilton, Elaine Koster, Alexia Dorszynki und den Handelsvertretern des Dutton-Verlages für ihr Vertrauen in mich und ihr Engagement für meine Arbeit; Angela Miller, die es trotz und wegen allem, was wir miteinander durchgemacht haben, mit mir aushält; der Frau bei dem 1988ziger Workshop in Omega, die den Titel dieses Buches vorgeschlagen hat; den Teilnehmerinnen und Teilnehmern meiner Workshops, die mich mit ihrer Sehnsucht und Liebe angerührt und inspiriert haben; Jack Kornfield, Joseph Goldstein, Stephen Levine und Emmanuel, die mich mit Lehren segnen, die mir das Herz öffnen und mich daran erinnern, wo mein Zuhause ist.

Peg Parkinson - meine erste Lektorin, meine Freundin und Mentorin - starb nach Korrektur des Manuskriptes, vor der Veröffentlichung. Ihr Geist ist mit diesem Buch und mit mir verwoben.

Spätes Fragment

Und hast du bekommen, was
du von diesem Leben wolltest, trotz allem?
Das habe ich.

Und was war es, was du wolltest?
Mich selbst geliebt nennen, mich
geliebt fühlen auf dieser Erde.

Raymond Carver

Einleitung

Mit elf Jahren begann ich, ständig neue Diäten zu machen, und in den nächsten siebzehn Jahren brachte ich den größten Teil jeden Tages damit zu, mir zu überlegen, was ich essen wollte, aber nicht durfte, und was ich essen sollte, aber nicht wollte. Ich hatte angefangen, mir eine Welt zurechtzuspinnen, in der es nur zwei Spieler gab, das Essen und mich, und meine Fähigkeit, einem anderen Menschen nahe sein zu können, wurde dadurch in hohem Maße eingeschränkt. Als ich achtundzwanzig war, war mein Gewicht das einzige, was mich wirklich interessierte.

Nach Erscheinen meiner Bücher »Feeding the Hungry Heart« und »Essen als Ersatz«[1], nachdem ich mein Normalgewicht erreicht hatte und es hielt, entdeckte ich, daß ich nicht *schlank sein* wollte – ich wollte *schlank werden.*

Solange meine Aufmerksamkeit vom Essen gefesselt war, von der Frage, welche Kleidergröße ich trug, wieviel Cellulitis ich hinten an den Beinen hatte und wie mein Leben aussehen würde, wenn ich schließlich abgenommen hatte, konnte ich von keinem Menschen tief verletzt werden. Meine Obsession mit meinem Gewicht war dramatischer und sicherlich unmittelbarer als alles, was zwischen mir und einer Freundin oder einem Liebhaber vorging. Wenn ich mich von jemandem zurückgestoßen fühlte, sagte ich mir, daß er oder sie meinen Körper ablehnte, nicht mich, und daß alles anders werden würde, wenn ich schlank geworden war.

Ich dachte, daß ich schlank sein wollte; ich entdeckte, daß ich unverwundbar sein wollte.

Dann lernte ich Mark kennen, den Mann, mit dem ich mein Leben verbringen wollte. Nach der Glückseligkeit des ersten Verliebtseins wurde ich mit mir selbst konfrontiert und stellte fest, daß ich wie ein Kind war, das sein Leben in einer Phantasiewelt verbracht hat und nicht weiß, wie es mit wirklichen Kindern spielen soll. Ich wußte nicht, wie ich mich ernsthaft auf einen Menschen einlassen sollte; das einzige, worauf ich mich einlassen konnte, war das Essen.

Ich hatte Freunde und Freundinnen, gute Freundinnen, eine beste Freundin. Ich hatte Liebhaber, mit einem Mann war ich sieben Jahre lang zusammen. Aber ich spreche nicht von Freundinnen oder Liebhabern. Ich spreche von Nähe, von Hingabe, Vertrauen und der Bereitschaft, meine schlimmsten Seiten auszuhalten, anstatt vor ihnen davonzulaufen.

Das Wunderbare am Essen ist, daß es einen nicht verläßt, sich nicht streitet und keinen eigenen Kopf hat. Das Schwierige an Menschen ist, daß sie all das tun. Siebzehn Jahre lang war das Essen mein Liebster, und es verlangte nichts von mir. Und genau so wollte ich es haben.

Vor ein paar Jahren führte die Zeitschrift »Glamour« eine Umfrage unter dem Titel »Feeling Fat in a Thin Society« durch. Fünfundsiebzig Prozent der 33.000 befragten Frauen sagten, daß sie sich zu dick fühlten. Die Frauen wurden gefragt, ob ihr Gewicht ihr Selbstwertgefühl beeinflusse; sechsundneunzig Prozent antworteten mit ja. Auf die Frage, was sie glücklicher machen würde: Abnehmen, eine glückliche Beziehung, Erfolg im Beruf oder die Wiederbelebung einer alten Freundschaft, sagte fast die Hälfte der Frauen, daß sie das Abnehmen glücklicher machen würde als alles andere.

Bei Männern ist das Problem ähnlich gelagert und doch anders. Die meisten Männer sind weniger auf ihr Gewicht fixiert als Frauen, aber es gibt viele Männer, die schmerzlich unter Urteilen über ihr Gewicht und einem damit verbundenen geringen Selbstvertrauen leiden. Die Bürde, die diese Männer zu tragen haben, ist anders als die der Frauen, da es für Männer kein akzeptables Verhalten ist, sich gegenseitig Unterstützung zu gewähren oder nach Unterstützung zu suchen, wenn sie unter diesem Problem leiden – insbesondere da es als ›weibliches Problem‹ gilt. Männern und Frauen dient ihre Fixierung auf das Essen als Ablenkung von den tieferliegenden Problemen von Vertrauen, Nähe und Intimität. Wir wollen lieber abnehmen als einem anderen Menschen nahe sein. Lieber konzentrieren wir uns auf unseren Körper, als zu lieben oder geliebt zu werden. So ist es sicherer: Wir wissen, wo der Schmerz herkommen wird, wir haben die Kontrolle.

In den ersten beiden Jahren meines Zusammenlebens mit Mark stellte ich fest, daß ich mit Verhaltensmustern kämpfte, die ich schon Jahre zuvor zusammen mit meiner Eßstörung überwunden zu haben glaubte. Schlimmer noch, ich fühlte mich wieder wie ein Kind, das auf lange vergessene Ängste reagierte, auf die Angst, verlassen zu werden, ungeliebt oder verrückt zu sein. Während ich tagtäglich darum kämpfte, mich ins Hier und Heute zurückzubringen und mich daran zu erinnern, daß ich fünfunddreißig Jahre alt war, nicht fünf, und daß dies Mark war und nicht meine Mutter oder mein Vater, fielen mir bestimmte Parallelen zwischen Essen und Lieben auf.

Unser Eßverhalten ist eine Metapher für die Art, wie wir leben; es ist auch eine Metapher für die Art, in der wir lieben. Exzessive Phantasien, die Schaffung von Dramen, Kontrollbedürfnis und das Streben nach dem Verbotenen sind Verhaltensmuster, die uns daran hindern, beim Essen oder in Liebesbeziehungen Freude zu erfahren. Und manche der Richtlinien, die uns ermöglichen, uns von zwanghaftem Verhalten zu befreien – wie zum Beispiel zu lernen, in der Gegenwart zu leben, uns selbst wertzuschätzen, dem hungrigen Kind in uns eine Stimme zu geben, unserem körperlichen und emotionalen Hunger zu vertrauen und uns selbst zu lehren, Freude zu empfangen – befähigen uns auch dazu, einem anderen Menschen nahe zu sein.

Seit zwölf Jahren leite ich Workshops über die Befreiung vom zwanghaften Essen, und seit kurzem biete ich auch Workshops über Essen und Nähe an. Ich arbeite jedes Jahr mit Tausenden von Menschen. Zwei von vier Frauen, die zu meinen Workshops kommen, sind als Kind sexuell mißbraucht worden; mehr als die Hälfte der Teilnehmer sind erwachsene Kinder von Alkoholikern. Die meisten kommen aus gestörten Familien. Aber sie sind überzeugt, daß das Essen und ihr Gewicht ihre größten Probleme seien. Sie glauben, alles käme in Ordnung, wenn sie abnehmen würden, obwohl die meisten von ihnen bereits fünfmal, zehnmal, zwanzigmal stark abgenommen haben – ohne daß es ihnen geholfen hätte. Sie nahmen wieder zu und probierten eine neue Diät aus.

Die Amerikaner geben jedes Jahr 33 Billionen Dollar aus, um abzunehmen. Zwanzig Millionen Frauen leiden unter Eßstörungen. Fünfundzwanzig Prozent aller Männer und fünfzig Prozent aller Frauen leben ständig Diät. Und neun von zehn Menschen, die durch eine Diät abnehmen, haben bald ihr altes Gewicht wieder erreicht. Für diejenigen, die es in diesem Jahr nicht geschafft haben, ihre Diät durchzuhalten, wird es im nächsten Jahr 30.000 neue Diätvorschläge geben, unter denen sie wählen können.[2]

Diäten haben keinen Sinn, weil Essen und Übergewicht die Symptome sind, nicht die Probleme. Die Fixierung auf das Gewicht führt zu einer willkommenen und kulturell verstärkten Ablenkung von den Gründen, aus denen so viele Menschen essen, wenn sie keinen Hunger haben. Diese Ursachen sind komplex und können nicht durch Willensstärke, Kalorienzählen und Gymnastik beseitigt werden. Sie haben mit Vernachlässigung zu tun, mit Mangel an Vertrauen, Mangel an Liebe, sexuellem Mißbrauch, Mißhandlungen, unterdrücktem Zorn, Trauer, Diskriminierung und Schutz vor einem erneuten Verletztwerden. Die Menschen mißhandeln sich selbst mit Hilfe des Essens, weil sie nicht wissen, daß sie etwas Besseres verdienen. Sie mißhandeln sich selbst, weil sie mißhandelt worden sind. Sie werden zu unglücklichen Erwachsenen, die sich selbst verachten, nicht weil sie traumatische Erfahrungen gemacht haben, sondern weil sie diese Erfahrungen verdrängt haben.

In diesem Buch versuche ich, der Frage auf den Grund zu gehen, warum Menschen sich dem Essen zuwenden. Das Buch handelt von den Botschaften, die wir als Kinder empfangen haben, die wir in Botschaften des Selbsthasses übersetzten und an andere Menschen weitergeben, unter anderem an unsere Kinder. Das Buch betont, wie wichtig es ist, hier und heute die Verantwortung für eine Veränderung auf uns zu nehmen, anstatt uns als Opfer eines vergangenen Leides zu fühlen. Da das Muster unseres Eßverhaltens durch frühe Muster des Liebens und Geliebtwerdens *geprägt* worden ist, ist es notwendig, daß wir mit den Problemfeldern Essen *und* Liebe arbeiten und sie verstehen, um mit unserer Beziehung zu beiden zufrieden sein zu können.

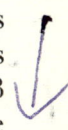

Dies ist ein persönliches Buch. Meine Mutter war medikamentenabhängig und Alkoholikerin und mißhandelte mich; mein Vater war oft nicht da und emotional nicht erreichbar. Dieses Buch handelt von der Vergangenheit und davon, welchen Einfluß sie auf meine Art zu essen und zu lieben hatte; es handelt von der Gegenwart und davon, wie ich gelernt habe, Mark nahe zu sein, nachdem ich so lange in der selbstzentrierten Welt des Zwanges gelebt hatte. Es handelt davon, wie wir das Unsagbare aussprechen, heilwerden und weitergehen können, und es ist eine Feier des Ganzwerdens.

Sehnsüchtiger Hunger handelt auch von den vielen Menschen, mit denen ich gearbeitet habe und die mir Briefe schickten. Mit ihrer Erlaubnis erzähle ich ihre Geschichte, berichte von ihren Kämpfen und ihren Siegen.

Es ist ein Buch über Nähe und Intimität, wie sie uns durch den Filter des Zwanges erscheint. Und es ist ein Buch über die Ängste und Freuden, die wir erleben, wenn wir diesen Filter wegnehmen. Dieses Buch ist kein typischer Selbsthilfe-Leitfaden; es werden keine speziellen Übungen und Richtlinien aufgelistet, die täglich geübt werden könnten. Die nötige Information wird beim Geschichtenerzählen enthüllt. Ich hoffe, daß dieses Buch Sie inspirieren wird, sich an die Teile Ihres Lebens zu erinnern, die Sie bagatellisiert, weggeschlossen oder vergessen haben. Dies hat einen starken Einfluß auf die Art, wie Sie mit dem Essen und Lieben umgehen, und es hält Sie davon ab, kreativ und leidenschaftlich zu leben, mit Selbstachtung und im Glauben daran, im Leben etwas bewirken zu können.

In meinen vorherigen Büchern habe ich über den Prozeß der Loslösung von zwanghaftem Verhalten geschrieben – insbesondere über die Befreiung von zwanghaftem Essen. Aber es reicht nicht aus, das Zwangsverhalten zu heilen. Der nächste Schritt ist, sich tief auf uns selbst und auf andere Menschen einzulassen; unsere Herzen zu öffnen und die Liebe einzulassen. Dieses Buch handelt davon, diesen Schritt zu wagen.

1 Essen und Lieben

Ich verliebte mich zum ersten Mal, als ich in die sechste Klasse ging. Er hieß Martin und war in der zwölften Klasse. Martin war muskulös, hatte Achataugen und ein Gesicht, in dem sich die kraftvollen Tage des Sommers widerspiegelten. Auf dem Schulfest fragte ich ihn, ob er mich heiraten wolle; er sagte ja. Wir gingen in die Heiratsbude, die mit roten und weißen Kreppbändern geschmückt war, und der Sozialkundelehrer erklärte uns für Mann und Frau. Martin drückte meine Hand, ich errötete, und dann küßte er mich. Auf den Mund. Ich rahmte unsere Heiratsurkunde ein und hängte sie über meinem Bett auf, so daß sie ein Teil meiner Träume werden konnte. Ich spielte »Born Too Late«, ein Lied von den Pony Tails, wieder und wieder, bis mein Bruder die Platte in Stücke brach, weil er es nicht ertragen konnte, sie noch ein einziges Mal hören zu müssen.

Im selben Jahr, in dem ich Martin traf, fing ich mit dem Diäthalten an. Zuerst dachte ich, ich würde schön sein, wenn ich schlank wäre – und wenn ich schön wäre, würde Martin mich ernst nehmen. Als er seinen Schulabschluß gemacht hatte, wollte ich einfach nur schön sein. Und in den folgenden siebzehn Jahren war die Hauptleidenschaft meines Lebens nicht eine Liebesbeziehung, sondern mein Gewicht. Eine Reihe von Dramen spielte sich vor meinen Augen ab: Meine Eltern waren äußerst unglücklich, mein erster wirklicher Freund starb an Krebs, die Mutter meiner Freundin Kathi beging Selbstmord, mein Bruder ging vollgepumpt mit Drogen in Zylinder und Frack zur Schule, aber inmitten von all dem baute ich eine kühle, blaue Zuflucht in einem Winkel meines Körpers

auf, die ein Leben voll Zärtlichkeit und Schönheit versprach
… wenn ich nur schlank werden könnte.

Dann wurde ich schlank. Vor dreizehn Jahren gab ich das Diäthalten auf und nahm vierzig Pfund ab. Ich schrieb ein Buch darüber. Ich sprach im Fernsehen über dieses Thema. Ich schrieb
ein weiteres Buch. Ich wartete darauf, daß Zärtlichkeit und
Schönheit in meine kühle, blaue Zuflucht eindringen würden.
Und dann wurde mir bewußt, daß hinter meiner Sehnsucht
nach dem Schlanksein die Überzeugung stand, Schlanksein
wäre gleichbedeutend mit Verliebtsein. Wenn ich mir vorstellte, schlank zu sein, sah ich mich nie allein. Schlanksein bedeutete Glücklichsein, und Glücklichsein bedeutete, nicht allein
zu sein. Schlanksein bedeutete Verliebtsein. Plötzlich wollte
ich einen Partner ebenso intensiv, wie ich mir gewünscht hatte, schlank zu sein.

Aber es war taktisch unklug, mein Leben aufzuschieben und
auf den idealen Partner zu warten, also machte ich mich daran, mir die Art Leben zu schaffen, die ich mir ohne einen
Partner wünschte. Ich zog in mein Traumhaus, ein kleines
Haus am Strand mit Dachfenstern, Glastüren und Pflaumen-
bäumen. Ich begann Workshops anzubieten, und durch den
Erfolg meiner Bücher baute ich mir langsam ein eigenes Unternehmen auf. Ich führte ein gutes Leben. Ich hatte Freunde,
die ich liebte. In meiner Arbeit konnte ich meine wahren
Überzeugungen ausdrücken. Ich war schlank und gesund.
Aber ich wartete.

Ich erzählte mir selbst, daß ich ein ausgefülltes Leben führte,
selbst wenn ich den Rest meines Lebens ohne einen Partner
zubringen sollte. Denk an Katherine Hepburn, sagte ich mir.
Sie ist lebendig und kreativ und lebt allein. *Jeder* ist schließlich
allein, versuchte ich mich zu überzeugen. Es ist besser, allein
zu sein als einsam mit jemandem, den ich nicht liebe. Ich
glaubte das alles. Aber dennoch träumte ich von Küssen im
Mondlicht und ineinander verschlungenen Körpern.

In mancher Hinsicht war ich immer noch die Fünfzehnjähri-
ge, die sich in einem dunklen Zimmer flüsternd mit ihrer

Freundin Petra über Liebe und die Leidenschaft, die mit ihr verbunden ist, unterhielt.

»Glaubst du, es tut weh, wenn er es in dich reinsteckt?« hatte Petra damals gefragt.

»Das glaube ich nicht«, sagte ich. »Warum würden sonst so viele Leute so ein Aufhebens wegen Sex machen? Ich meine, wenn es wehtut, was soll das Ganze?«

»Was glaubst du, wie es sich *anfühlt*?« fragte sie mit erhobener Stimme.

»Ich weiß nicht.«

Petra setzte sich auf und machte das Licht an. Sie war zu aufgeregt, um zu schlafen. Ich rollte mich auf die Seite, um sie anzusehen. Die Spitze am Kragen ihres Nachthemds hatte sich unter der Passe verfangen. Eine übergroße goldblonde Puppe, umgeben von einer Menagerie von Stofftieren, thronte auf dem Sofa.

»Ich denke, es muß das wundervollste Gefühl der Welt sein«, sagte Petra. »Du siehst ihm in die Augen, er sieht dir in die Augen, und ihr stöhnt beide. Einen Moment lang seid ihr ein Wesen. Kannst du dir etwas Besseres vorstellen?«

»Nein,« murmelte ich. »Kann ich nicht.«

Ich schlief ein und träumte von einem Mann mit lockigem Haar und nickelrunden Augen.

Neunzehn Jahre später träumte ich immer noch von ihm.

Nachmittags, wenn die Sonne die Sterne auf meiner Patchworkdecke zum Leuchten brachte, stellte ich mir vor, wie er auf dem Bett saß und mich ansah. Ich spielte, er würde bereits den Flecken Gold in meinem rechten Auge lieben, die Art, wie ich Hallo sagte, wenn ich ans Telefon ging, die Form meines Gesichts, die Beschaffenheit meiner Haut. Und ich fühlte mich hoffnungsvoll, vollständig.

Abends, wenn die leere Schale des Nachthimmels den Tag auslöschte, machte ich das Licht an und ging zum Spiegel.

»Dieses Gesicht ist klar und hell«, sagte ich laut. »Wenn ich ein Mann wäre und dich sähe, würde ich dich kennenlernen wollen. Wenn ich ein Mann wäre, könnte ich dich lieben.«

Nach dem Erscheinen meines Buches *Essen als Ersatz* sagte meine Freundin Babs, daß ich mich mehr bemühen müßte. »Wie willst du einen Mann treffen, wenn du mit Frauen zusammenarbeitest, für Frauen schreibst und deine ganze Zeit mit Freundinnen verbringst? Geh' mehr aus. Geh' tanzen. Geh' auf Parties.«

Meine beste Freundin Sara sagte: »Erwartest du, daß er an deiner Tür klingelt und ins Haus marschiert? Du mußt mehr unternehmen. Sei keine Einzelgängerin.«

Ellen sagte: »Du brauchst nur einen. Du wirst ihn finden. Mach dir nur nicht so viel Sorgen.«

Ich hatte Angst, daß ich nicht genug von dem hatte, was immer nötig war – und zuviel von dem, was nicht sein durfte – um in einer verbindlichen Beziehung zu leben.

Babs drängte mich, eine Kontaktanzeige in der Lokalzeitung aufzugeben. Sie sagte: »Das ist die neue Art, Männer kennenzulernen; es ist besser als in Bars zu gehen oder auf Parties oder zu Volkshochschulkursen. Und auf diese Art kannst du genau sagen, was du willst.«

Als sie mit dem Mann zusammenzog, den sie durch *ihre* Anzeige kennengelernt hatte, beschloß ich, daß sie recht hatte.

Die nächsten vier Monate brachte ich damit zu, meine Anzeige aufzusetzen. Ich konnte mich nicht entscheiden, ob ich mich als ›attraktiv‹ oder ›sehr attraktiv‹ beschreiben sollte, ob ich erwähnen sollte, daß ich Woody Allen-Filme nicht mochte oder daß ich gern Schokolade aß. Ich wollte nicht sagen, daß ich Bücher über Essen geschrieben hatte, weil ich nicht wollte, daß mich jemand erkannte, aber ich wollte auch nicht unehrlich sein. Nachdem ich die Anzeige ein paar hundertmal umgeschrieben hatte, brachte ich meine Sekretärin Maureen dazu, sie zur Zeitung zu bringen, damit sie dachten, Maureen würde sie aufgeben. Der endgültige Wortlaut war:

Ein Liebhaber und Freund. Ich bin eine lebendige, attraktive jüdische Frau (34) mit einem Beruf, der mich befriedigt und in dem ich erfolgreich bin; ich habe oft Sinn für Humor und Sehnsucht nach einer Beziehung mit einem Mann, der mir ebenso ein Freund sein wird wie ein Liebhaber. Zu verschiedenen Zeiten bin ich: spielerisch, ernsthaft, unmöglich, zärtlich und einfühlsam. Ich mag gern Draußensein, Gesundsein, Tanzen, Schokolade und das Ungewöhnliche im Gewöhnlichen sehen. Filme von Woody Allen deprimieren mich. Ich suche einen alleinstehenden, berufstätigen Mann von 30 bis 45, der freundlich ist, gemütlich und ehrlich mit sich selbst (ein *Mensch*), der lachen, gut auf sich aufpassen und zuhören kann und der nicht geht, wenn es schwierig wird. Einen Mann, der glaubt, daß sein Leben gewinnen wird, wenn er in der Beziehung mit einer Frau wächst. Einen Gourmetkoch würde ich nicht abweisen.

Ich bekam siebzig Antworten, zehn Photographien, zwei Rosensträuße, drei Gedichte und ein Zwiebelbrot. Meine Freundin Ellen und ich teilten die Briefe in drei Stapel: ja, nein und vielleicht. Sara und ich lasen die Jas noch mal und entwarfen einen Plan, der vorsah, daß ich am Abend zwei bis drei Männer anrufen sollte. Ich wollte es nicht tun. Ich wollte die Peinlichkeit der ersten paar Minuten nicht durchmachen, wenn ich mit Männern redete, die ich nicht kannte und wahrscheinlich nicht mögen würde. Ich wollte die ganze Sache vergessen, die Briefe wegwerfen, eine jüdische Priesterin werden. Statt dessen schlossen Sara und ich einen Handel ab: Ich würde eine Nummer von meinem Büro aus anrufen, und sobald es anfing zu klingeln, würde Sara den Hörer des Nebenanschlusses abnehmen, so daß wir uns ansehen und wichtige Nachrichten hin und her signalisieren konnten.
»Hallo?«
»Hallo. Hier ist Geneen. Ich rufe an, weil, äh, weil ich eine Anzeige aufgegeben habe und Sie sie beantwortet haben.«
»Welche Anzeige war das? Ich habe auf eine ganze Reihe geantwortet.«
An diesem Punkt warf ich Sara einen »Oh-mein-Gott-wie-bin-ich-da-bloß-reingeraten«-Blick zu und sie gab mir einen »Halt-den-Mund-und-antworte-ihm«-Blick zurück.
Ich traf Computerprogrammierer, Psychologen, Bauarbeiter. Ich traf einen Mann, der das Ohr eines Einbrechers in einem Kampf abgebissen hatte, einen Mann, der mit seiner Mutter

und seiner Ex-Frau zusammenlebte, und einen Mann, der fünfzehn Katzen, drei Finken und einen Goldfisch besaß. Jedesmal,
wenn ich mit jemandem telefonierte, der mir sympathisch war,
machte ich mir ein Bild von seinem Aussehen, das zu seiner
Stimme paßte. Es war immer falsch. Ein Mann erzählte mir, er
wäre groß und schlaksig; als ich ihn traf, war er einsdreiundsechzig und sehr rund. Ein anderer teilte mir mit, er wäre ›sehr gutaussehend‹ und ich würde bestimmt nicht enttäuscht sein. Er
sagte mir nicht, daß ihm ein Vorderzahn fehlte oder daß er eine
Rose auf die rechte Wange tätowiert hatte. Nachdem ich fünf
Wochen lang Fremde auf den Stufen der Post oder neben dem
Pumpernickel-Rosinenbrot in Gayles Bäckerei getroffen hatte,
war ich keinem begegnet, den ich hätte wiedersehen wollen.
Dann traf ich Mark. Nicht durch meine Anzeige.
Er hielt einen Vortrag auf einer Tagung, auf der wir beide
Moderatoren waren, und ich fand ihn umwerfend. Er war bezwingend, witzig und sexy. Ich wollte ihn kennenlernen. Als
ich ihn am nächsten Tag traf, stellte ich mich ihm vor. Ich
sagte ihm, seine Rede wäre großartig gewesen und ich hätte
die gleiche Sonnenbrille wie die, die er trug. Er sagte danke
und daß ich einen guten Geschmack hätte, was Sonnenbrillen
anging. Er blieb nicht stehen.
Am letzten Tag der Konferenz hielt die Psychologin Virginia
Satir die Abschlußrede in einem Vortragssaal, in dem tausend
Teilnehmer saßen. Mein Platz war in der Mitte des Saals in der
Mitte einer Reihe. Aus den Augenwinkeln sah ich, wie Mark
zur Tür ging. Ohne nachzudenken entschuldigte ich mich,
schlängelte mich an Knien und Beinen vorbei, stolperte über
eine Handtasche und gelangte zur Rückseite des Saals. Als ich
vor ihm stand, sagte ich: »Ich habe mich gestern vorgestellt,
aber ich glaube nicht, daß Sie mich bemerkt haben. Ich heiße
Geneen Roth, und ich wollte Ihnen noch mal sagen, wie sehr
mich Ihr Vortrag bewegt hat.«
Diesmal bemerkte er mich.

Nach unserer ersten Verabredung war ich wild vor Aufregung. Die Nähe von Leidenschaft und Möglichkeiten machte mich verrückt. Ich mochte die Art, wie er mich ansah, die Art, wie er über seine Arbeit sprach, die Art, wie er an meiner Arbeit interessiert war. Ich mochte die Lücke zwischen seinen Vorderzähnen, seine Nase, sein Lachen. Als er folgende Nachricht auf meinem Anrufbeantworter hinterließ: »Ich möchte, daß du weißt, wie froh ich bin, daß ich dich getroffen habe und daß du in meinem Leben bist«, sagte ich zu Sara, ich müsse träumen. »Ein Mann, der sagt, was er fühlt. Ich kann es nicht glauben.«

Bei unserer zweiten Verabredung gingen wir in den Botanischen Garten. Als wir neben einem Beet purpurner Schwertlilien saßen, sagte er: »Ich weiß, es ist lächerlich früh, dir zu sagen, daß ich nur dich sehen will, aber ich will nur dich sehen. Ich glaube, ich bin dabei, mich in dich zu verlieben.«

Ich wollte die Blumen trinken, die Farben essen, sein Gesicht mit Lavendelküssen bedecken. »Weck mich nicht auf«, sagte ich zu ihm. »Wenn dies ein Traum ist, weck mich nicht auf.«

Acht Monate lang wachte ich singend auf. Ich lächelte so viel, daß mein Mund wehtat. Ich küßte ihn so viel, daß meine Lippen taub wurden. Ich gefiel mir selbst besser, wenn ich bei ihm war; ich war freundlicher, ruhiger, glücklicher. Ich pulsierte vor Liebe, blühte vor Licht.

Und dann kam ich langsam zu mir selbst zurück.

Eine Frau nahm einmal an einem Workshop teil, nachdem sie durch eine Diät fünfundsiebzig Pfund abgenommen hatte. Vor 150 Leuten stand sie auf und sagte mit bebender Stimme: »Ich habe das Gefühl, beraubt worden zu sein. Mein schönster Traum ist mir genommen worden. Ich habe wirklich gedacht, daß sich durch das Abnehmen mein Leben verändern würde. Aber geändert hat sich nur mein Äußeres. Innen drin bin ich immer noch dieselbe. Meine Mutter ist immer noch tot und mein Vater hat mich geschlagen, als ich ein Kind war. Ich bin immer noch zornig und einsam, und jetzt kann ich mich nicht mehr auf das Schlankwerden freuen.«

Nachdem wir unser ganzes Leben darauf gewartet haben, daß Zärtlichkeit und Schönheit in Form des Schlankseins oder Verliebtseins auftauchen, kann die Entdeckung niederschmetternd sein, daß keins von beiden in einem von beiden zu finden ist. Nicht, wenn wir erwarten, uns dadurch selbst zu verlieren. Oder uns selbst zu finden.

Zwang ist Verzweiflung auf der emotionalen Ebene. Die Stoffe, Menschen oder Aktivitäten, mit denen wir zwanghaft umgehen, sind diejenigen, die wir für fähig halten, unsere Verzweiflung zu besiegen.

Verzweiflung.
Zuerst habe ich sie als Kind erfahren. Damals hatte ich keinen Namen dafür. Es war das Gefühl, das ich in meinem Körper trug, daß meine Welt im Begriff war, auseinanderzufallen und ich nichts dagegen tun konnte. Ich konnte mit niemandem darüber sprechen. Ich hatte keine Möglichkeit, es zu verhindern, keine Möglichkeit, etwas besser zu machen.
Wenn ich mein Leben jetzt ansehe, gibt es nichts, woran ich verzweifeln könnte. Aber manchmal, oft, passiert etwas, und alles um mich herum – der Himmel, mein Körper, Marks Gesicht – verwandelt sich in Lehm.

Neun Monate sind seit meiner ersten Begegnung mit Mark vergangen. Wir sind am Flughafen La Guardia; es ist Nachmittag. Wir sind gerade von den Bermudas gekommen, wo Mark und ich fünf Tage lang gelesen, uns geliebt, Papayas zu Mittag gegessen und die Vasen in unserem Zimmer mit purpurroten Bougainvilleen gefüllt haben. Wir gehen zum Taxistand, wo er ein Taxi nach New York City nehmen will und ich den Bus nach Rhinebeck. Ich fürchte die Trennung, nicht weil ich mich einsam fühle, wenn ich allein bin (ich brauche das Alleinsein); nicht weil ich in den nächsten fünf Tagen nichts zu tun hätte (ich fahre nach Rhinebeck, um einen Workshop zu leiten). Ich fürchte die Trennung, weil sie eine vertraute Angst in mir wachruft. Ich will nicht, daß er mich verläßt.

(*Wenn du weggehst, wird mir nichts bleiben.* Wir lebten in der braunen Wohnung: braune Stühle, brauner Teppich, braune Couch. Ich war drei Jahre alt. Sie machte sich fertig, gleich würde sie zur Tür hinausgehen. Ich fing an zu schreien. *Wenn du mich verläßt, Mama, wird nichts von mir übrigbleiben.* Ich hockte in meinen blauen Kordhosen und roten Schnürschuhen zusammengekauert in einer Ecke. Als sie zur Tür hinausging, warf ich mich auf den braunen Boden und schluchzte. Ann, unsere Babysitterin, tauchte auf. Sie hob mich auf und setzte mich auf den Staubsauger, ließ mich den ganzen Nachmittag darauf reiten. Als meine Mutter zurückkam, schenkte sie mir einen rot-weiß-blauen Schal.)

(*Wenn du weggehst, wird mir nichts bleiben.* Wir wohnten in dem schwarz-weißen Haus. Schwarz-weiße Stühle, ein schwarz-weißer Marmorfußboden, eine schwarz-weiße Couch. Ich war elf Jahre alt. Sie lag am Nachmittag im Bett. Sie erzählte mir, daß sie sich scheiden lassen wollte. Ich begann zu weinen. *Was wird aus mir?* fragte ich. *Bei wem werde ich leben? Wo soll ich hingehen? Geh nicht weg, Mama. Wenn du mich verläßt, bleibt mir nichts.*)

Mark und ich sind am Taxistand angekommen. Er wendet sich zur mir, um Lebewohl zu sagen, neigt sein Gesicht zu meinem, um mich zu küssen. Die Panik ist in meiner Kehle gefangen, eine Amsel, die sich wild bemüht freizukommen.

Ich schaffe den Sprung zum morgigen Tag nicht. Ich kann mich nicht ohne ihn gehen, reden, arbeiten sehen. Alles hört hier auf. *Wenn er weggeht, wird mir nichts bleiben.*

Er sagt: »Ich werde dich Sonntag abend bei deiner Mutter anrufen.«

Ich entgegne: »Eines Tages werde ich auf eine Reise gehen und du wirst mich nicht erreichen können und mich schrecklich vermissen.« Er sieht verblüfft aus.

Er erwidert: »Genau das passiert jetzt – du wirst telefonisch vor Sonntag nicht erreichbar sein, und ich werde dich vermissen.« Ich bin still. Ich will, daß er sagt: »Ich werde meine Termine absagen und mit dir nach Rhinebeck kommen.« Ich will, daß er sagt: »Ich kann diese Trennungen nicht ertragen – wir wollen uns nie wieder trennen.« Ich will, daß er sagt: »Ich liebe dich zu sehr, um dich zu verlassen.« Statt dessen kommt: »Ich liebe dich, Geneen. Ich weiß, daß es schwer für dich ist; du vergißt, daß wir noch viele Tage, viele Jahre, zusammen haben werden. Wenn ich weggehe, ist das nicht das Ende. Ich muß jetzt los, in einer halben Stunde habe ich eine Besprechung. Willst du mir noch etwas sagen?« Ich schüttle den Kopf. Er sieht mich einen Augenblick lang aufmerksam an, küßt mich leicht, steigt in ein Taxi.

Ich hasse ihn.

Ihn zu lieben, sollte den Schmerz lindern. Statt dessen beschwört es ihn herauf: Die Jahre, in denen ich aus der Schule nach Hause kam und von einem leeren Raum in den nächsten wanderte. Ich saß auf der beigen Samtcouch und starrte auf das Stilleben, auf dem ein Laib Käse, ein Apfel und ein Messer mit schwarzem Griff zu sehen war. Ich ging in die Küche und öffnete den Kühlschrank, machte ihn zu und wieder auf. Schloß ihn. Öffnete ihn. Aß. Ich wanderte ins Schlafzimmer meiner Mutter und roch die Spuren ihres Parfüms, öffnete ihre Schmuckschatulle, nahm ein Paar goldener Ohrringe heraus und hielt sie an meine Ohren. Ich lächelte mir selbst im Spiegel zu, tat so, als wäre ich auf einer Party, sagte »Hallo« und hob die Augenbrauen.

Ich wollte meine Mutter. Ich wollte, daß mein Vater zum Abendessen nach Hause kam und meiner Mutter sagte, wie schön sie sei und daß er sie liebe. Ich wollte, daß meine Mutter zum Abendessen nach Hause kam und zu *mir* sagte, ich wäre hübsch und sie liebe mich. Ich wollte, daß sie mir mitteilte, unsere Welt würde nicht jeden Moment auseinanderbrechen und ich könne aufhören, so angestrengt zu versuchen, brav zu sein.

Mark zu lieben, sollte den Schmerz wegnehmen. Den ganzen Schmerz. Aus all den Jahren. Ich dachte, wenn ich jemanden hätte, mit dem ich schlafen und reden und essen konnte, würde der Schmerz weggehen. Aber es gibt viele Augenblicke – der Augenblick am Flughafen ist einer davon – wenn ich das Gefühl habe, ich würde vom Wohnzimmer in die Küche und von der Küche ins Schlafzimmer meiner Mutter wandern, und es ist niemand zu Hause.

Zwang ist Verzweiflung auf der emotionalen Ebene. Zwang ist das Gefühl, daß niemand zu Hause ist. Wir entwickeln zwanghafte Verhaltensweisen, um jemanden nach Hause zu bringen.

Alles, was wir jemals wollten, war Liebe.

Wir *wollten* nicht eßsüchtig werden. Wir taten es, um zu überleben. Wir taten es, um nicht verrückt zu werden. Gut für uns. Das Essen war unsere Liebe; zu essen war unsere Art, geliebt zu *werden*. Das Essen war da, wenn unsere Eltern es nicht waren. Das Essen stand nicht auf und ging weg, wie unsere Väter es taten. Das Essen tat uns nicht weh. Das Essen sagte nicht nein. Das Essen schlug uns nicht. Das Essen betrank sich nicht. Das Essen war immer da. Es schmeckte gut. Es war warm, wenn uns kalt war und kalt, wenn uns zu warm war. Das Essen war das, was für uns der Liebe am ehesten nahe kam.

Aber es ist nur ein Ersatz für Liebe. Essen ist nicht Liebe, noch war es das jemals.

Viele von uns haben das Essen so viele Jahre als Ersatz für Liebe benutzt, daß wir den Unterschied zwischen der Hinwendung zum Essen, um Liebe zu bekommen und der Hinwendung zur Liebe, um Liebe zu bekommen, nicht mehr kennen. Wir würden die Liebe nicht erkennen, und wenn sie uns über den Haufen rennen würde.

Nicht, weil wir unwissend wären, sondern weil wir nie richtig geliebt worden sind; wir wissen nicht, was für ein Gefühl Liebe ist, wir wissen nicht, *was* Liebe ist. Und wenn wir nicht geliebt worden sind, können wir uns selbst nicht lieben. Im grundlegendsten Sinn ist zwanghaftes Verhalten ein Mangel an Eigenliebe; ein Ausdruck der Überzeugung, daß wir nicht gut genug sind.

Gestern bekam ich Besuch von einer Freundin, einer Schriftstellerin. Sie brachte mir frischgepflückte Heidelbeeren in einer weißen Porzellanschale mit. Lisa saß am Küchentisch, stützte ihren Kopf in die Hände und erzählte mir, sie hätte geplant, am nächsten Wochenende am einer Konferenz teilzunehmen, wolle aber nicht hingehen. Ich fragte sie nach dem Grund. Sie antwortete: »Weil Kristin dort ist und ich zehn Pfund zugenommen habe, seitdem ich sie das letzte Mal gesehen habe.« Bevor ich etwas sagen konnte, korrigierte sie sich selbst: »Eigentlich nur sechs Pfund.«
Sie fuhr fort: »Weißt du, Kristin und ich hatten mal genau dasselbe Gewicht. Früher war mein Körper genau so wie ihrer.«
»Warum willst du so einen Körper haben wie Kristin?« fragte ich, da ich mich erinnerte, daß Kristin knochige Hüften und Spreizfüße hatte.
»Wollen das nicht alle?« fragte sie.
Ich schüttelte den Kopf. Ich fragte Lisa, worüber sie sich Gedanken machen würde, wenn nicht über ihren Körper. Sie erwiderte: »Ich würde mich fragen, ob ich nicht eine schrecklich schlechte Schriftstellerin bin.«
Später, allein am Küchentisch, dachte ich über Lisas Besuch nach. Ich überlegte, daß Zwänge selten das sind, was sie zu sein scheinen. Die Sorge über unseren Körper verdeckt tiefergehende Sorgen über andere Dinge, die noch grundlegendere Ängste verbergen. Eine schlechte Schriftstellerin zu sein ist nicht das, was Lisa angst macht, dachte ich.
Als ich am nächsten Tag mit ihr sprach, sagte sie: »Weißt du, als ich gestern nach Hause kam, wurde mir bewußt, daß ich dir

nicht gesagt habe, was das eigentliche Problem ist. Du hast mich gefragt, worüber ich mir Gedanken machen würde, und ich sagte mein Schreiben, aber das ist nicht wahr.«

»Was ist es dann?«

Sie holte tief Luft. Ich auch.

»Ich weiß, es klingt blöd, aber ich glaube, ich habe Angst davor, nicht gut genug zu sein. Ich habe Angst, daß etwas tief drinnen mit mir nicht stimmt, und daß ich es nicht wert bin, geliebt zu werden.«

Essen und Liebe. Die Ursachen, weshalb wir anfangen, zwanghaft zu essen, haben mit der Art und der Menge an Liebe zu tun, die es in unserem Leben gibt oder die uns in unserem Leben fehlt. Wenn wir nicht geliebt worden sind, nicht anerkannt, nicht verstanden, arrangieren wir uns und passen uns unserer Situation an. Wir setzen unsere Erwartungen herab. Wir hören auf, das zu verlangen, was wir brauchen. Wir hören auf, die Stellen zu zeigen, die wehtun oder an denen wir Trost brauchen. Wir hören auf, zu erwarten, getröstet zu werden. Und wir fangen an, uns auf uns selbst und nur auf uns selbst zu verlassen, wenn es um Beistand, Trost und Freude geht. Wir fangen an zu essen. Und essen.

Trina war drei Jahre alt, als ihre Mutter sie im Haus ihrer Großmutter zurückließ und sagte, sie würde morgen vorbeikommen, um Trina abzuholen. Am nächsten Tag saß sie auf der Veranda des Farmhauses ihrer Großmutter und wartete. Sie wartete am Tag darauf. Und am nächsten. Trina wartete acht Jahre lang jeden Tag darauf, daß ihre Mutter zurückkam. Und acht Jahre lang beschwerte sich ihre Großmutter jeden Tag, daß sie auf Trina aufpassen sollte. Sie beklagte sich nicht nur. Sie schlug Trina. Mit einer Rute und bis sie blutete. Jeden Tag, acht Jahre lang. Wenn Trina grün und blau geschlagen und mit geschwollenem Gesicht in die Schule kam, fragten die Lehrer sie, was mit ihr passiert sei. Sie sagten: »Trina! Hat dich jemand geschlagen?« Und sie entgegnete: »Nein, ich bin die Treppe runtergefallen«, oder »Ich bin hingefallen, als ich heute morgen zur Schule gerannt bin«, oder »Ich bin gegen den Kühlschrank gelaufen.« Sie hatte Angst, noch härter geschlagen zu werden, wenn sie ihre Großmutter in Schwierigkeiten brachte. Oder, schlimmer noch, daß sie ihrer Großmutter etwas antun würden und sie dann keinen Ort hätte, wo sie hingehen könnte.

Trina überlebte. Einige Kinder hätten überlebt, indem sie Drogen nahmen. Andere wären weggelaufen. Einige wären alkoholabhängig geworden. Oder in der Psychiatrie gelandet. Trina tat etwas anderes, zwei Dinge eigentlich. Sie trug ein Gummiband um ihr Handgelenk, und jedesmal, wenn ihre Großmutter sie geschlagen hatte, benutzte sie es, um sich in die Gegenwart zurückzuschnappen. Sie wurde eine Expertin darin, ihren Körper zu verlassen. »Wenn ich eine Tracht Prügel bekam,« sagte Trina, »dachte ich an etwas, das wir an dem Tag in der Schule gelernt hatten – wie man ›Prinzessin‹ schreibt oder so. Ich dachte an die Blumen im Garten, die gerade aufgeblühten Kamelien, die gelben Pünktchen an den Innenseiten der Blüten. Wenn meine Großmutter mit Schlagen fertig war, ging sie zurück ins Haus, und ich blieb draußen und ließ das Gummiband an mein Handgelenk knallen. Ich wußte, es würde ein bißchen wehtun, aber das knallende Geräusch und das Brennen auf meiner Haut holten mich von den Gedanken an rote Blumen dorthin zurück, wo ich gerade war: vor dem Haus meiner Großmutter. Ich hatte Haushaltspflichten, mit denen ich besser anfangen würde, wenn sie nicht herauskommen und mich wieder schlagen sollte.«

Das zweite, was Trina tat, war, Essen aus der Küche zu stibitzen und es unter ihrem Bett zu horten. Pakete und Dosen und Tüten voll mit Essen. »Meine Großmutter bewahrte Süßigkeiten in der Kommode in ihrem Schlafzimmer auf«, sagte sie, »unter den BHs mit den Drähten. Und wenn sie fernsah, schlich ich mich in ihr Zimmer, steckte einige Bonbons unter mein Hemd, und versteckte sie in meinem Bett unter der Matratze. Manchmal«, sagte sie, »nahm ich auch Dosen aus der Küche und steckte sie unter die Matratze. Mitten in der Nacht, wenn meine Großmutter schlief, machte ich das Nachtlicht an, holte meinen Dosenöffner und aß. Essen, besonders Essen, das ich aus der Kommode meiner Großmutter geholt hatte, gab mir das Gefühl, etwas Besonderes zu sein.« Wenn Trina die Liebe ihrer Großmutter nicht haben konnte, würde sie ihr Essen stehlen.

Das waren die Botschaften, die sie über sich und die Welt um sich herum empfing:

Ich habe etwas falsch gemacht, und deshalb kommt meine Mutter nicht zurück. Ich bin schlecht.

Die Leute lügen. Es ist besser, ihnen nicht zu glauben.

Lieben tut weh.

Wenn jemand mich verläßt, kommt er nie zurück.

Ich brauche zu viel, will zu viel. Deshalb mag meine Großmutter es nicht, mich hierzuhaben.

Wenn ich alles tun könnte, was meine Großmutter mir sagt, wäre ich ein braves Kind, und meine Mutter würde zurückkommen.

Meine Großmutter ist erwachsen; sie weiß es am besten, und sie schlägt mich jeden Tag. Wenn ich innen drin gut wäre, würde ich nicht geschlagen werden.

Es ist besser, zu essen, als jemanden zu lieben, weil Essen nicht weggeht, Mütter schon. Essen schlägt nicht, Großmütter schon.

Als Trina elf war, kam ihre Mutter zurück. Als ich Trina begegnete, war sie dreiunddreißig. In neunundzwanzig Jahren hatte sie über 1500 Pfund zugenommen und wieder abgenommen. In den letzten zehn Jahren hat sie geheiratet, sich scheiden lassen, ist Mutter geworden und hat wieder geheiratet. Über ihre jetzige Ehe sagt sie: »Ich kann meinen Mann nicht an mich heranlassen. Wenn er für zwei Tage auf Geschäftsreise geht, habe ich das Gefühl, ganz von vorn anfangen zu müssen, wenn er zurückkommt; es ist, als wäre er ein Fremder, immer ein Fremder.«

Sie hat zu viele Jahre damit zugebracht, auf die Rückkehr ihrer Mutter zu warten; sie will den Schmerz des Wartens nicht noch einmal durchmachen. Während der Abwesenheit ihres Mannes ißt sie, um die Einsamkeit zu lindern. Sie konzentriert sich darauf, wie dick sie ist und wieviel sie abnehmen sollte und was für Kleider sie kaufen wird, wenn sie schlank geworden ist. Sie überträgt den Schmerz des Wartens darauf, zu dick zu sein. Wenn ihr Mann zurückkommt, muß eine Distanz von acht Jahren Verwirrung, Einsamkeit und Verratenwerden überbrückt werden, damit sie sich wieder nahe sein können. Oder um sich überhaupt nahe sein zu können.

Denn Trina verschließt sich nicht nur vor ihrem Mann, wenn er wegfährt; ihre Erfahrung mit Liebe ist, daß sie wehtut. Liebe tut weh. Menschen lügen. Menschen gehen weg. Wenn ihr Mann sie verläßt, um auf Geschäftsreise zu gehen, ist sie nicht überrascht. Sie weiß, daß Menschen einen verraten, und sie hat sich sorgfältig davor geschützt, den Schmerz seines (oder irgend jemandes) Verrat zu fühlen: Sie hat sich einen anderen Liebhaber genommen, einen, der sie nie verlassen wird: das Essen.

Liebe und Zwang können nicht nebeneinander existieren.

Liebe ist die Bereitschaft und die Fähigkeit, sich von einem anderen Menschen anrühren zu lassen und es zuzulassen, daß sein Einfluß einen Unterschied macht bei dem, was du tust, sagst und bist.

Zwang bedeutet, sich in einer Tätigkeit, einem Stoff oder einem Menschen zu verlieren, um zu überleben, unsere Erfahrung des Augenblicks tolerierbar zu machen und zu betäuben.

Liebe ist ein Zustand der Verbundenheit, zu dem Verletzbarkeit, Hingabe, Selbstwertschätzung, Beständigkeit gehören und die Bereitschaft, sich unserer schlimmsten Seite zu stellen, anstatt vor ihr davonzulaufen.

Zwang ist ein Zustand der Isolation, zu dem Selbstversunkenheit, Unverwundbarkeit, geringes Selbstwertgefühl, Unberechenbarkeit und die Angst, daß unser Schmerz uns zerstören würde, wenn wir ihm ins Gesicht sähen, gehören.

Liebe läßt uns aufblühen; der Zwang verkleinert uns.

Zwang läßt keinen Raum für Liebe – und genau aus diesem Grund haben viele Menschen angefangen zu essen; denn als es Raum für Liebe in uns gab, haben uns die Menschen um uns herum nicht geliebt. Es ist der Zweck des Zwangs, uns vor dem Schmerz, den wir mit der Liebe assoziieren, zu schützen.

Es ist meine Überzeugung, daß wir aufgrund von frühen Verwundungen und den Entscheidungen, zu denen wir damals in bezug auf unseren Wert kamen – über unsere Fähigkeit zu lieben und ob wir es überhaupt verdienen, geliebt zu werden –, zwanghafte Verhaltensmuster entwickeln. Unsere Mutter geht weg und wir entscheiden, daß wir nicht liebenswert sind. Unser Vater ist emotional distanziert und wir entscheiden, daß wir zuviel brauchen. Jemand, der uns nahesteht, stirbt und wir entscheiden, daß es keinen Grund gibt, jemanden zu lieben, weil es zu sehr wehtut. Wir treffen Entscheidungen, die auf unserem Schmerz und den begrenzten Wahlmöglichkeiten, die wir als Kinder hatten, basieren. Wir treffen Entscheidungen, die darauf basieren, wie wir uns unsere Verwundungen erklärt haben und darauf, wie wir uns in diesem Umfeld vor weiteren Verletzungen geschützt haben. Im Alter von sechs oder elf oder fünfzehn entscheiden wir, daß Liebe wehtut und daß wir nichts wert oder nicht liebenswert oder zu fordernd sind, und den Rest unseres Lebens bringen wir damit zu, uns davor zu schützen, noch einmal verletzt zu werden. Und es gibt keinen besseren Schutz, als in einem Zwang aufzugehen.

In jedem meiner Workshops sind Teilnehmer, deren Eltern Alkoholiker waren; Teilnehmer, deren Eltern starben oder sie, als sie noch Kinder waren, ohne Vorwarnung verließen; solche, die geschlagen oder vergewaltigt wurden; und solche, deren Verluste, deren Verlassenwerden und Verratenwerden subtiler waren und mit nicht anwesenden Vätern, besitzergreifenden Müttern und Familien, in denen unbequeme Gefühle verleugnet und unterdrückt wurden, in jeder möglichen Kombination zu tun haben.

Als Kinder haben wir nicht die Möglichkeit und nicht die Macht, uns unsere Lebenssituation auszusuchen. Wir brauchen unsere Familie, damit sie uns Nahrung, Schutz und Liebe gibt, oder wir werden sterben. Wenn wir das Gefühl haben, daß der Schmerz zu intensiv ist und wir nicht weggehen und nichts verändern können, werden wir ihn von uns abtrennen. Wir werden unseren Schmerz auf etwas weniger Bedrohliches richten: einen Zwang.

Als Erwachsene haben wir die Pflicht, die Entscheidungen, die wir vor langer Zeit in bezug auf unseren Wert, unsere Fähigkeit zu lieben und unsere Bereitschaft, geliebt zu werden, getroffen haben, zu überprüfen, denn in diesen Entscheidungen haben viele unserer Ansichten über Zwang und Liebe ihren Ursprung.

Es ist nicht möglich, besessen vom Essen oder irgend etwas anderem zu sein und uns selbst oder einem anderen Menschen wirklich nahe zu sein; es ist einfach nicht genug Raum für beides. Dennoch wollen wir alle Nähe und Vertrautheit. Wir alle wollen lieben und geliebt werden.

Einst hatten wir keine Wahl; jetzt haben wir sie.

Die Entscheidung zur Nähe ist wie die Entscheidung, sich vom zwanghaften Essen zu befreien, nichts, was einem geschenkt wird. Nähe ist nicht etwas, was einfach zwischen zwei Menschen passiert; es ist eine Art des Lebendigseins. Jeden Augenblick entscheiden wir, uns entweder zu offenbaren oder zu verstecken, uns selbst hochzuschätzen oder uns klein zu machen, die Wahrheit zu sagen oder zu verschweigen. Ins Leben einzutauchen oder ihm auszuweichen. Nähe ist die Entscheidung, in diesem Augenblick mit unserer tiefsten Wahrheit verbunden, anstatt von ihr getrennt zu sein.

In jedem Workshop höre ich: »Und wann beginnt der Zauber zu wirken?«

Und ich sage: »Wenn ihr den Schritt tut, wenn ihr die Wahl trefft.«

Für diejenigen von uns, die es gewöhnt sind, auf jemanden zu warten, der Liebe in unser Leben bringt, kommt die Entdeckung, daß die Entscheidung zur Nähe eine Wahl ist, die wir in jedem Augenblick unseres Lebens treffen, einem Zauber so nahe, wie es uns allen jemals möglich sein wird.

2 Kontrolle und Kontrolle verlieren

Mark führte mich durch sein Haus, als er mich zu erstenmal zum Essen eingeladen hatte. Eine ramponierte Couch, bezogen mit weiß-blauem Stoff mit indianischen Mustern, stand im Wohnzimmer an der Wand. Neben ihr ein grün-und-senfgelber hölzerner Papagei, der nur ein Bein hatte. Eine altmodische Lampe mit bernsteinfarbenem Schirm und weißen Fransen stand neben dem Kaffeetisch.

Nebenan war die Küche; ich fuhr mit den Fingerspitzen über die Oberfläche des Küchentisches. »Er ist aus Koa-Holz. Ein Freund von mir hat ihn gemacht. Aber komm mit nach oben«, meinte Mark und deutete auf eine hölzerne Wendeltreppe im Flur. Ich nickte. Ich wollte mehr sehen: Die Bilder an den Wänden, die Bücher, die neben seinem Bett lagen, die Reihe farbiger Flaschen in seinem Badezimmer.

Als ich die letzte Stufe hochging, wußte ich, daß ich mich einem Zimmer gegenübersehen würde, das einer Frau gehörte. Vom Treppenabsatz aus konnte ich die chinesischen Fächer an den Wänden sehen, und einen bemalten rosa-und-purpurfarbenen Schreibtisch. »Das war Lou Anns Arbeitszimmer«, sagte Mark, und wir betraten den Raum.

Ich wußte von Lou Ann. Ich wußte, daß Mark und Lou Ann sich sehr geliebt hatten, und daß sie mit dreiunddreißig an inoperablem Eierstockkrebs gestorben war. Damals waren sie fünf Jahre zusammengewesen. Ich wußte, daß er sie jedesmal in den Armen gehalten hatte, wenn sie sich der Chemotherapie unterzog, weil sie gehört hatten, daß die Medikamente nicht so schädlich waren, wenn man sich während der Thera-

pie geliebt wußte. Ich wußte, daß er mit ihr ins Krankenhaus gezogen war, daß für ein Jahr eine Besserung eingetreten war und daß sie zu Hause gestorben war, umgeben von ihren Freunden. Anderthalb Jahre waren seit ihrem Tod vergangen. Ihr Schreibtisch, ihre Keramikuhr, ihre Füllfederhalter wirkten so, als würde sie jede Minute zurückkommen. Funkelnde rote Ohrringe lagen in einem herzförmigen Porzellangefäß auf einem Regal. Ein in Leder gebundener Terminkalender mit einem durchsichtigen, wie ein Flugzeug geformtes Plastiklesezeichen wartete auf ihrem Schreibtisch. Postkarten mit Genesungswünschen waren geöffnet auf dem Bücherregal aufgebaut, so daß der Leser sich durch die Botschaften ermutigt fühlen konnte: »Ich liebe Dich, Ann. Kämpfe hart. Werde gesund. Du kannst die Krankheit schlagen. In Liebe, Katherine«; »Gib gut auf Dich acht, Lulu. Du bist stärker als jeder Krebs. Du wirst überleben. Wir sind Deine Freunde. Ruf uns jederzeit an – in Liebe, Daniel und Marga.«
Auf der Vorderseite der letzten Karte war ein silbergekleideter Clown abgebildet, mit schwarzen Paspeln auf dem Kragen, schwarzen Knöpfen an seinem Anzug und rubinroter Farbe auf den Lippen. Auf der Innenseite stand: »Meiner wahren Liebe einen schönen Valentinstag. Ich werde Dich immer lieben. M.«
In der achten Klasse wurde ich von dem Bild Miss Havishams aus Charles Dickens Buch *Große Erwartungen* verfolgt, die am Hochzeitstag von ihrem Verlobten verlassen wird. Für den Rest ihres Lebens wartet sie auf seine Rückkehr. Sie läßt die Hochzeitstorte, die Geschenke und die Dekorationen unberührt stehen. Ratten wühlen in der vermodernden Glasur, Spinnweben hängen von der Decke, und die achtzig Jahre alte Miss Havisham wartet im Hochzeitskleid auf die Rückkehr ihres Geliebten.
In Lou Anns Zimmer hatte ich das Gefühl, ich hätte die Schwelle zu einer Welt des Zwielichts überschritten, in der die Unterschiede zwischen Realität und Phantasie, zwischen dem Trauern um Vergangenes und dem Leben im Heute verwischt waren.

Warum lagen diese Genesungskarten immer noch da, anderthalb Jahre nach ihrem Tod? Und ihre Ohrringe und ihr Terminkalender? Das Leder des Kalenders war verblichen und abgenutzt und weich wie ein Weidenkätzchen; ein Wasserring von einem Glas verdunkelte die obere rechte Ecke. Ich wollte den Kalender öffnen und ihre Handschrift sehen, lesen, wo sie gewesen war, mit wem sie sich zum Essen verabredet hatte, und ich wollte so tun, als hätte ich den Terminkalender nicht gesehen. Bis wo war sie gekommen? Wußte sie, daß sie sterben würde, bevor das Jahr zu Ende ging? Und ihre Ohrringe. Glänzend, rot leuchtend. Sie gefielen mir. Die Spuren, die von ihr übriggeblieben waren. Vielleicht waren in ihrer Schreibtischschublade Einkaufslisten zu finden: Seife, Shampoo, Glühbirnen; vielleicht Photographien, Nachrichten von Mark: Bis später, Liebling, ich mache einen Spaziergang.
Ich begann flach und gepreßt zu atmen. Jeder Atemzug fühlte sich an wie ein Stück Glas, das meinen Brustkorb zersplitterte. Wie konnten ihre Ohrringe noch da sein, wenn sie es nicht war? Sie war nur dreiunddreißig gewesen. Ich wollte alles über sie wissen. Und ich wollte vergessen, daß ich je ihren Namen gehört hatte. Oder Marks. Geh aus dem Zimmer, die Stufen hinunter, vorbei an dem Sofa mit Indianermuster, verlaß das Haus. Für immer.
Ich wollte mich nicht in einen Mann verlieben, der eine andere Frau liebte – sogar wenn diese andere Frau tot war. *Besonders* wenn sie tot war. Ich würde mich nie mit ihr messen können; in seiner Erinnerung würde sie vollkommen sein. Und ich würde immer wissen, daß er mit mir zusammen war, weil er nicht bei ihr sein konnte. Ich wollte jemandes erste Wahl sein. Ich wollte einen Mann, der mich mehr liebte, als er je eine andere geliebt hatte. Mark war dabei, in Widerspruch zu meiner Vorstellung von ihm zu geraten.
Ich wollte die Kontrolle haben – über meine Gefühle, über seine Gefühle, den Verlauf unserer Beziehung. In meinen Träumen von Dem Einen hatte ich nicht damit gerechnet, auf Tod oder Trauer zu treffen. Dies war erst unser zweites Tref-

fen, und unsere Romanze – ihr Tempo, ihre Intensität, die Art der Gefühle, die wir uns gegenseitig mitteilten – geriet bereits aus ihren von mir sorgfältig geplanten Gleisen. Ich hatte keine Kontrolle darüber, und ich wußte es. Ich hatte keine Kontrolle darüber, und das haßte ich.

Als ich da in Lou Anns Zimmer stand, schien der Straßenlärm plötzlich sehr laut zu sein. Ich wußte, daß es nach meinem Schweigen Zeit war, etwas zu sagen.

Ich sah Mark an. Er hielt zwei schmale Stapel Spielkarten in der Hand.

»Was ist das?« fragte ich.

»Das sind Oh-Karten«, sagte er. »Du ziehst eine Bildkarte und eine Wortkarte, und dann beschreibst du, was die Verbindung der beiden Karten in dir auslöst. Hast du Lust zu spielen?«

»Klar.«

»Gut. Ich fang' an.«

Er zog das Bild eines Menschen, der gerade eine Rutsche herunterzurutschte, und eine Karte, auf der »Freude« stand. Er sagte: »Ich fühle mich, als wäre ich eine lange Treppe hochgeklettert, und jetzt bin ich bereit, die Freude zurück ins Leben zu lassen und wieder zu spielen. Mit dir.«

In den ersten acht Monaten meiner Bekanntschaft mit Mark weinte er fast jeden Tag. Manchmal weinte er, wenn er morgens aufwachte. Manchmal weinte er, wenn wir uns liebten. Eines Abends waren wir bei einem Tanzfest, und als »I'm So Excited« von den Pointer Sisters gespielt wurde, sagte er, er müsse gehen. »Lou Ann und ich haben die Pointer Sisters zusammen entdeckt«, sagte er. »Ich kann zu diesem Lied einfach nicht tanzen.«

Er bat mich, ihn festzuhalten, während er weinte. Und ich tat es. Hielt ihn fest und wiegte ihn und streichelte seine Stirn und sein Haar. Er redete oft darüber, wie sehr Lou Ann durch die Krankheit abgemagert sei, und er erinnerte sich an den

Sauerstoff, den sie ganz zum Schluß brauchte, und an die Spritzen, die er ihr geben mußte. Er sprach von der spielerischen Art, die sie vor ihrer Krankheit hatte, und von ihrer Munterkeit und ihrem Humor während der Krankheit. Er erzählte mir, daß sie bei ihrer ersten Reise nach Hawaii Hula-Hula-Stunden genommen hatten, und jedes Mal, wenn Lou Ann ihre Hüften schwenkte, stieß sie ihn von der Bühne. Bald lachten sie so sehr, daß sie nicht weitertanzen konnten. Er sagte, Lou Ann wäre wie ein Kind gewesen; sie hatte sich mit allen angefreundet. Wenn sie sich in einem Restaurant treffen wollten und er zwanzig Minuten zu spät kam, saß sie bereits an einem anderen Tisch und redete und lachte mit einer Gruppe fremder Leute. »Sie war absolut furchtlos«, sagte er. »Alle liebten sie, sogar der Postbote.« Als Lou Ann an ihrer Diplomarbeit über das Paarungsverhalten von Eisbären schrieb, ging sie jeden Tag in den Zoo, um die Eisbären zu beobachten. Binnen einer Woche leckte ihr Caesar, der grimmige männliche Bär, die Hand.

In Marks Büro hing eine ganze Wand voll Photos von Lou Ann. Ich zählte sie – dreiundzwanzig, vierundzwanzig, fünfundzwanzig Bilder insgesamt. Lou Ann als Baby, Lou Ann im Badeanzug, Lou Ann, die Mark küßte, Lou Ann, die seine Hand hielt, beide hatten rosa Strähnchen im Haar und lachten. Auf Marks Schreibtischlampe lag ein Zettel, auf den eine Frau geschrieben hatte: »Ann liebt Dich.« Neben der Flasche Efeuseife in der Küche stand ein blau-weißes Keramikherz, auf dem »Mark und Ann« eingraviert war. In der Dusche stand ihre Seifenschale, im Badezimmerschrank ihre Medizin. Ihr Name und ihr Gesicht waren überall. Lou Ann. Lou Ann.

Meine Gefühle darüber, Mark während seiner Trauerzeit um Lou Ann zu lieben und von ihm geliebt zu werden, schwankten ungeheuer. Ich wollte ihn in meinem Leben. Seine Tränen und sein Schmerz bewegten mich, und es war mir wichtig, ich fühlte mich wichtig, wenn er sich vor mir verletzlich zeigte. Ich wußte, daß ich mir nicht vorstellen konnte, wie es für ihn gewesen sein mußte, hilflos zuzusehen, wie ihr Körper schwächer wurde, ihr Haar ausfiel und der Tod nach ihr rief wie eine Sirene, um sie zu erlösen. Bereits jetzt hatte ich das Gefühl, es würde mich zerstören, wenn Mark etwas zustoßen sollte. (»Die größte Angst aller Menschen«, sagte Sara. »Es ist offensichtlich, daß er ein Mann ist, der fähig ist, sich zu binden, Geneen. Hab' Geduld mit ihm, er ist es wert.«)

Aber ich war dabei, mich wahnsinnig in diesen Mann zu verlieben; ich war ekstatisch, ich war strahlend glücklich, ich war alles andere als traurig. Mir kam es vor, als würde das Leben uns mit Segnungen überschütten; ihm kam es vor, als hätte das Leben ihm seinen kostbarsten Schatz gestohlen. Ich war sicher, der Liebe meines Lebens begegnet zu sein; er war sicher, daß die Liebe seines Lebens bereits tot war. Wenn wir uns liebten, hatte ich das Gefühl, dem Ort in meinem Körper näherzukommen, unter meinen Knochen, hinter meinen Augen, wo meine Fragen zu Antworten wurden; ihn brachte es einem Gefühl endloser Traurigkeit näher. Ich fühlte mich stärker und lebendiger als je zuvor; er fühlte sich, als wäre ein Teil von ihm mit Lou Ann gestorben, und er war sich nicht sicher, ob er je wieder voll lebendig sein würde. Oder ob er das wollte.

Ich wollte, daß meine Liebe genug sei, ihn zu heilen – und sie war es nicht. Ich wollte die einzige Frau in seinem Leben sein – und war es nicht.

Als Lou Ann seit fast drei Jahren tot war, gingen Mark und ich zu einem Psychologen. Ich war überzeugt, daß Mark seine Trauer verlängerte und sie benutzte, um mich auf Distanz zu halten. Ich war es leid, von dem Teil von ihm zu hören, der mit Lou Ann gestorben war, ich war es leid, das Bild der beiden in enger Umarmung an der Wand seines Arbeitszimmers anzusehen. Ich fand, es war an der Zeit, daß er damit fertigwurde.

Der Psychologe sah mich an und sagte: »Sie wollen das alles wirklich ganz schnell hinter sich bringen, nicht wahr? Im

Grunde wollen Sie bestimmen, was geschieht und wann es geschieht.« Er fuhr fort: »Es klingt, als glaubten Sie, Mark würde Lou Ann nicht vermissen, wenn er Sie lieben würde.«

Ja zu alldem.

Ja zu meiner Überzeugung, daß ich bei fast allem den Anfang und das Ende bestimmen kann. Wenn die Dinge nicht so laufen, wie ich es gerne hätte, ist meine erste Reaktion, daß ich es falsch anfasse, etwas falsch gemacht habe, etwas tun kann, damit es besser läuft.

Nein zu der Hilflosigkeit und der Angst, wenn ich keine Kontrolle habe. Damit habe ich es einmal versucht. Es hat nicht geklappt.

Was im Haus meiner Kindheit am häufigsten zu hören war, waren zuknallende Türen und erhobene Stimmen. Meine Mutter schlug mich und meinen Bruder, drängte uns im Wohnzimmer oder in der Küche in die Ecke. Ich erinnere mich, ich stand in einer Ecke und hielt meine Arme vors Gesicht, damit sie mich nicht an den Haaren reißen oder mir die Augen auskratzen konnte. Ich hatte Angst, daß sie mich zerbrechen würde.

Mein Vater, schwer zu fassen und lächelnd, tanzte durch alles hindurch. Er machte mir Geschenke, nannte mich Kätzchen und sagte, daß er mich liebhätte. Er ging früh morgens zur Arbeit und kam spät abends zurück. Mitten in einem Streit mit meiner Mutter ging er; von meinem Zimmer aus konnte ich sie wütend schreien hören, konnte hören, wie die Haustür zuknallte und meine Mutter brüllte: »Hau nicht ab, du Bastard«, konnte das Auto anspringen hören. Das Geräusch des Motors wurde immer schwächer, und meine Mutter knallte mit Türen, warf mit Tellern, weinte. Und ich wartete. Wartete darauf, daß mein Vater nach Hause kam, daß meine Mutter aufhörte zu brüllen, wartete darauf, daß ich sicher aus meinem Zimmer herauskommen konnte.

Mit zwölf entschied ich, daß ich die Dinge in die Hand nehmen mußte, wenn es in unserer Familie funktionieren sollte.

Mit zwölf schrieb ich eine Liste in mein Tagebuch. Ihr Titel war: »Dinge, die ich tun kann, um Mama glücklich zu machen.« Hier ist die Liste:

1. Mein Zimmer aufräumen.
2. Ihr das Frühstück ans Bett bringen.
3. Nette Sachen sagen.
4. Nicht wütend werden oder jemanden »blöd« nennen.
5. Keine Fragen stellen.

Am Ende jeden Tages überprüfte ich anhand der Liste, was ich an dem Tag geschafft hatte. Ich markierte die Sachen, die ich morgen tun würde. Die Liste gab mir das Gefühl, etwas zu erreichen. Sie gab mir das Gefühl, die Dinge unter Kontrolle zu haben.

Jede Nacht hatte ich denselben Traum: Ich stand in der Mitte meines Zimmers und drückte mit aller Kraft gegen die Wände, die am Zerfallen waren. Ich konnte nicht loslassen, nicht einmal eine Minute. Wenn ich losließ, würden die Wände zusammenfallen, würde unser Haus zerfallen. Und ich würde es auch.

Wenn Freundinnen mich einluden, bei ihnen zu übernachten, lehnte ich ab. Ich erzählte ihnen, mir ginge es nicht gut. Ich konnte ihnen nicht sagen, daß ich zu Hause eine Aufgabe zu erfüllen hatte, daß ich die Wände vorm Zusammenbrechen bewahren mußte. Ich wollte nicht Ausschüssen beitreten, die sich nach der Schule trafen; ich wollte nicht über Nacht wegbleiben; ich wollte nicht nach nach Hause kommen und das Haus zusammenfallen sehen.

Mein Freund Robert hat mir erzählt, daß seine Mutter während seiner Schulzeit vier Nervenzusammenbrüche hatte. Beim ersten war er in der dritten Klasse, beim letzten in der siebten. Es begann damit, daß sie zwei Wochen lang den ganzen Tag im Bett blieb. Sie redete nicht, aß nicht, schlief nicht. Wenn Robert von der Schule nach Hause kam, ging er in sein Zimmer, malte ein Bild und brachte es ihr. Er machte Toast und Tee und servierte es ihr auf einem weißen Korbtablett. Er nahm einen Bissen Toast, gab ihr den Teller und sagte: »Jetzt du, Mama.« Er glaubte, daß er seine Mutter gesund machen könne, daß ihre Gesundheit in seiner Hand lag.

Meine Therapeutin Maggie sagt: »Du kannst niemanden dazu bringen, dich zu verlassen, Geneen. Und du kannst niemanden dazu bringen, bei dir zu bleiben. Die Menschen bleiben oder gehen wegen der Entscheidungen, die sie treffen, aus Gründen, die etwas mit ihnen selbst zu tun haben, nicht wegen etwas, das du an einem bestimmten Tag getan oder nicht getan hast.«

Ich glaubte ihr nicht.

Kontrolle. Das ist ein Wort, das Eßgestörte oft zu hören bekommen. In jeder Diät, bei jedem Gruppentreffen, in jedem Ratgeber. Wir lernen sehr früh, daß ein grundlegender Teil von uns – unser Hunger – außer Kontrolle ist. Wenn wir wie normale menschliche Wesen aussehen und leben wollen, müssen wir uns immer vor dem wilden Hunger in uns in acht nehmen, lernen wir. Wir leben in Furcht vor Nahrungsmitteln, vor Schokolade und saurer Sahne und Zimtbrötchen, und glauben, alles andere würde sich ergeben, wenn wir nur diesen Teil von uns unter Kontrolle bringen könnten. Aber diese Überzeugung ist nur eine Tarnung, die uns vom Kernproblem ablenkt: den Bereichen unseres Lebens, über die wir nie Kontrolle hatten und nie haben werden. Die Bereiche, die mit Lieben und Geliebtwerden zusammenhängen.

Wenn wir einem anderen Menschen nahe kommen, verlieren wir an Kontrolle. Wir haben keine Kontrolle darüber, wie lange er bei uns bleiben wird, oder welche Gefühle er für uns empfinden wird, wenn er geht, wie wir das empfinden, was er tut oder sagt. Wir haben keine Kontrolle über die Auswirkung, die die Liebe auf unser Leben haben wird. Wir werden verwundbar gegenüber Verlust, Schmerz und Tod.

Bei einem Workshop, den ich leite, sitzt eine sechzigjährige Frau ganz hinten. Wir haben September, es ist sehr heiß, und die Klimaanlage ist kaputt. Als sie die Hand hebt, gehe ich näher an sie heran und sehe, daß sie sich zitternd in ihren Nerzmantel kauert.

»Wenn ich nicht esse«, sagt sie, »werde ich zugrundegehen.«

»Wieviel wiegen Sie?« frage ich.

»Ich habe Angst, es Ihnen zu sagen.«

»Manchmal hilft es, etwas laut zu sagen,« wispert eine andere Teilnehmerin.

»Ich wiege siebzig Pfund,« antwortet sie.

Ihre Augen sind dunkle Bälle des Leidens, ihre Wangenknochen flache Kurven aus Knochen, die so weit aus ihrem Gesicht vorstehen, daß sie keine Beziehung zu ihren Wangen zu haben scheinen.

»Ich habe vor zwanzig Jahren aufgehört zu essen.«

»Was ist vor zwanzig Jahren geschehen?« frage ich.

»Meine Tochter starb an Leukämie. Ich dachte, ich würde daran zugrundegehen.«

Anstatt den Verlust an Kontrolle zu erleben, den die Liebe mit sich bringt, entschließen sich viele von uns, sich bei etwas machtlos zu fühlen, über das wir die Kontrolle haben: bei dem, was wir essen – oder nicht essen.

Die Frage der Kontrolle – über unsere Handlungen, unsere Gefühle, das Verhalten anderer Menschen – ist bei jedem Zwang entscheidend. Ein Mangel an Selbstkontrolle scheint die Ursache des Zwangs zu sein. Eine Workshop-Teilnehmerin sagt: »Wenn ich eine Tafel Schokolade kaufe, esse ich zwei Stück und packe die Tafel weg. Ich gehe ins Arbeitszimmer zurück, und nach ein paar Minuten höre ich, wie die Schokolade nach mir ruft. ›Marni‹, singt sie, ›Marni, komm und hol mich.‹ Ich schwöre, die Schokolade hat eine Stimme. Oh, ich weiß, sie hat keine Stimmbänder, aber sie ruft mich und ich antworte. Ich muß. In dem Augenblick habe ich das Gefühl, ich hätte keine andere Wahl.«

Wenn ich einen Freßanfall hatte, fühlte ich mich wie besessen. Ich wollte schlank sein, ich wollte lieben, wollte etwas erschaffen, aber der Freßanfall wollte zerstören, verwüsten, auslöschen. Wenn ich einen Freßanfall hatte, waren mir alle anderen Menschen egal; es gab Zeiten, da hatte ich das Gefühl, wenn etwas oder jemand zwischen mir und dem Essen gestanden hätte, hätte ich es oder ihn niedergemäht. Ihn getötet. Und wenn der Freßanfall vorbei war und ich den Schaden begutachtete – die Mengen, die ich gegessen hatte, die Dringlichkeit, mit der ich es getan hatte, die absolute Nichtachtung für jeden, dem ich vor oder während des Freßanfalls begegnet war – hatte ich Angst. Der Freßanfall schien einen eigenen Kopf zu haben, eine eigene Stimme, einen eigenen Willen.

Ich lernte, mich vor meinen Freßanfällen so zu fürchten, wie ich mich als Kind vor meiner Mutter gefürchtet hatte. Ich sah meine Mutter als eine Frau, die einen Wutanfall bekam und für einen Augenblick, eine Stunde oder einen Tag wie ein Tornado alles zerstörte, was ihr in den Weg geriet. Starke Hände, rotes Gesicht, pulsierende Adern. Ich konnte nie vorhersagen, wann sie zuschlagen würde; ich konnte nie wissen, was sie wütend machen würde. So etwas wie Sicherheit gab es für mich nicht. Genauso fühlte ich mich Jahre später in bezug auf das Essen. Wie viele Menschen, mit denen ich arbeite, übertrug ich den Terror außerhalb von mir – meinen Kindheitsterror – auf einen Terror in mir selbst. Wenn wir zwanghaft mit dem Essen umgehen, erschaffen wir die vertrauten Gefühle der Machtlosigkeit, der Angst, Frustration und Hilflosigkeit neu, aber diesmal werden sie eingegrenzt auf einen winzigen – und viel sicheren – Radius: Die Nahrung, die in unseren Mund kommt, die Pfunde, die unser Körper zunimmt.

Letzten Monat in San Diego sagte eine Frau in einem Workshop, daß Essen ihre Droge sei und sie nichts dagegen tun könne. Und das erleichterte sie. »Es ist gut zu wissen, daß ich keine Kontrolle über mein Eßverhalten habe«, sagte sie.

Nun, das glaube ich nicht.

Ich glaube, daß sie es glaubt und daß das für sie tröstlich und vertraut ist, aber ich denke nicht, daß es wahr ist.

Was ich glaube, ist, daß *früher* viele Dinge außerhalb ihrer Kontrolle lagen und daß manches davon wahrscheinlich sehr schmerzhaft war. Möglicherweise vernichtend. Nehmen wir an, der Vater dieser Frau war Alkoholiker. Oder ihr Bruder mißbrauchte sie. Nehmen wir an, sie wurde als Kind, aus welchen Gründen auch immer, nicht wertgeschätzt, ihr wurde nicht zugehört, sie wurde nicht mit Respekt und Würde behandelt. Und da sie ein Kind war, hatte sie absolut keine Kontrolle über ihre Situation. Es macht Sinn, daß sie als Erwachsene versuchen wird, das zu beherrschen oder zu vermeiden, was sie für die Ursache ihres Schmerzes hält. Es macht Sinn, daß ihr als Erwachsene dieses Gefühl der Machtlosigkeit so vertraut ist und sie es so zwingend findet, daß sie es neu erschafft. Nur diesmal in einem Bereich, der letztendlich in ihrer Kontrolle liegt, und wo sie deshalb nicht verwundbar ist durch die Entscheidungen, Wünsche und Launen von Menschen, die sie verletzen könnten, die sich durchsetzen könnten gegenüber dem Terror ihrer Kindheit.

Wir alle haben ein gebrochenes Herz. Jedem einzelnen von uns ist das Herz zumindest einmal gebrochen worden – in unseren Familien, durch den Verlust oder den Verrat eines Elternteils. Manchen ist das Herz auf schreckliche Weise wieder und wieder gebrochen worden. Wenn das Herz eines Kindes gebrochen wird, zerspringt etwas Unsagbares, das bis zu diesem Moment ganz war und nicht hinterfragt wurde. Und nichts ist mehr so, wie es vorher war. Den Rest unseres Lebens bringen wir mit dem Versuch zu, die Verletzung zu bagatellisieren oder so zu tun, als wäre nichts geschehen, wir versuchen, uns davor zu schützen, wieder so verletzt zu werden, wir versuchen, jemanden dazu zu bringen, uns so zu lieben, wie wir als dieses Kind geliebt werden wollten. Den Rest unseres Lebens essen, trinken, rauchen oder arbeiten wir, damit wir niemals an diesen Punkt zurückkehren müssen. Damit wir niemals wieder die unerträgliche Pein unseres gebrochenen Herzens spüren müssen.

Ich sehe es an den Teilnehmern meiner Workshops. Sie kommen in den Raum, erwartungsvoll, hoffnungsvoll, beschützt. Sie wollen, daß ich ihnen beweise, daß es wahr ist, was ich sage, daß es ihr Leben ändern kann. Sie sind zornig; sie haben so lange ausgehalten, so lange darauf gewartet, daß jemand ihnen den Schlüssel gibt, mit dem sie ihr Leben öffnen können, der ihnen erlaubt, das zu sein, wovon sie träumen. Wir sprechen über Verhaltensmuster der Intimität, wir reden über Verhaltensmuster des zwanghaften Essens, aber erst wenn wir über den Schmerz der Kindheit sprechen und die Teilnehmer sich erlauben, diesen Schmerz zu fühlen, verändern sich ihre Gesichter, und sie beginnen zu atmen. Von da, wo wir stehen, ist der Augenblick der Wandlung fast spürbar. Die Augen der Teilnehmer werden weich; ihre Schultern sinken herab, und ich stehe nicht länger im Zentrum der Aufmerksamkeit. Zumindest für den Augenblick haben sie genau das bekommen, was sie brauchen: Sie haben den Grund ihrer selbst berührt. Sie sind an der Zeit und dem Ort angekommen, wo ihre Herzen gebrochen wurden.

Sie heben die Hand. Eine Frau erzählt ihre Geschichte:

Ich bin die Älteste von sechs Kindern. Der Vater meines Vaters war schwerer Alkoholiker und seine Mutter mißhandelte ihre Kinder. Obwohl mein Vater nicht trank, als ich ein Kind war, war er sehr streng mit uns. Wir wurden verbal mißhandelt, nicht so sehr körperlich – zumindest soweit ich mich erinnern kann.
Meine Mutter war kränklich und oft im Krankenhaus, also ging ich schon sehr früh dazu über, für die anderen zu sorgen. Ich kochte für

uns alle das Sonntagsessen, als ich acht Jahre alt war. Das war das
einzige Mal, daß ich irgendein Lob von meinem Vater zu hören
bekam, also kochte ich mehr und mehr, machte sauber, paßte auf
meine Geschwister auf. Ich war wie ein trockener Schwamm, der
darauf wartete, daß etwas in mich einsickerte und ich mich nützlich
und richtig fühlen konnte, so als verdiente ich es, am Leben zu sein.
In der gelenkten Phantasiereise[3] eben bin ich in eine Zeit meines
Lebens zurückgegangen, in der ich große Angst hatte. Meine Mutter
war medikamentenabhängig. Sie wurde ins Krankenhaus eingewie-
sen und ich wollte ihr noch auf Wiedersehen sagen, bevor ich zur
Schule ging. Sie hatte einen Koffer gepackt, der auf dem Sofa stand,
und ich saß daneben. Der Koffer war offen und ich guckte mir an,
was sie alles mitnahm. Ich war damals elf oder zwölf, und ich entdeckte in die BHs eingenähte Tabletten. Ich fand Tabletten in einer
leeren Parfümflasche – ich fand sie überall. Und ich erzählte es
meinen Vater. Meine Mutter sah mich an, als hätte ich sie verbrannt,
und ich wurde in die Schule geschickt.
Auf dem Nachhauseweg ging ich in unsere Kirche, um zu weinen. Es
war niemand da. Ich war so allein. Ich dachte, meine Mutter müßte
sterben. Ich dachte, sie würde uns verlassen, ich dachte, sie *wollte* uns
verlassen und ich konnte es nicht ertragen, es war alles so schrecklich. Ich hatte das Gefühl, mein Körper würde in tausend Stücke
zerspringen. Und ich wußte, daß ich nach Hause gehen und mich
um meine Geschwister kümmern und Abendbrot machen mußte.
Als ich dasaß, kam eine Hochzeitsgesellschaft für die Probe herein,
redend und lachend, bis die Braut mich in der ersten Reihe sitzen
sah. Sie drehte sich zum Priester um und sagte sehr laut: »Wer *ist*
das? Was macht die denn hier?«. Ich rannte zur Seitentür heraus und
weinte den ganzen Weg nach Hause.
Bei der Phantasiereise haben Sie gesagt: »Jetzt können Sie als Erwachsener zu diesem Kind gehen und es trösten. Lassen Sie es wissen, daß es geliebt wird.« Und ich rebellierte innerlich. Ich wollte
nicht. Ich erinnere mich, daß ich so etwas dachte wie »Wenn ich
mich noch um eine Person mehr kümmern muß, breche ich zusammen.« Ich habe mich um Leute gekümmert, seit ich fünf bin. Jetzt
bin ich fünfunddreißig. Ich habe drei kleine Kinder unter sechs
Jahren, ich bin zum zweitenmal mit einem Alkoholiker verheiratet –
mein Mann ist jetzt »trocken«, aber es war so ein Kampf, seit zehn
Jahren versuchen wir, einen »normalen« Punkt zu erreichen. Und
ich bin müde. Ich möchte auch mal verantwortungslos und kindlich

sein, meine Bedürfnisse erfüllt bekommen, anstatt die anderer zu erfüllen. Sobald ich dieses Gefühl bekomme, fange ich an zu essen, zu fressen, weil ich mir selbstsüchtig vorkomme und weil Essen der einzige Weg ist, den ich kenne, mir selbst etwas zu geben und mich von meiner Kontrolle zu befreien.

Seit zwei Jahren mache ich eine Therapie. Fast hätte ich gedacht, ich könnte von meiner Eßsucht loskommen, aber sobald dieses Kind in mir hochkommt, fange ich wieder an zu fressen.«

Ein Kind findet Tabletten eingenäht in die BHs seiner Mutter. Die tablettensüchtige Mutter ist so in ihrer eigenen Welt gefangen, so eingefroren in ihrem eigenen Schmerz, daß es ihr unmöglich ist, ihren Kindern Aufmerksamkeit und Zuwendung zukommen zu lassen. Der strenge und strafende Vater ist die einzige Quelle von Liebe, die das Kind hat. Sie lernt, daß sie gelobt wird – und Lob ist das einzige, was sie mit Liebe zu verbinden gelernt hat – wenn sie sich um die anderen fünf Kinder kümmert. In ihren beiden Ehen wiederholt sie ihre fürsorgende Rolle, weil das die einzige Art ist, die sie kennt, Liebe ›aufzusaugen‹. Für sich selbst sorgt sie durch das Essen, und nur durch das Essen. Sie verwöhnt sich mit Essen, wie sie mit Liebe verwöhnt werden wollte. Aber das Essen beschwört einen Ansturm von Schuldgefühlen bei ihr herauf. Sie fühlt sich selbstsüchtig, wenn sie ißt, und sie hat schon sehr früh gelernt, daß sie nicht die Liebe bekommt, ohne die sie sich ausgetrocknet fühlt, wenn sie an sich selbst denkt. Sie will geliebt werden, aber sie hält auch ihre eigenen Bedürfnisse für berechtigt und will sie befriedigen. Also behält sie in jedem Bereich ihres Lebens die Kontrolle, außer beim Essen. Und sie glaubt weiterhin, daß ganz tief drinnen etwas mit ihr nicht stimmt.

In dem Jahr, in dem meine Mutter mich in ihr Zimmer rief, um mir zu sagen, daß sie sich scheiden lassen würde, war ich elf Jahre alt. Seit Jahren wußte ich, daß meine Eltern sehr unglücklich miteinander waren, und ich betete jede Nacht darum, daß sie zusammenbleiben würden. Ich kniete neben meinem Bett nieder und betete: »Bitte, segne Mama und Papa und Howard und, Lieber Gott, bitte mach, daß sie sich nicht scheiden lassen.« Ich wußte nicht, wo ich dann hätte hingehen sollen, was mit mir geschehen würde. Ich stellte mir vor, ich würde in den Gerichtssaal geschickt werden, in dem meine Mutter auf der einen Seite saß und mein Vater auf der anderen, und vor einem Richter stehen. Der Richter würde mir sagen, daß ich mich entscheiden müßte, wen von beiden ich am meisten liebte, bei wem ich bleiben wollte. Und ich wollte diese Wahl nicht treffen müssen. Ich war überzeugt, daß meine Mutter mich nicht mehr lieben würde, wenn ich mit meinem Vater ging, daß aber mein Vater mich auch lieben würde, wenn ich mich für meine Mutter entschied. Ich wollte mit meinem Vater leben, weil mit ihm leichter auszukommen war und weil ich mich von ihm geliebt fühlte, aber ich wollte meine Mutter nicht verlieren.

Als meine Mutter mir sagte, daß sie die Scheidung einreichen wollte, fing ich an zu weinen. »Was wird aus mir werden? Bei wem werde ich bleiben?« fragte ich.

»Du denkst immer nur an dich selbst«, sagte sie. »Denkst du nie an die Gefühle anderer Leute?«

Beschämt hörte ich auf zu weinen. »Es tut mir leid, Mama. Ich hab' es nicht so gemeint.«

»Geh in dein Zimmer«, sagte sie.

Und ich tat es. Es war ein Donnerstagabend; ich sah mir »Verliebt in eine Hexe« im Fernsehen an. Ich starrte auf die Stuckdecke. Als ich hörte, wie sich der Schlüssel in der Haustür drehte, raste ich die Treppe hinunter und traf auf meinen Vater, der sich seinen Mantel auszog.

»Mama sagt, ihr laßt euch scheiden.«

»Wir tun was?« fragte er und lachte.

»Ihr laßt euch scheiden. Warum lachst du?«

Ohne eine Antwort ging er die Treppe hinauf und öffnete die Tür des Schlafzimmers.

Am nächsten Tag erwähnte meine Mutter nichts von einer Scheidung, und ich fragte nicht nach.

Wenn meine Mutter sich über mich ärgerte, warf sie mir vor, ich wäre egoistisch. Und damit meinte sie, daß ich zuerst an mich dachte anstatt an sie oder meinen Bruder. Selbstsucht war gleichbedeutend mit Schlechtsein. Daß ich selbstsüchtig war, mußte der Grund sein, daß sie mich nicht liebte, dachte ich. Ich wuchs mit der Überzeugung auf, daß ich nicht geliebt werden würde, wenn ich an mich selbst dachte.

Essen war eine Möglichkeit, mir heimlich selbst etwas zu geben. Wenn ich drei Schachteln Orangenkekse mit den weißen schnörkeligen Linien in der Mitte aß, brauchte ich niemanden zu fragen. Niemand konnte sehen, daß ich die Kekse – oder sonst irgendwas – für mich selbst wollte.

Eines Nachmittags ging ich am Schlafzimmer meiner Eltern vorbei und hörte meinen Bruder weinen. Er redete gerade mit meinem Vater: »Ich hab' zwei Schokoriegel von meinem eigenen Geld gekauft – einen für mich und einen für Geneen – und jetzt sind sie weg. Du hast sie beide gegessen, stimmt's?«

»Wahrscheinlich habe ich das, Howard«, sagte mein Vater, »und es tut mir leid. Ich wußte nicht, daß du sie aufsparen wolltest.«

Ich schlich auf Zehenspitzen in mein Zimmer. Es brauchte zwanzig Jahre, bis ich meinem Bruder erzählen konnte, daß ich und nicht mein Vater die Schokoriegel aufgegessen hatte. Ich schämte mich, weil ich selbstsüchtig war, weil ich so viel aß, weil ich Essen in meinen Schlafanzügen, Jacken und Taschen versteckte. Ich schämte mich für vieles, aber vor allem schämte ich mich, weil ich war, wie ich war.

Ich lernte früh, beim Essen die Beherrschung zu verlieren und im Umgang mit anderen Menschen beherrscht zu sein – ein Handel, den viele von uns Eßgestörten eingehen. Alles, was wir in unserem Leben glauben *nicht tun zu dürfen* – im Umgang mit Menschen, bei der Arbeit – erlauben wir uns selbst beim Essen: wir nehmen das größte Stück, wir geben uns selbst das Beste, wir essen mehr als wir brauchen, wir geben Geld aus, wir denken nicht an andere. Wir erlauben uns selbst, genau das zu bekommen, was wir haben wollen. Was den Rest unseres Lebens angeht, leben wir immer eine Diät eingeschränkter Gefühle. Weil wir alle irgendwann gelernt haben, daß wir unser wahres Selbst nicht zeigen dürfen, wenn wir geliebt werden wollen. Um geliebt zu werden, durften wir nicht fordern, was wir haben wollten.

Wir begannen deshalb, Liebe als etwas zu definieren, das wir nur bekommen konnten, wenn wir vorgaben, anders zu sein, als wir waren. Wir lernten früh, uns selbst unserem Bild des perfekten Kindes anzupassen – des Kindes, das in unserer Vorstellung all die Liebe bekommen würde, die wir in unserer Unvollkommenheit nicht erhielten. Wenn wir aßen, fühlten wir uns gleichzeitig siegreich und verzweifelt – siegreich, weil das Essen eine Möglichkeit war, manchmal unsere einzige Möglichkeit, wir selbst zu sein; und verzweifelt, weil das Wir-selbst-Sein uns weiter und weiter von dem zu entfernen schien, was wir mehr als alles andere wollten: geliebt zu werden. Wir übten uns darin – und wurden Meister darin – jemand anders zu sein. Aber unterhalb der Verpackung war das schreckliche Wissen, daß wir so, wie wir waren, wie wir wirklich waren, nicht liebenswert waren.

Jedesmal, wenn wir zwanghaft essen, verstärken wir unsere Überzeugung, daß wir nur bekommen können, was wir wollen, wenn wir es uns selbst geben; daß wir hungrig bleiben werden, wenn wir nicht die Kontrolle über unsere Ernährung haben. Gleichzeitig, und gerade weil es ein Weg ist, uns selbst etwas zu geben, vermittelt uns das zwanghafte Essen die alte Botschaft, daß wir schlecht sind, weil wir Bedürfnisse haben, und noch schlechter, weil wir sie befriedigen. Das zwanghafte Essen wird zum Symbol für all das, was mit uns nicht stimmt: Wir haben Bedürfnisse, und wir haben die Arroganz, selbst für die Befriedigung dieser Bedürfnisse zu sorgen. Mit jedem zwanghaften Essen lösen wir die hoffnungslose Botschaft aus, die wir einmal gelernt haben: Wir werden niemals geliebt werden, wenn wir unsere Bedürfnisse befriedigen.

In diesem Zusammenhang ist die Eßstörung eine Bejahung des menschlichen Geistes. Sie ist unsere Art zu sagen: »Du kannst mich nicht besiegen. Obwohl ich verwundbar bin und obwohl ich glaube, deine Liebe zu brauchen, obwohl ich anders reden oder handeln mag, als ich eigentlich will, um dich zufriedenzustellen – es gibt einen Teil von mir, der intakt bleiben wird, egal was passiert. Dieser Teil von mir kann nicht gekauft oder verkauft werden; er weiß, daß ich Liebe und Freude und Erfüllung verdiene. Das ist der Teil von mir, der ißt.«

Und das ist wahr.

Wenn wir, als Kinder oder Erwachsene, in einem Umfeld leben, in dem wir lernen, daß wir nicht geliebt werden, wenn wir unser Menschlichsein zum Ausdruck bringen, passen wir uns an. Wir lernen vorzugeben, daß wir anders sind als wir sind; aber die ganze Zeit schreit eine laute Stimme »Nein«, und weil wir sie nicht hören, benutzt sie das Essen als ihre Sprache. Das Beherrschtsein führt zu einem Verlust der Beherrschung … bei irgend etwas: Essen, Arbeit, Sex, Drogen. Es führt auch zu dem Bedürfnis, das zu kontrollieren, was wir glauben, nicht zu bekommen, wenn wir den Erhalt nicht kontrollieren. Den Erhalt von Liebe, zum Beispiel.

Vor sechs Monaten planten Mark und ich, auf meinen Vorschlag hin, übers Wochenende wegzufahren. Drei Tage, bevor es losgehen sollte, teilte Mark mir mit, ein guter Freund von ihm aus Chicago hätte angerufen und ihn zur Feier seines vierzigsten Geburtstags eingeladen. »Ich würde gerne hingehen«, sagte Mark. »Klingt gut«, meinte ich. »Wann soll es sein?« »Am Abend des letzten Tages unserer Reise. Ich werde morgens früh losfahren müssen.«

Mein Körper versteifte sich. Ich sagte Mark, daß ich das nicht gut fände. Unter Tränen warf ich ihm vor, er würde ständig kurzfristig unsere Pläne umwerfen, und diese Reise sollte etwas ganz Besonderes für uns sein. Ich könne nicht glauben, daß er einen von drei Tagen opfern wollte, um auf die Geburtstagsfeier eines Freundes zu gehen, den er seit einem Jahr nicht gesehen hatte.

Marks Körper versteifte sich. Er sagte, daß er es nicht gut fände, daß ich seine Entscheidung nicht akzeptieren könne. Es möge richtig sein, daß er öfter seine Pläne ändere, aber er sei gern flexibel und fände das ganz in Ordnung so. Er sagte, immer müßte alles nach meinem Kopf gehen, sonst würde ich wütend werden, und wo solle er dabei bleiben?

Dieser Streit ist ein gutes Beispiel für einen unserer grundlegenden Streitpunkte: Ich mache Pläne, die auf einer gemeinsamen Entscheidung basieren, dann will Mark die Pläne ändern, und ich fühle mich verletzt, im Stich gelassen, zornig.

Ich erinnere mich an die Zeit, als ich in der elften Klasse war und für die Führerscheinprüfung übte. Meine Mutter und ich machten einen Termin aus, an dem sie mit mir fahren wollte, und ich kam von der Schule nach Hause und wartete auf sie. Eine halbe Stunde, nachdem sie hätte erscheinen sollen, klingelte das Telefon. Sie teilte mir mit, sie könne es nicht schaffen. Wenn ich ihr Vorwürfe machte, wurde sie böse. Sie sagte, sie brauche die Zeit für sich und ich wolle immer, daß alles nach meinem Kopf ginge.

In dem Jahr starb ein Freund an Krebs. Ich brachte Tage damit zu, seinen Namen auf alles Greifbare zu schreiben – meine Arme, meine Beine, meine Hausaufgaben. Ich weinte mich in den Schlaf, und ich weinte den ganzen Tag. Mr. Benson, mein Schreibmaschinenlehrer, legte vor seinem Unterricht immer eine Packung Papiertaschentücher auf meinen Platz. Meine Freundin Carolyn und ihre Eltern wollten in den Herbstferien einen Kreuzfahrt machen und luden mich ein, mitzukommen. Ich wollte mitfahren. Meine Mutter wollte nach Florida fahren und lud mich ein, mitzukommen. Sie teilte mir mit, daß für sie beides, die Kreuzfahrt oder Florida, in Ordnung wäre.

Ich dachte mir, wenn ich auf die Kreuzfahrt verzichtete, um bei meiner Mutter zu sein, würde sie sicherlich erkennen, wie

sehr ich sie liebte und wie sehr ich ihre Zuwendung brauchte.
Dabei ging ich von der unausgesprochenen Voraussetzung
aus, daß sie sich für mich opfern würde, wenn ich mich für sie
opferte.

*Wenn ich auf das verzichte, was ich machen will, wirst du auf das
verzichten, was du tun willst.*
Kontrolle.

Hinter dem »wenn ich auf das verzichte, was ich machen will«
steckt die Überzeugung, daß ich nicht tun kann, was ich tun
will, daß es mir nicht erlaubt ist. Es ist falsch, für mich selbst zu
sorgen. Es ist falsch, Bedürfnisse zu haben. Sie zu befriedigen
ist noch schlimmer. Ein liebender Mensch denkt zuerst an
andere. Ein liebender Mensch nimmt sich das kleinste Stück
Kuchen. Das bedeutet, wenn wir uns jemals geliebt fühlen wollen, sind wir darauf angewiesen, daß ein anderer uns diese
Liebe gibt. Und sobald wir anfangen, uns darauf zu verlassen,
daß andere für unsere Erfüllung sorgen, empfinden wir ein
dringendes Bedürfnis, die Worte und Handlungen dieser
Menschen zu kontrollieren; der Widerspiegelung unserer
selbst in ihren Augen kommt eine entscheidende Wichtigkeit
zu. Sie müssen uns auf eine bestimmte Art lieben, etwas auf
eine bestimmte Art sagen. Sie müssen uns so lieben, wie wir
uns selbst lieben würden, wenn uns das nur erlaubt wäre. Sie
müssen unserer Definition von einem liebenden Menschen
entsprechen, damit wir wissen, daß wir geliebt werden. Sie
müssen alles tun, was unsere Eltern nicht getan haben.

Wenn wir glauben, daß wir Anerkennung, Respekt und Zärtlichkeit nicht verdienen und uns diese Dinge deshalb nicht
selbst geben können, werden wir versuchen, sie von anderen
zu bekommen – selbst wenn wir uns dafür demütigen müssen.
Wir geben, um etwas zu bekommen. Wir tun etwas wegen der
Wirkung, die das haben wird. Wir versuchen, andere durch
Manipulation oder Hintenherum oder durch Kontrolle dazu
zu bringen, uns das zu geben, was wir uns unserer Überzeugung nach nicht selbst geben können. Wir werden das, was
üblicherweise »herrschsüchtig« genannt wird.

Mark spielte nicht nach den Regeln. Und erst nach vielen, vielen Streits fand ich heraus, wie diese Regeln genau lauteten. In den ersten anderthalb Jahren unseres Zusammenseins nahm ich mir an einem Abend, an dem ich mit Mark zusammen sein konnte, nie etwas anderes vor. Weil ich wollte, daß er das auch tat. Weil ich nicht alleingelassen werden wollte. Weil der einzige Weg, den ich kannte, das zu bekommen, was ich wollte, war, darauf zu verzichten und zu hoffen, daß jemand anders es mir geben würde. Und was ich wollte, war, mit einer Überzeugung so unerschütterlich wie Sallys Redwoodbaum, dessen Stamm einen Umfang von drei Metern hat und dessen Blätter die Wolken teilen, zu wissen – für immer und alle Zeit zu wissen: Ja, Geneen, du hast ein Recht auf Bedürfnisse, auf Wünsche, auf Forderungen. Du brauchst dich nicht mehr zu schämen. Jetzt kannst du aufblühen, das ist in Ordnung.

Viele Jahre lang glaubte ich, daß das Schlanksein mir diese Überzeugung geben würde. Es tat es nicht. Dann dachte ich, daß das Veröffentlichen von Büchern mir diese Gewißheit verschaffen würde. Es tat es nicht. Aber dann wurde mir klar, natürlich, Dinge können das nicht, nur Menschen. Als ich Mark begegnete und mich in ihn verliebte, hatte ich die unausgesprochene Erwartung, daß er mich vor mir selbst retten würde. Vor meinem Selbsthaß, vor der Seelenqual, so zu sein, wie ich war, vor der Seelenqual wegen all den Dingen, die ich war und nicht sein wollte.

Mark spielte nicht nach den Regeln. Er konnte mich nicht vor mir selbst retten. Nicht vor meiner Erfahrung, geschlagen zu werden, wenn ich sagte, was ich wollte, nicht vor meinem Unwillen, damit anzufangen, im gegenwärtigen Augenblick für mich selbst zu sorgen.

Gestern erhielt ich diesen Brief:

Ich bin neunzehn Jahre alt und Studentin. Ich war immer geschützt vor den mit menschlicher Nähe verbundenen Gefühlen und Empfindungen, weil ich mich zuerst für zu dick hielt und dann, in der Oberstufe, tatsächlich zu dick war.

Letzten Sommer habe ich vierzig Pfund abgenommen und traf bereit für ein neues Leben im College ein. Am ersten Abend traf ich zufällig einen alten Freund, und es endete damit, daß wir uns küßten. Es gefiel mir. Ich mochte ihn. Es gefiel mir, ihn so nahe zu spüren. Dennoch beendete ich abrupt unseren Kontakt. Danach fühlte ich mich schrecklich verwirrt. Ein paar Wochen später kam es zu einem erneuten Treffen. Endlich einmal war ich erfüllt mit wahrer Freude, aber kurz bevor es zum Sex kam, sagte ich ihm, er solle aufhören.

Ich weiß nicht, warum *ich mich nicht gehen lassen kann* (Hervorhebung von mir). Ich fing an, wieder zuzunehmen, obwohl das, was ich wirklich wollte, menschlicher Kontakt war. Kontakt, dessen ich mich selbst beraubte. Vielleicht dachte ich nach meinen vielen Erfahrungen mit Essen, daß ich nicht fähig wäre, genug zu bekommen.

In den nächsten drei Monaten nahm ich dreißig Pfund zu.

Ich kann nicht aufhören zu denken, wie einsam ich bin. Alles, was ich will, ist Liebe und Nähe. Ich kann nicht aufhören, mich mit Essen vollzustopfen. Gerade jetzt, wo ich mich so nach Nähe sehne, habe ich das Gefühl, daß ich es nicht wert bin, weil ich fett und unattraktiv bin. Und geschützt. Bitte, Geneen, kannst Du mir helfen?

Kann ich ihr helfen? Nur, wenn sie bereit ist, zu prüfen, warum sie Angst vor Nähe hat. Denn es ist nicht so, daß ihr Gewicht sie fett und unattraktiv macht, sondern daß es ihr schreckliche Angst einjagt, jemandem nahe zu sein und wahre Freude zu empfinden; und so benutzt sie ihr Gewicht, um sich auf Distanz zu halten. Solange sie sich fett fühlt, hat sie eine Entschuldigung dafür, niemandem nahe zu sein. Sie kann ihrem Gewicht die Schuld an ihrer Einsamkeit geben. Ohne ihr Übergewicht würde sie keine Barrieren zwischen sich und einem anderen Menschen haben.

Die Frage bleibt: Warum hat sie Angst vor Nähe?

Was hat sie für Kindheitserfahrungen mit dem Lieben und Geliebtwerden gemacht? Was ist mit ihr geschehen, daß sie solche Angst hat?

Wir entwickeln Angst vor der Nähe, *weil unsere Erfahrungen beängstigend waren,* nicht weil wir unfähig sind zu lieben. Wenn wir jemals uns selbst – oder einen anderen Menschen – innig lieben wollen, müssen wir zuerst untersuchen, warum wir Angst haben. Wir müssen zu den Anfängen zurückgehen, die Gefühle von Wut, Verletztsein, Angst, Verratenwerden und Verlust noch einmal durchleben, die wir erfahren haben, als wir das Kind waren, das wir waren, ein Kind in unserer Ursprungsfamilie. (Oder vielleicht müssen wir uns jetzt zum erstenmal erlauben, diese Gefühle zu empfinden, da wir sie damals weggeschoben haben.) Aber diesmal sollten wir dabei Unterstützung erfahren – durch einen Therapeuten, Freunde, eine Selbsterfahrungsgruppe – die uns Bestätigung geben, uns annehmen und lieben, wenn wir unsere Gefühle zeigen, anstatt uns wegen ihnen zu verleugnen, zu ignorieren oder zu bestrafen. Dann und nur dann können wir heil werden und weitergehen.

Ein Kühlschrank kann mir nicht das Herz brechen.
Aber Mark kann es.
Jedenfalls habe ich das bis vor kurzem geglaubt. Ich habe ihn behandelt, als könne er mich in Stücke reißen, als müßte ich sicherstellen, daß er das nicht täte. Als wäre es meine Aufgabe, die Wände vorm Zusammenfallen zu bewahren. Als wäre es meine Aufgabe, seine Wände vorm Zusammenfallen zu bewahren, damit meine heil stehenbleiben konnten.
Als Kinder glauben wir, daß wir über den Schmerz in unserem Leben die Kontrolle haben, weil die Wahrheit – daß wir hilflos inmitten zusammenfallender Wände stehen – mehr ist, als wir ertragen können. Wenn wir uns erlaubt hätten zu fühlen, wie unsere Situation in Wirklichkeit war, wären wir möglicherweise unfähig gewesen, zu gehen, zu reden oder sonstwie zu funktionieren. Vielleicht hätten wir buchstäblich unseren Verstand verloren. Also nehmen wir es auf uns, das Sonntagsessen zu

kochen, unserer Mutter Toast auf einen weißen Korbtablett zu bringen; wir geben uns die Illusion von Macht in einem ansonsten machtlosen Umfeld.

Was uns gut gedient hat, als wir Kinder waren, behindert jedoch als Erwachsene unser Wachstum. Wenn wir weiterhin glauben, wie ich es getan habe, daß wir den Anfang und das Ende der Dinge kontrollieren können, werden wir uns beständig frustriert, enttäuscht und verwirrt fühlen. Wir werden in unserem Leben keine Liebe erfahren, die unsere Seele befriedigt. Wenn wir unter der Illusion einer Macht operieren, die wir nie hatten und nie haben werden, versäumen wir die Chance zu einer Macht, die uns nicht offenstand, als wir Kinder waren, die wir jetzt als Erwachsene aber *haben*: Die Macht, gut und liebevoll für uns selbst zu sorgen, uns selbst glücklich zu machen. Es ist nicht unsere Aufgabe, die Verantwortung für irgendeinen Menschen zu übernehmen, außer der Verantwortung für uns selbst.

Wenn ich als Jugendliche und junge Erwachsene davon träumte, mit einem Mann zusammenzusein, stellte ich mir vor, von ihm gehalten zu werden, von ihm getröstet zu werden. Ich stellte mir vor, geheilt zu werden.

So ist es nicht gekommen. Es ist ganz anders. Daß ich von Mark geliebt werde, verstärkt das Gefühl von Ganzheit, das ich in manchen Bereichen bereits hatte, und es verschlimmert das Gefühl von Leere in anderen Bereichen.

Daß wir im Augenblick geliebt werden, bringt uns in Erinnerung, daß wir in der Vergangenheit nicht geliebt worden sind. Keine gegenwärtige Liebe, nicht die einer einzelnen Person und nicht die von zehntausend Menschen, die uns alle zugleich lieben, kann den Schmerz des früheren Verratenwerdens wettmachen oder ihn verschwinden lassen; genau wie Freßanfälle wegen vergangener oder kommender Deprivationen die vielen Male nicht wettmachen, an denen wir zu uns selbst sagten: »Du kannst das nicht haben, du bist fett und häßlich.« Die einzige Versicherung gegen eine Wiederholung des vergangenen Schmerzes ist, uns selbst zu erlauben, den Schmerz ganz zu fühlen und ihn in der Gegenwart freizusetzen.

Wir werden niemals wieder Kinder sein. Nichts und niemand kann uns je wieder so verletzen. Nur ein Kind ist wehrlos und vollständig abhängig davon, daß die Menschen in seiner Umgebung ihm Schutz, Bestätigung und Liebe geben.

Wenn wir unserem Körper oder unserem Gewicht gestatten, der Qualität von Nähe, die wir in unserem Leben erfahren, im Weg zu stehen, wenn wir uns zu dick finden, um uns die Hüften oder den Bauch streicheln zu lassen, wenn wir uns zu häßlich vorkommen, um bei Licht gesehen zu werden, versuchen wir, uns davor zu schützen, verletzt zu werden. Noch einmal verletzt zu werden. Aber die Verletzung, vor der wir uns schützen, hat nichts mit der Gegenwart und nichts mit der Zukunft zu tun. Wir versuchen uns davor zu schützen, eine Wunde zu spüren, die in keiner Verbindung zu unserem Leben heute steht; wieder und wieder, für den Rest unseres Lebens, versuchen wir uns davor zu schützen, unsere Vergangenheit zu spüren, und indem wir das tun, gestatten wir uns niemals, die Gegenwart für uns in Anspruch zu nehmen.

Mark und ich räumten Lou Anns Zimmer leer. Zuerst nahmen wir die chinesischen Fächer von den Wänden. Wir folgten mit den Fingern den zarten Linien der goldenen Bäume. Dann nahmen wir ihre Keramikuhr, die Kugelschreiber und die Ohrringe in der herzförmigen Schale. Mark sagte, er wolle die Uhr gern für sein Büro haben; er legte sie behutsam neben die Tür. Wir warfen die Kugelschreiber in den Papierkorb und packten die Ohrringe in eine Schachtel, die wir Lou Anns Mutter schicken wollten. Wir schlugen den Terminkalender an der markierten Stelle auf und sahen, daß es der Monat

April war. Lou Ann war am 18. April gestorben. Sie hatte eine Liste von Dingen aufgestellt, die sie erledigen wollte: Dougie anrufen, sich unterstützen und bestärken, mit dem Sauerstoff leicht atmen. Marks Tränen fielen darauf und verwischten das Wort »Sauerstoff«. Er bat mich, ihn eine Weile zu halten, und als ich es tat, weinte er. Als er aufhörte, räumten wir weiter auf, packten Sachen weg. Den Schreibtisch, die Regale, die Karten. In dreieinhalb Stunden war das Zimmer in einer Kiste und drei Kartons verpackt. »Laß uns die Sachen in den Wandschrank stellen«, sagte Mark. »Ich will Lou Ann nicht in die Garage verbannen.« Drei Monate später brachten wir die Kartons und die Kiste auf seinen Vorschlag hin nach draußen, in die Garage.

Was mich angeht, ich bin dabei, das Zimmer meiner Kindheit leerzuräumen. Und bei jedem Gefühl, dem ich begegne, worüber ich weine und das ich wegpacke, bei jeder Erinnerung an Angst, bei jeder Erfahrung eines Verlusts, stürzen die Wände ein.

Und ich befreie mich selbst.

3 Der Trost des Leidens

Als ich mich Mark vorstellte, wußte ich, daß ich einen Mann ansprach, dessen Lebensgefährtin an Krebs gestorben war. Ich wußte es, weil er in seinem Vortrag am Tag zuvor davon berichtet hatte. Ich wußte, daß eine Beziehung mit ihm nicht leicht sein würde. Aber leicht wollte ich es nicht haben.
Ich erfinde Dramen, wo es keine gibt. Mitten im Chaos fühle ich mich am wohlsten. Intensität läßt mich aufblühen.
Ich bin wild und außer mir, aber niemals betroffen.
Ich bin ekstatisch, niemals froh.
Ich bin traurig, niemals unglücklich. Und ich habe die Kunst des Leidens kultiviert.
Mit jemandem zusammen zu sein, dessen Lebensgefährtin an Krebs gestorben ist, ist Drama pur. Stoff für eine Seifenoper. Wie Dr. Kildare in der Sendung »Der Tiger«.
Als ich in der Oberstufe war, sah ich Yvette Mimieux und Richard Chamberlain in einer zweiteiligen Folge der Serie »Dr. Kildare«. Yvette spielt darin ein blondes Surfer-Mädchen aus Kalifornien, das an Epilepsie leidet, und Richard einen liebenden, gutaussehenden Arzt, der gerufen wird, um sie zu retten. Trotz ihrer sich daraufhin entwickelnden Liebe reitet sie weiterhin auf den Wellen, und schließlich stirbt sie bei einem Anfall, während im Hintergrund William Blakes Gedicht »Der Tiger« rezitiert wird.
Die Kombination von Leidenschaft und Trauer faszinierte mich. Ich entschied, daß ich Yvette Mimieux *sein* wollte. Mit ihrem Haar, ihrem Körper und ihrem Stil würde ich so schön sein, daß ich nie wieder einsam sein würde. Bei den Mädchen würde

ich beliebt sein, und die Jungen würden mich begehren. Mein Telefon würde pausenlos läuten. Ich würde ein klingendes Lachen haben und ein unwiderstehliches Lächeln. Für die Jungen aus meiner Klasse, die, die mich wegen meines runden Gesichts quälten, würde ich keine Zeit haben, weil Männer wie Richard Chamberlain sich in mich verlieben würden. Und wenn nicht der, dann doch sicherlich der Platzanweiser im Arena-Kino, mein gegenwärtiger Schwarm: Mike Howard.

Yvette Mimieux war eine blonde, gertenschlanke Surferin. Ich war brünett, untersetzt und ging in die zehnte Klasse. Da mir nicht bewußt war, daß Peroxid meinem braunen Haar eine leuchtend grüne Farbe verleihen würde, sprühte ich mir Bleichmittel hinein, um es blond zu färben. Um gertenschlank zu werden, machte ich eine Pflaumen-und-Frikadellen-Diät. Ich klebte ein aus einer Zeitschrift ausgeschnittenes Photo von Yvette an die Kühlschranktür, so daß ich mir jedesmal, wenn ich nach der Eiscreme griff, ihre langen Beine ansehen mußte. Ich wollte diese Beine. Und das war ein Problem. Bei meiner Körpergröße von einssechzig spielten die Beine eine untergeordnete Rolle. Es war nicht so, daß sie nicht substantiell gewesen wären – mein Bruder nannte mich Donnerhüfte – sie waren nur sehr kurz.

Nach zwei Wochen grünem Haar und kurzen Beinen beschloß ich, daß mein Ansatz oberflächlich und kleinlich gewesen war. Um Yvette Mimieux zu sein, brauchte ich keine blonden Haare und keine langen Beine; ich brauchte Epilepsie. Schließlich hatte die Krankheit Dr. Kildare in ihr Leben gebracht. Sie war es, die ihrer beider Liebe so kostbar machte und Yvette einen so glorreichen Tod sterben ließ. Sie ritt auf den Wellen, ihre Augen rollten hoch, und Dr. Kildare erschien einen Augenblick zu spät am Schauplatz des Geschehens. Ihr lebloser Körper wurde aus dem Ozean gezogen, und sein Gesicht war bedeckt von Tränen der Qual. Ich wollte für jemanden so wichtig sein wie Yvette für Dr. Kildare.

Also übte ich epileptische Anfälle. Ich übte, meine Augen hochzurollen und zu Boden zu fallen, ohne mir den Schädel zu brechen. Ich bereitete die Bühne für meinen Auftritt vor. Meinen Freundinnen Claudia und Brigitte erzählte ich, daß ich Epilepsie hatte; ich fragte Brigitte, ob sie sich mit mir den Film »Khartoum« im Arena-Kino ansehen wollte. Als Mike uns sah, kam er herüber, um Hallo zu sagen, und mitten in einer Unterhaltung über unsere Sozialkundeprüfung rollte ich die Augen hoch und fiel anmutig zu Boden. Mike hob mich hoch und trug mich zu einem Stuhl. »Sie hat gerade erfahren, daß sie Epilepsie hat«, flüsterte Brigitte Mike zu. Er ergriff den Pappstreifen von einem weggeworfenen Schokoriegel und steckte ihn mir in den Mund, damit ich nicht meine Zunge verschluckte. Aber nach zwei weiteren Anfällen verbot seine Mutter ihm, mich wiederzusehen.

In der elften und zwölften Klasse trafen meine Freundinnen und ich uns, um abends heuchlerische Telefongespräche mit unseren jeweiligen Freunden zu führen. Susan rief beispielsweise meinen Freund an und fragte: »Hast Du Geneen heute abend gesehen?« Da ich direkt neben Susan saß, beantwortete er die Frage mit Nein. Dann fuhr Susan fort: »Ich mache mir solche Sorgen um sie. Als sie hier wegging, war sie sehr aufgewühlt, und ich habe Angst, daß sie vielleicht einen Unfall gehabt hat. Würdest Du mich anrufen, wenn Du von ihr hörst?« Wir hofften, daß die Aussicht auf unseren in unmittelbare Nähe gerückten Tod die Leidenschaft unserer Freunde anfachen würde. Wir waren sicher, daß ihnen bewußt werden würde, wie sehr sie uns liebten, wenn sie mit der Möglichkeit konfrontiert wurden, uns zu verlieren.

In den ersten sechs Monaten, in denen ich als Leiterin von Eßstörungs-Workshops herumreiste, lud ich meinen Freund Louis jeweils am Tag vor meiner Abreise zum Mittagessen ein. Wir fuhren die Küstenstraße zum Davenport Café herunter, am Pazifik entlang. Im Winter suchten wir den Ozean nach den Fontänen der Grauwale ab. Wenn Frühling war, zählten wir die Wildblumenarten, die auf den Hügeln wuchsen, und bewunderten die Calla-Lilien, die vor dem Café in einem perfekten Kreis wuchsen. Als Louis den letzten Bissen Nachtisch heruntergeschluckt hatte, sagte ich: »Ich fahre morgen weg, um einen Workshop zu leiten. Wenn das Flugzeug abstürzt und du mich nie wiedersiehst, was würdest du wünschen, daß du heute zu mir gesagt hättest?«

Das erste Mal, als ich diese Frage stellte, sah Louis verblüfft aus. »Oh, Geneen,« sagte er. »Ich kann mir nicht *vorstellen*, daß das Flugzeug abstürzt.«

»Aber es wäre möglich,« antwortete ich. »Es ist immer möglich. Man muß leben, als würde man morgen sterben, und man soll nichts Unvollendetes hinterlassen. Möchtest du mir irgend etwas sagen, das du mir noch nie gesagt hast?«

»Ich liebe dich,« sagte er. »Es hat mir schrecklich viel bedeutet, dir so nahe sein zu können. Eine Freundin wie dich habe ich lange nicht gehabt. Du hast nicht zugelassen, daß wir uns voneinander entfernen, und ich habe ein gutes Gefühl, weil ich mich fest auf unsere Beziehung eingelassen habe.«

Seine Augen von der Farbe nassen Schiefers füllten sich mit Tränen, als er meine Hand fest mit der seinen umfaßte. »Ich würde dich so vermissen, wenn du stirbst.«

Ich dachte an den brennenden Flugzeugrumpf, meine Familie, die das Wrack nach Zeichen von mir absuchte, meinen Goldlaméschuhen und herzförmigen Brillengläsern, und weinte ebenfalls.

»Ich will nicht sterben,« flüsterte ich Louis zu.

Als wir zum zweitenmal ins Davenport Café fuhren, bestellte ich das Avocado-Käse-Sandwich auf Vollkornweizentoast und Louis die Lasagne. Nachdem ich den letzten Bissen seiner Pecannußpie verzehrt hatte, fragte ich ihn, ob es irgend etwas gäbe, das er mir sagen wolle, falls das Flugzeug morgen abstürzte und ich sterben würde.

Seine Augen verschleierten sich wie Morgennebel am Strand. »Ich liebe dich, und ich bin froh, daß du meine Freundin bist. Du bist wundervoll gewesen.«

Als wir das dritte Mal ins Davenport Café fuhren, bestellte ich das Avocado-Käse-Sandwich und er die Scampi. Während ich die Schokoladenstückchen aus seinem Kuchen pflückte, fragte ich ihn, ob es etwas gäbe, das er mir sagen müsse, da ich morgen vielleicht sterben würde.

»Drei Sachen,« sagte er. »Erstens: Kann ich deine Plattensammlung haben? Zweitens: Wo auch immer du hingehst, wenn du stirbst, erwarte mich in etwa dreißig Jahren. Ich werde eine rote Rose an meinem Smoking tragen. Und Drittens: So kannst du nicht leben, Geneen. Du wirst nicht morgen sterben. Das ist zu viel, zu intensiv. Jeder Gedanke, jedes Gefühl wird davon beeinflußt, und du gibst weder dir noch den Menschen um dich herum die Möglichkeit zu einer Atempause.«

Ich wollte leben, als würde ich morgen sterben. Die Kombination von Leidenschaft und Trauer faszinierte mich.

Nachdem ich zehn Monate mit Mark zusammen war, ging ich zum Arzt, weil ich Schmerzen in der rechten Seite und einen juckenden Ausschlag hatte. Er sagte, ich hätte Gürtelrose. Er erklärte, Gürtelrose würde zwar von einem Virus verursacht, aber höchstwahrscheinlich durch Streß ausgelöst, und der Schmerz könnte noch drei Monate bis zu einem Jahr anhalten.

Der Schmerz fühlte sich an, als würden Schnappmesser meine Knochen zerreißen. Ich wollte mich in eine Mauer werfen, mich in Zement begraben, nur damit es aufhörte. Es machte mich wütend, daß ich krank war. Ich wollte nicht aufgeben, zu schreiben, zu tanzen, draußen zu sein und Workshops zu leiten. Ich wollte nicht sein wie Lou Ann. Und dennoch wollte ich Lou Ann *sein*. Wenn ich krank war wie Lou Ann, würde Mark mich vielleicht so lieben, wie er Lou Ann geliebt hatte. Mit Dringlichkeit und Leidenschaft. Mit dem Wissen, daß ich nicht für immer und ewig dasein würde, so daß er nichts – keine Liebe, keine Zuneigung – zurückzuhalten brauchte.

Wenn ich mich mit Sara darüber unterhielt, wie Mark Lou Ann geliebt haben mußte, sagte sie: »Aber sie ist tot, Geneen. Sie ist tot. Du *lebst*. Seine Liebe für sie war gemischt mit Traurigkeit und Angst. Willst du wirklich, daß er dich auf diese Weise liebt? Möchtest du nicht lieber, daß seine Liebe für dich voll Freude ist?«

Ja, aber …

Hieße das nicht, daß er mich weniger lieben würde?

Hieße das nicht, daß er mir weniger Aufmerksamkeit schenken würde?

Hieße das nicht, daß wir wie die Paare werden würden, die einst alles am anderen liebten – die Kurve des Halses, die Lücke zwischen den Zähnen – und mit den Jahren dieselben Dinge hassen lernen, die sie früher liebten?

Ich wollte nicht, daß wir zu einem dieser Paare wurden, die in einem Restaurant mit steinernem Schweigen ihr Essen verzehren.

»Lieber wäre ich krank,« teile ich Sara mit.

»Du meinst, du würdest eher aus Liebe sterben, als die Streitereien, die Kälte, die Banalitäten des Alltags zu durchleben?«

Nein. Ich würde lieber sterben, als so zu leben wie meine Mutter und mein Vater.

Sie trank. Whiskey mit Eis und einem Schuß Zitrone. Er sagte nichts. Sie nahm Medikamente. Amphetamine, um abzunehmen, und Barbiturate, um einzuschlafen. Er sagte nichts. Sie schrie ihn an, sie schrie uns an, sie schrie den Hund an. Mein Vater sagte nichts. Sie bettelte. »Findest du mich hübsch?« pflegte sie ihn zu fragen. Er sagte nichts. Sie kam morgens um vier Uhr dreißig nach Hause, die Kleider zerknittert, der Lippenstift verschmiert. Er sagte nichts. Beim Thanksgiving-Essen warf sie ihm eine Platte mit Truthahnfüllung ins Gesicht. Während eines Streits mit meinem Bruder schleuderte sie ein Messer quer durch den Raum. Wenn sie wütend auf mich war, zerrte sie mich an meinen Haaren in mein Zimmer. Er sagte nichts. Sonntags, wenn wir ins Steak-Restaurant an der Bleekker Street gingen, aßen sie in tödlichem Schweigen.

Meine Mutter starb aus Liebe und tötete alles, was sich in Sichtweite befand. Mein Vater sagte nichts.

Das Leben, wie ich es als Kind kannte, bestand entweder aus hochgespannter emotionaler Raserei oder absoluter Stille. Meine Mutter war zu Hause und fühlte sich unglücklich – oder es war niemand da. Es schien nur zwei Möglichkeiten zu geben: Im Chaos zu leben oder verlassen zu sein.

Lieber als meine Kindheit noch einmal zu durchleben, wiederhole ich das Leben meiner Mutter – ständig setze ich alles ein in dem verzweifelten Versuch, die Aufmerksamkeit meines Partners zu erringen.

Selbst wenn ich sie bereits habe.

Damit die Teilnehmer meiner Workshops sich gegenseitig kennenlernen, bitte ich sie, ein Namensschild für sich zu entwerfen. In eine Ecke des Papiers schreiben sie, wie ihrer Meinung nach ihr Leben aussehen würde, wenn Essen kein Problem für sie wäre. Viele schreiben »langweilig«. Wenn ich danach frage, sagen sie, daß sie nicht wüßten, was sie dann mit ihrer Zeit anfangen sollten. Sie sagen, ihr Leben wäre schal und spannungslos.

Sie erklären: »So dringlich und gierig nach Essen zu verlangen – Sie wissen, was ich meine, wenn du nicht genug kriegen kannst und es eine Frage von Leben und Tod ist, jetzt in diesem Augenblick ein Stück Schokolade in den Mund zu stecken – das ist Teil einer manischen, berauschenden Hochstimmung. Ich *mag* diese Hochstimmung. Es gefällt mir, mich derartig lebendig zu fühlen. Ohne die Probleme mit dem Essen würde das Leben ruhiger sein, aber ich denke, es wäre auch langweiliger.«

Und sie sagen: »Das Zunehmen und Abnehmen, die ständigen Diäten, das ist wie eine emotionale Achterbahn. Manchmal bin ich voll freudiger Erregung und manchmal fühle ich mich höllisch schlecht, aber wenigstens *fühle* ich was. Ich kann mir nicht vorstellen, wie mein Leben aussehen würde, wenn das Essen nicht meine Zeit in Anspruch nehmen würde.«

An einem Leben als eßgestörter Mensch ist nichts Langweiliges. Entweder du haßt dich, weil du zu dick bist, oder du jubilierst, weil du abgenommen hast, oder du würdest dich nach einem Freßanfall am liebsten in Stücke reißen. Chaos, Intensität und Drama sind alltäglich im Leben des zwanghaften Essers. Das Leiden ist eine Art zu leben.

Es ist, als würden wir aus einer inneren Eltern-Kind-Beziehung heraus handeln, wenn wir essen. Wenn wir als Kinder zu hören bekommen haben oder gedacht haben zu hören, daß wir schlecht sind und verdienen, was wir bekommen, leben wir das aus, indem wir essen, bis wir uns nicht mehr bewegen können. Menschen, die nicht zwanghaft essen, halten es oft für unbegreiflich, daß jemand soviel essen kann, daß es ihm schlechtgeht. Warum sollte jemand soviel essen wollen? Was sollte das für einen Sinn haben? Es liegt nicht am Geschmack oder der Struktur oder dem Duft des Essens; uns zu überessen ist ein Weg, uns das zu geben, was wir glauben zu verdienen.

Unser zwanghaftes Essen ist eine dramatische Wiederaufführung des Leidens und/oder der Gewalt, die wir als Kinder in unseren Familien erlebt haben. Unsere Beziehung zum Essen ist ein Mikrokosmos all dessen, was wir dort über Lieben und Geliebtwerden und unseren Wert gelernt haben. Es ist die Bühne, auf der wir unsere Kindheit nachspielen. Wenn wir als Kinder mißhandelt wurden, mißhandeln wir uns selbst durch das Essen. Das Ausmaß unserer Gewalttätigkeit, unserer Selbstmißhandlung und Selbstbestrafung ist abhängig von dem Ausmaß an Gewalt, Mißhandlung und Bestrafung, das wir erlitten haben. Durch Mißhandlungen lernen wir, uns selbst zu mißhandeln.

Aus einem Tagebuch:

10. Oktober 1978

Das habe ich heute gegessen:

1/3 Packung Graham-Crackers	100 Kalorien
1 Salat mit Dressing	300 Kalorien
1/8 Pfund Karob-Chips	200 Kalorien
1 Keks	75 Kalorien
1/4 Pfund Granola	300 Kalorien
4 Teelöffel Cashewnußbutter	300 Kalorien
1/2 Liter Apfelsaft	300 Kalorien
1/2 Trockenfruchtriegel	250 Kalorien
5 Teelöffel Sesammus	300 Kalorien
1 Eis	400 Kalorien
1 Apfel	76 Kalorien
1 Schokoriegel	200 Kalorien
1 Packung braune Reiscracker	200 Kalorien
1 Teelöffel Erdnußbutter	75 Kalorien
1 Liter Vanilleeis	2000 Kalorien
Gesamtkalorien:	5176 Kalorien

8. Oktober 1978, 3 Uhr morgens: Ich bin nach einem Traum aufgewacht, in dem ich jedes Organ in meinem Körper in Stücke schlage. Bei jedem Schlag sage ich: »Gut. Nochmal. Härter.« Ich will mich selbst zerstören. Ich will essen, bis ich sterbe. Den Schmerz verdiene ich. Nur auf diese Art fühle ich mich wohl. Ich schlafe nicht, ich esse unkontrolliert, treibe mich selbst auf den Abgrund zu. So fühlt es sich richtig an. Ich will mich ins Auto setzen und zu Albertson's fahren. 3 Uhr Morgens. Helle Lichter. Eis essen. Völlig verrückt werden und mich in den Ozean werfen. Mich selbst loswerden. Ich hasse diese Kreatur, die ich bin.

Gut. Nochmal. Härter.

Ich erhielt diesen Brief:

Tausend Kalorien am Tag schienen mir viel zuviel zu sein, und als ich herausfand, daß eine Kalorie in Wirklichkeit eine Kilokalorie ist, multiplizierte ich alles, was ich am Tag aß, mit 100 und stellte angeekelt fest, wieviel ich aß. Ich begann, weniger und weniger zu essen, bis ich schließlich bei weniger als 100 Kalorien am Tag angekommen war. Ich lief täglich fünf Meilen, ich hob Gewichte, ich machte täglich zwei Aerobickurse. Ich bin 176 groß und wog 100 Pfund.

Gut. Nochmal. Härter.

Dann wollte ich in der Frauenmannschaft des Colleges Fußball spielen und der Arzt sagte, dazu müßte ich 125 Pfund wiegen, also nahm ich 50 Pfund zu. Jetzt kann ich nicht mehr aufhören zu essen.

Im selben Brief schreibt sie: »Meine Mutter hat uns fünf verlassen, als wir noch Babys waren. Mein Vater starb an Alkoholismus; der Arzt sagte, von seiner Leber wäre nichts übriggewesen.«

Da sie keine Mutter hatte und einen Alkoholiker als Vater, gab es keine Beständigkeit, keine Zuverlässigkeit, keinen Grund unter den Füßen. Da sie keine Mutter hatte und einen Alkoholiker als Vater, gab es niemanden, der sie angenommen hätte; es war nicht sicher für sie, ihre Gefühle auszudrücken, also tat sie es nicht. Sie baute sich eine Bühne, auf der sie ihre Gefühle umschreiben und dramatisieren konnte, und die Bühne nannte sie »Meine Eßprobleme«.

Unsere Obsession mit dem Essen gibt uns einen sicheren Ort, an dem wir all unsere Gefühle der Enttäuschung, der Wut, der Traurigkeit plazieren können. Solange wir vom Essen besessen sind, haben wir immer einen konkreten Grund, der unseren Schmerz erklärt. Jede Verletzung kann »auf den Sündenbock in meinem Leben – das Essen« zurückgeführt werden, wie eine Frau es ausdrückte.

Die meisten von uns entwickeln solche Meisterschaft im Verleugnen oder Bagatellisieren unseres Schmerzes, daß wir glauben, unsere Eßprobleme seien lediglich Probleme mit dem

Essen. Wir glauben, daß unser Verhältnis zum Essen und zu unserem Körper der einzige Bereich unseres Lebens sei, an dem wir ständig leiden, so daß alles andere glattgehen würde, wenn wir dieses Problem erst einmal gelöst hätten.

Ich höre das in jedem einzelnen Workshop, den ich leite. Die Leute glauben es mit solcher Überzeugung, solch absoluter Hingabe, daß sie anfangen, sich zu beschweren, wenn ich ihnen sage, daß es nicht wahr ist: die Stühle seien unbequem, im Raum sei es zu heiß oder zu kalt, sie hätten Geld bezahlt, um an dem Workshop teilzunehmen, also warum hätte ich keine Sweatshirts in ihrer Größe da? Denn wenn es wahr ist, daß die Ursache für den Schmerz in ihrem Leben nicht ihr Gewicht ist, was ist es dann?

Bei vielen von uns ist das einzige, was zwischen uns und Jahren verkrusteten, gefriergetrockneten Schmerzes steht, unsere Obsession mit dem Essen. Und lieber als diesem Schmerz ins Auge zu sehen, stürzen wir uns wieder und wieder in unsere Obsession, in dem unbewußten Glauben, daß das Essen, das uns einmal das Leben gerettet hat, uns wieder retten wird.

In der Woche, bevor sie ins Krankenhaus kam, zwei Wochen, bevor sie starb, sprach ich zum letztenmal mit meiner Großmutter mütterlicherseits. Es war in dem Jahr, in dem ich fünfundfünfzig Pfund zugenommen hatte, das Jahr, in dem ich mich treiben ließ, das College abgebrochen hatte, als Dienstmädchen und Tellerwäscherin arbeitete. Meine Großmutter sagte: »Ich finde es widerlich, daß du nichts Ordentliches machst; du taugst nichts, du bist eine Schmarotzerin. Hat dein Vater dich dafür aufs College geschickt? Damit du Dienstmädchen wirst? Ich bin schrecklich enttäuscht von dir, und damit stehe ich sicher nicht allein da.«

Ich wollte sagen »Geh zur Hölle!« und den Hörer auf die Gabel knallen. Statt dessen bekam ich einen Kloß in der Kehle und flüsterte: »Ich muß jetzt gehen. Auf Wiedersehen.«

Als sie meinen Vater zum erstenmal sah, nahm meine Großmutter meine Mutter zur Seite und meinte: »Die meisten Leute haben zweiunddreißig Zähne im Mund, wie kommt es, daß
er vierundsechzig hat?« Als wir die Frühjahrsferien bei meinen
Großeltern verbrachten, konnte ich durch die abblätternden
Gipswände hören, wie meine Großmutter mit meiner Mutter
über mich sprach: »Findest du nicht, daß sie zu dick geworden
ist, Ruth? Und ihr Vater kümmert sich zu viel um sie. Er sollte
seine Aufmerksamkeit eher Howard zuwenden, sonst wird seine Tochter zu einem kleinen Schwein.«
Als meine Mutter fünf Jahre alt war, kam sie eines Tages nach
Hause und entdeckte, daß ihre Mutter ihre liebste Schmuse-
decke in Stücke geschnitten hatte und als Putzlappen benutzte. Wie muß es gewesen sein, meine Großmutter zur Mutter zu
haben? Irgendwann hat meine Mutter aufgehört, den
Schmerz wahrzunehmen und angefangen, sich von ihm abzu-
schotten. Vielleicht war es, als ihre Mutter sie hänselte, weil sie
ihre Kleider in der Abteilung für Vollschlanke kaufen mußte.
Vielleicht war es, als sie die erste weibliche Redakteurin des
Schuljahrbuchs wurde und glatte Einsen nach Hause brachte,
und niemand Notiz davon nahm. Vielleicht war es in ihrem
ersten Jahr auf dem College, als meine Großmutter sagte:
»Dein Vater und ich ziehen nach San Antonio. Entweder du
heiratest, oder du kommst mit uns.«
Sie schottete sich von ihrem Schmerz ab und baute sich statt
dessen eine Bühne, auf der sie ihn dramatisieren konnte. Drogen, Alkohol, Affären, Autounfälle, Krankheit, Geld, Scheidung. Und immer die Obsession mit dem Essen. Auf diese
Weise war die Aufmerksamkeit auf die Pein des Dramas gerichtet und nicht auf den Schmerz, der die Ursache dafür war.

Hinter der Leidenschaft für das Dramatische im Leben von
Eßgestörten steckt die Überzeugung, daß wir ohne das Drama
nicht bekommen würden, was wir wollen. Ohne Drama würden wir einfach nur wir selbst sein, und das ist nicht gut genug.

Wenn ich ich selbst bin und nicht Yvette Mimieux, wird sich niemand für mich interessieren.

Wenn ich ich selbst bin und nicht Lou Ann, wird Mark mich nicht lieben.

Wenn ich mir keinen Grund dafür schaffe, geliebt zu werden – wenn ich nicht krank bin oder unglücklich oder berühmt –, wenn es keine Dringlichkeit gibt, wird niemand meine Liebe erwidern.

Mein Alltags-Ich ist langweilig, dicklich, ungeschickt. Ich sage blöde Sachen.

Jeder dieser Überzeugungen geht eine unausgesprochene Grundüberzeugung voraus: »Als Kind *war* ich ich selbst, und das hat nicht geklappt. *Wenn ich ein anderes Selbst gehabt hätte, wäre ich sicherlich geliebt worden.* Jetzt werde ich versuchen, jemand anders zu sein.«

In vielen Familien wurde nicht offen über Gefühle gesprochen. Gefühle wie Traurigkeit, Einsamkeit, Angst, Zorn, Anerkennung, Respekt oder Zärtlichkeit wurden nur angedeutet oder versteckt. Oft sahen wir die Leute am lebendigsten – mit leuchtenden Augen, ihre Körper in Bewegung – wenn sie Angst hatten, sie wütend aufeinander waren oder es eine Krise gab. Und wenn wir die Aufmerksamkeit erhielten, nach der wir uns sehnten, wenn wir in einer Krise steckten, lernten wir, daß unser Alltags-Ich die Herzen der Menschen um uns herum nicht erweichen konnte. Um ihre Liebe zu wecken, brauchten wir etwas Zusätzliches. Ein wenig Aufregung vielleicht.

Eine Teilnehmerin eines Workshops beschreibt ihre Beziehung zu ihrem Vater:

Ich habe drei ältere Brüder, und mein Vater hatte immer ein Mädchen gewollt, also wurde ich sein Liebling. Wenn ich mit ihm an den Strand ging und am Rande des Wassers saß, fühlte ich mich stärker als der Ozean. Jeden Samstag pflegte er mich in seinem Lieferwagen mitzunehmen. Er war Vertreter, und wenn ich mit ihm fuhr, war ich schrecklich stolz auf ihn. Aber dann begannen die Geschäfte schlechtzugehen, und er blieb immer häufiger weg, oft kam er nicht mal am Wochenende nach Hause. Wenn er mal zu Hause war, brüllte er uns an.

Einmal fragte ich ihn, was das Wort ›Fußgänger‹ bedeute, und er erwiderte, ich solle aufhören, so neugierig zu sein. Aber wenn ich weinte, hielt er mich fest, und wenn ich krank war, brachte er mir Geschenke. Als ich ungefähr zwölf oder dreizehn war, bekam ich die Grippe und konnte nicht zur Schule gehen. Ich rannte die Treppen rauf und runter und packte mir heiße Handtücher auf die Stirn, damit meine Temperatur weiter stieg und ich noch kränker wurde. Ich wollte richtig krank werden. Ich wollte meinen Vater zurückhaben.«

Über ihre Beziehung zu ihrem Mann sagt sie: »Beim ersten Anzeichen einer Erkältung fühle ich mich erleichtert. Als ich mir letztes Jahr bei einem Skiunfall das Bein brach, war ein Teil von mir richtig froh. Ich glaube eigentlich nicht, daß ich absichtlich krankwerde, obwohl ich oft krank bin – ich hatte Probleme mit der Schilddrüse, Migräne und Arthritis. Aber wenn Peter dann nicht alles stehen und liegen läßt, um zu mir zu eilen, werde ich böse und fühle mich zurückgewiesen. Ich will, daß er mir Tomatensuppe mit Salzcrackern bringt und ein Fußkettchen mit meinem Namen darauf.«

Wenn wir auf Ereignisse oder Gefühle mit dem Gedanken reagieren: »Oh, gut, das wird mir seine/ihre Aufmerksamkeit einbringen«, ist das ein Zeichen, daß wir glauben, daß wir nicht das bekommen können, was wir wollen, wenn wir wir selbst sind.

Als ich in der zwölften Klasse war, brachte »Vogue« ein Fotomodell namens Verushka groß heraus, eine windzerzauste Blondine, die meiner Mutter bemerkenswert ähnlich sah. In der Schule brachte ich an der Tür meines Schließfachs ein Photo von Verushka in einem aufreizenden fuchsiaroten Kleid und einer Federboa um den Hals an. Wenn Freundinnen mich nach dem Photo fragten, erwiderte ich: »Warum glaubt ihr, daß es da hängt?« Irgendwann schnappten sie nach

Luft und riefen aus: »Das ist doch nicht deine Mutter, oder?«
Und ich lächelte wissend und zwinkerte leicht mit den Augen,
als wollte ich sagen: »Natürlich. Na, glaubt ihr jetzt, daß ich
etwas Besonderes bin?«

Wir schaffen uns Dramen, indem wir lügen, leiden, Freßanfälle haben und Diät halten, indem wir in ständiger Bewegung
bleiben, indem wir pausenlos Beziehungen anfangen oder beenden. Wir schaffen uns Dramen, indem wir unsere Qual
nach außen verlagern, uns in Beziehungen das Leben schwer-
machen, anstatt ehrlich zuzugeben, wie es *in uns* aussieht.
Wenn wir dem inneren Konflikt nicht ehrlich gegenüberste-
hen, inszenieren wir einen äußeren Konflikt. Wir schaffen uns
Dramen, weil wir Angst davor haben, was geschehen könnte,
wenn wir still stehenblieben. Wir schaffen uns Dramen, weil
wir Angst davor haben, uns selbst zu offenbaren. Die Schaffung des Dramas bewahrt uns vor Nähe und Intimität.
Das zwanghafte Essen ist fabelhaftes Theater. Es enthält alle
Elemente einer guten Tragödie: Wut, Frustration, Trauer,
Leid, Kummer, Angst, Glück, Hoffnung, wilde Freude, Eksta-
se. Das zwanghafte Essen vermittelt die Illusion von Erregung
und Teilhabe am Leben. Es ist eine Vortäuschung des wirklichen Lebens. Um die Vitalität und Intensität zu erfahren, die
für die meisten Menschen das Lebendigsein ausmacht, muß
man nie etwas anderes tun, als zügellose Freßanfälle und rigi-
de Diäten abzuwechseln, eine komplette Garderobe in vier
verschiedenen Größen zu haben und seinem Idealgewicht näher und näher zu kommen, ohne es je zu erreichen oder es
länger als eine Woche zu behalten. Man braucht nie etwas
anderes zu tun, als sich in dem Kreislauf von Abnehmen und
Zunehmen zu verlieren, um das Gefühl zu haben, an etwas
Aufregendem beteiligt zu sein. Man muß nie einen anderen
Menschen allzu nahe kommen lassen. Nähe und Intimität
heißt, einem anderen die Teile von uns zu zeigen, die wir für

unwürdig halten, und so zu riskieren, daß der andere sich von uns abwendet, wie unsere Eltern es taten. (Eine innere Stimme schreit: »Es war beim erstenmal unerträglich qualvoll, und jetzt soll ich das nochmal durchmachen?«) Nähe bringt uns Zärtlichkeit und Humor, Gesellschaft und Zuneigung, aber sie verlangt auch von uns, daß wir die quälendsten Momente unserer Kindheit noch einmal durchleben.

Wir machen uns eine falsche Vorstellung von der Liebe. Die Lieder, die wir im Radio hören, sprechen von Leidenschaft und Sehnsucht, aber niemand sagt uns, daß sie die ersten – oder letzten – sechs Monate einer Beziehung beschreiben. Im Gespräch mit Freundinnen, die allein sind, geht es hauptsächlich um ihre Traurigkeit, weil sie allein leben. Sie gehen abends ins Bett und wünschen, es gäbe einen warmen Körper, den sie festhalten können. In den Sonntagsbeilagen der Zeitungen ist von neuen und innovativen Firmen zu lesen, die Liebesheiraten für ihre jungdynamischen Klienten vermitteln. Zahlen Sie 3.000,– Dollar, und Sie haben Zugang zu einer Bibliothek von Videoportraits, wo sie Ihre wahre Liebe finden werden. Die Suche nach dem »Vollkommenen Partner«, wenn man allein ist, erinnert mich an den »Traum vom Schlanksein«, wenn man dick ist. Die Betonung liegt darauf, einen Partner zu finden oder Gewicht zu verlieren, als ob diese Handlung allein die Qual unserer Herzen lindern würde. Niemand sagt uns, daß der schwere Teil nicht das Finden eines Partners oder das Abnehmen ist; schwer ist nicht das *Hinkommen*, sondern das Dortsein. Aus diesem Grund tun wir alles, was wir können, um den Prozeß des Hinkommens zu verlängern. Ankommen wollen wir nicht. Wir entscheiden unbewußt, lieber zu essen und beschützt zu sein oder unsere Zeit mit ›Der Suche‹ zuzubringen oder Fehler in unserer jetzigen Beziehung zu finden, als zur Verwundbarkeit der Kindheit zurückzukehren, die Nähe und Intimität mit sich bringt.

Es kommt vor, daß Mark und ich am Strand längsgehen und über den goldenen Retriever lachen, der seinem Besitzer den zerbeulten blauen Frisbee nicht zurückgeben will, wenn Mark etwas sagt, das ein altes Gefühl in mir auslöst, und wenn er mich wieder ansieht, bin ich acht Jahre alt.

Es gefiel mir schon beim ersten Mal nicht, acht Jahre alt zu sein; ich will es nicht noch einmal durchmachen. Wenn also die Gefühle einer Achtjährigen in mir aufsteigen, Hilflosigkeit und Angst, dränge ich sie weg. Ich sage mir, das sei lächerlich, selbstsüchtig, kindisch. Ich ziehe mich in mich selbst zurück, falte mich zusammen wie eine Seeanemone. Mark spürt die Entfernung zwischen uns und fragt mich, was los sei. Ich entgegne: »Nichts.«

Er sagt: »Wenn alles in Ordnung ist, warum siehst du mich dann an, als würdest du mich nicht kennen?« Ich erwidere, daß er sich das einbilde; er wirft mir vor, nicht die Wahrheit zu sagen. Ich entgegne, daß es mir nicht gefällt, wenn er mich der Lüge bezichtigt. Mit meinem Bedürfnis, mich selbst zu schützen, habe ich Drama Nr. 3.567 geschaffen.

Wenn ich Mark die Wahrheit sagen würde – daß ich mich plötzlich fühle, als wäre ich acht Jahre alt, allein und voller Angst, daß er nicht mehr mein Freund ist –, könnte er erwidern: »Du fühlst dich nicht nur wie eine Achtjährige, du benimmst dich auch wie eine.« Er könnte sagen: »Ich kann deine Hypersensivität nicht ertragen.« Er könnte mich auslachen, mich anschreien, mich verlassen. In meinem Bestreben, den Verletzungen zu entgehen, die ich als Kind erfahren habe, vermeide ich die Nähe, die mir als Kind gefehlt hat.

Wenn wir in unseren jetzigen Beziehungen die Wahrheit sagen, haben wir die Möglichkeit, die Zeit bis zu dem Moment zurückzudrehen, an dem wir lernten, nicht die Wahrheit zu sagen. Trotz der Liebeslieder, trotz der Bedeutung, die dem Finden eines Partners und dem Schlanksein beigemessen wird, liegt der tiefere Sinn und die Wichtigkeit von beidem darin, daß wir die quälenden Momente unserer Kindheit noch einmal erleben und so dem bislang Unsagbaren eine Stimme geben und ganzwerden können.

Die Bedeutung der Aufgabe unserer Obsession mit dem Essen liegt nicht darin, daß wir einen schlankeren Körper und eine kleinere Kleidergröße bekommen, sondern daß wir unseren Schutzschild vor dem Schmerz aufgeben. Denn wenn man sich vor dem Schmerz schützt, schützt man sich vor der Nähe. Wenn wir unserem Schmerz erlauben, sichtbar zu werden, geben wir ihm eine Stimme. Und wenn wir ihm eine Stimme geben, können wir uns von ihm befreien.

Die Bedeutung von Nähe liegt nicht darin, einen Körper zu finden, der uns nachts warm hält, oder einen Gefährten, mit dem wir unser Leben teilen können; die Bedeutung liegt darin, daß wir in die Zeit zurückgeworfen werden, an der wir entschieden, daß es zu gefährlich war, jemandem nahe zu sein. Also haben wir uns in uns selbst zurückgezogen. Wenn wir zu dieser Zeit zurückkehren, geben wir uns die Möglichkeit, wieder ein Kind zu sein, aber diesmal haben wir die Stärke eines Erwachsenen. Wir lernen, daß wir nicht länger unsere Gefühle verstecken müssen, um zu überleben. Und wenn wir das tun, erheben wir Anspruch auf die kostbaren Teile unserer selbst – unser Vertrauen, unser Glaube, unsere Ehrlichkeit – die wir an einem Ort weggeschlossen hatten, der von der Verwüstung unserer Familie nicht erreicht werden konnte.

Das Problem mit dem Verzichten auf Dramen – beim Essen und in Liebesbeziehungen – ist, daß wir nicht wissen, was wir ohne sie anfangen sollen. Wir sind uns nicht sicher, ob wir wirklich lebendig sind. Wir müssen einer Möglichkeit ins Auge sehen, mit der wir nie gerechnet hatten: Der Möglichkeit von innerem Frieden und Zufriedensein.

Wie wir in einem familiären Umfeld gelebt haben, in dem wir jeden Moment damit rechneten, daß alles zusammenbrechen würde oder in dem sich ständig alles im Prozeß des Zusammenbrechens befand, wenn wir mit emotionaler oder körperlicher Gewalt gelebt haben, mit Mißhandlung oder Vernachlässigung, dann ist das, was uns am vertrautesten ist und womit wir uns daher am wohlsten fühlen, ein Gefühl des Unwohlseins. Uns sind Dinge verdächtig, die einfach oder fließend oder schön sind. Ohne Drama haben wir das

Gefühl, das Wesentliche am Lebendigsein zu versäumen. Und das tun wir auch. Wir vermissen das Drama, durch das in unserer Familie das Lebendigsein definiert wurde. Wir wissen nicht, wie wir uns ohne das Drama lebendig fühlen sollen. In unseren Augen wird einer Erfahrung durch das Leiden die Würde verliehen. Wenn etwas hart ist, wissen wir, daß es die Sache wert ist. Wenn wir kämpfen müssen, haben wir ein Ziel – und wenn wir den Kampf gewinnen, haben wir das Gefühl, etwas geleistet zu haben.

Für zwanghafte Esser gibt es weder Rast noch Ruhe. Entweder sind wir auf unserem Weg die Waagskala hoch oder auf dem Weg die Waagskala runter. Entweder beklagen wir, wie wir zur Zeit aussehen, oder wir wünschen uns, wir würden aussehen wie gestern, als wir wünschten, wir würden aussehen wie letztes Jahr. In einem Workshop sagte eine Frau: »Ich würde sterben dafür, noch einmal so schlank zu sein wie vor fünf Jahren, als ich dafür gestorben wäre, schlanker zu sein.« Zufriedenheit ist undenkbar.

Gleiches gilt für Nähe und Intimität. Wenn wir uns bei Kampf und Leiden wohl fühlen, werden wir uns Partner aussuchen, die sich nicht zu uns hingezogen fühlen, die Alkoholiker sind oder drogenabhängig oder die unfähig sind, sich zu binden. Oder, so wohl wie wir uns mit Kampf und Leiden fühlen, werden wir einen Weg finden, sogar in den besten Beziehungen zu leiden.

Innerer Frieden und Zufriedenheit sind Gefühle, die nur mit Übung erreicht werden können. Sie sind keine Konsequenz des Erfolgreichseins, Verliebtseins oder Schlankseins. Sie sind unter anderem eine Folge davon, im gegenwärtigen Moment stehenzubleiben und sich umzusehen. Für diejenigen von uns, die sich als Kinder fühlten, als würden sie vernichtet, wenn sie still stehenblieben, wird Zufriedensein als Bedrohung ihrer Überlebenschancen wahrgenommen.

Letzte Woche öffnete ich gerade das Tor unserer Einfahrt und bückte mich, um es festzumachen, als unsere Nachbarin Estelle aus ihrer Einfahrt fuhr. Sie sah das offene Tor nicht; ihr Auto krachte gegen das Tor, und das Tor krachte gegen meinen Kopf. Innerhalb weniger Minuten bildete sich eine Beule auf meiner Stirn. Ich taumelte ins Haus, um mir etwas Eis zu holen, und fand das Buch *Naked Lunch* und sechs leere Eiswürfelbehälter im Gefrierschrank. Ich machte mir eine gedankliche Notiz, Mark zu foltern, wenn ich ihn sah. Dann beschloß ich, daß ich mich nicht wie eine Erwachsene benehmen müßte, und begann zu schluchzen, zu schlucken und zu heulen. Ich stellte mir vor, wie sich ein Blutgerinnsel in meinem Hirn bildete und ich innerhalb von achtundvierzig Stunden sterben würde. Ich stellte mir vor, wie ich Auto fuhr und mir plötzlich schwindelig wurde, ich die Kontrolle über den Wagen verlor und in den Ozean stürzte. Ich stellte mir vor, wie ich mit einem Baseballhandschuh auf Estelle einprügelte. Ich stellte mir vor, wie ich Mark aus einer Konferenz herausrief und ihm mitteilte, ich hätte eine Gehirnerschütterung, und er solle augenblicklich nach Hause kommen, damit wir zum Röntgen ins Krankenhaus fahren konnten. Statt dessen, da ich bereits spät dran war für einen Termin bei meiner Therapeutin Margaret, stieg ich ins Auto und fuhr zu ihrer Praxis.

Ich wanderte in ihr Sprechzimmer, in dem ein Bild eines rosa Regenschirms in hauchdünnem Regen hing, und als sie mich fragte, wie es mir ginge, begann ich zu schluchzen. Ich erzählte ihr von Estelle und dem gefrorenen Buch und dem Blutgerinnsel, und ich zeigte ihr die Beule auf meiner Stirn. Sie besorgte mir in einem Restaurant gegenüber einen Beutel Eis. Ich wickelte den Eisbeutel in ein Handtuch und hielt ihn mir an den Kopf. Sie sagte, er wäre höchst unwahrscheinlich, daß sich ein Blutgerinnsel bilden würde, und vielleicht sollte ich Mark fragen, wieso er statt Eiswürfel ein Buch ins Gefrierfach gelegt hätte, anstatt ihn zu foltern. Sie sagte, es wäre Pech, daß ich am Tor gestanden hätte, als Estelle herausfuhr, aber wenn mir nicht schlecht sei und ich mich nicht schwindelig fühlte, bestünde eine gute Chance, daß ich nichts weiter hätte als eine Beule auf der Stirn.

»Wie unromantisch,« sagte ich.

»Ist ein Blutgerinnsel romantisch?«

»Nicht direkt, aber was ist mit der Angst vor einem Blutgerinnsel? Wenn alle denken würden, ich hätte möglicherweise eins, würden sie mich schrecklich hochschätzen. Es wäre so, als würde ich zu meinem eigenen Begräbnis gehen und von allen hören, wie wundervoll ich bin.«

»Du kannst nicht beides haben, Geneen. Entweder du lernst, deinen inneren Dialog zu ändern und dich selbst zu respektieren, so regelmäßig und unromantisch, wie du manchmal bist, oder du lebst mit großen Gefühlsaufwallungen, immer in der Angst, daß die Leute dein ›wirkliches‹ Ich sehen und dich zurückweisen könnten, sobald der Staub sich gelegt hat.«

Schweigen.

»Ist ein Blutgerinnsel romantisch?« fragte sie noch einmal.

Und ich dachte an grünes Haar, Epilepsie, weggeworfenes Schokoriegelpapier. Lou Ann.

»Nur, wenn das Lebendigsein es nicht ist,« erwiderte ich.

4 Das Verbotene wollen

Als Teil meiner Meditationspraxis nehme ich an Schweigeeinkehrwochen teil, bei denen kein Reden, kein Blickkontakt, keine Berührungen erlaubt sind. Bei meiner ersten Meditationseinkehr verliebte ich mich wahnsinnig in einen Mann am anderen Ende des Raums. Am Ende war ich sicher, daß ich ihn heiraten würde. Für diejenigen, die die Möglichkeit bezweifeln, sich in jemanden zu verlieben, mit dem man nie Blicke oder Worte gewechselt hat, folgt die Beschreibung eines Werbens im Schweigen:

1. Tag:

Ankunft im Institut für Metaphysik in der kalifornischen Wüste. Plötzlich fühle ich mich fehl am Platz und frage mich, wieso ich überhaupt gekommen bin. Ich teile ein Zimmer mit einer Frau namens Rosalyn, die kobaltblaue Hosen und eine rosa und gelb geblümte Bluse trägt. Sie kaut Kaugummi, während sie ihre Sachen auspackt.
Das Programm sehe ich zum ersten Mal an der Tür des Speisesaales: Fünfzehn Stunden Sitz- oder Geh-Meditation, ohne mit jemandem zu sprechen oder jemanden anzusehen … zehn Tage lang. Ich breche augenblicklich mein Schweigegelübde und frage die Frau neben mir, ob das ein Witz sei. Ich entscheide, daß Alexandra, die mir von diesem Ort erzählt hat, ohne das genaue Programm zu erwähnen, nicht länger meine Freundin ist. Sie ist meine Feindin. Für immer.

2. Tag:

Ich gehe zu den Sitzungen. Ich bekomme ein Kissen und eine Meditationsmatte – beide rosenrot mit einem grauen Kreis in der Mitte. Nach der ersten fünfundvierzig-Minuten-Sitzung tut mir der Rücken weh. Meine Knie schmerzen. Die Dame vor mir schnarcht. Am liebsten würde ich Steine nach dem Lehrer mit der zuckersüßen Stimme werfen.

3. Tag:

Ich will weg von hier. Während der Meditationen schlafe ich immer ein. Noch acht Tage – mein Gott. Ich will, daß es vorbei ist. Ich will immer, daß alles vorbei ist. Ich lebe mit einem Fuß schon aus der Tür – im Kino, im Theater, in Beziehungen. Hiermit ist es nicht anders. Wohin gehe ich denn, wenn ich abreise? Es ist ja nicht so, als wäre da, wo ich hinkomme, wenn ich mal wieder nicht erwarten kann wegzukommen, alles so viel besser.

5. Tag

Es zieht sich endlos hin. Ich fühle mich unausgefüllt und reizbar. Auf den Nachmittagsimbiß aus Sonnenblumenkernen und Früchten hatte ich mich so gefreut, als würde er mich retten, aber dann war es nicht das, was ich wollte. Ich wollte mich besser fühlen, und durch das Essen fühlte ich mich nicht besser. (»Ihr müßt erkennen, daß ihr nach dem Essen nicht glücklicher seid als ihr es vorher wart«, sagte einer der Lehrer gestern abend.)

6. Tag:

Es gibt hier einen höchst attraktiven Mann. Er hat lockige schwarze Haare, trägt eine Hornbrille und maßgeschneiderte Anzüge. Der Mann aus dem »Esquire«. Wie soll ich ihn nennen? Robert? Nein, ich wollte immer einen Michael als Liebhaber haben ... also Michael. Gestern haben sich unsere Blicke fast getroffen; »Hmmm,« dachte ich, »du bist schön.«

Ich weiß, was für Schuhe er trägt und wo er im Meditations-
raum sitzt. Noch ein paar Tage, und ich werde wissen, wie er
seinen Kaffee trinkt. Es ist ein wesentlicher Nachteil unserer
aufblühenden Romanze, daß wir nicht miteinander sprechen
können. In meiner Phantasie fährt er mich zum Flughafen;
wir fangen an, uns wirklich sehr gern zu haben. Ich sehe ihn
wieder und wieder. Oh, wie schön ist es, verliebt zu sein.

7. Tag:

Der Lehrer sagt: »Gebt einer Empfindung in eurem Körper
einen Namen.«
Sehnsucht.
Der Lehrer fragt: »Wo sitzt sie?«
In meiner Brust.
Der Lehrer sagt: »Welche Farbe hat sie?«
Blau.
Der Lehrer sagt: »Seid genau.«
Ein blaues, gedrehtes Seil der Sehnsucht rechts neben mei-
nem Herzen.
Der Lehrer fragt: »Worum geht es dabei?«
Sehnsucht nach Ruhe. Sehnsucht nach Vollendung. Sehn-
sucht nach Befriedigung.
Die Sehnsucht, daß jemand in meinen Brustkorb hineingeht
und mich ganz macht. Ich sehne mich nie nach etwas, das ich
bereits habe.
Wenn ich nur das liebe, wonach ich mich sehne, verwechsle
ich dann Sehnsucht mit Liebe?

8. Tag:

Mein Geist stürzt sich auf Phantasievorstellungen wie ein Bett-
ler auf Nahrung. Ständig reißt er mich aus der Gegenwart
heraus. Beim Essen stellte ich mir vor, mit Michael nach Mexi-
ko zu fahren. Als ich den aus Carobchips und Rosinen bestehenden Imbiß aufgegessen hatte, lief ich mit ihm über den

schwarzen Sandstrand, und wir liebten uns unter dem Dek-
kenfächer in einer Palapa mit Strohdach.

9. Tag:

Während der Geh-Meditation heute, als ich eigentlich erst einen Fuß und dann den anderen »heben-bewegen-aufsetzen«,
»heben-bewegen-aufsetzen« sollte, als ich eigentlich mein Bewußtsein der Sinneswahrnehmungen meiner Fußsohle beim
Berühren des Bodens erweitern sollte, jeden Muskel wahrneh-
men, der nötig war, um das Bein zu bewegen, und während
der Nachmittagsmeditation, als ich eigentlich meine Achtsamkeit steigern und der Loslösung vom Begehren und den fünf
Hemmnissen näherkommen sollte, als ich eigentlich millime-
terweise auf meinem Weg zur Erleuchtung und der Ausmer-
zung des Leidens für alle empfindungsfähigen Lebewesen vor-
ankommen sollte, war ich intensiv konzentriert auf die Muskeln, mit denen Michael seinen Hintern in seinen verwasche-
nen Jeans bewegte. Meine machtvolle Bewußtheit war auf die
Bewegungen von Michaels Hintern fixiert, als er auf der Treppe in der Haupthalle zuerst ein Bein und dann das andere
anhob, bewegte und aufsetzte. Ich erweiterte mein Bewußtsein, indem ich mir die Sinneswahrnehmungen ausmalte, die
seine schlanken, mit dunklen Haaren bedeckten Hände auf
meinem Gesicht und seine herzförmigen Lippen auf meinem
Hals auslösen würden. Ich nahm bewußt das Klopfen meines
Herzens wahr, als ich mir vorstellte, wie er flüsterte, daß er
mich liebte. Ich bewegte mich auf die universelle Einheit zu,
indem ich meinen Körper so eng auf seinen einstimmte, daß
meine Hüftmuskeln sich zu einer Bewegung veranlaßt fühlten, wenn Michael einen Schritt machte. Der Gipfelpunkt meiner Reise zur Erleuchtung fand bei der abendlichen Geh-Meditation statt, als ich neben Michael zur Treppe ging und bemerkte, daß er seine Augen schloß und sich mit der Hand am
Geländer festhielt, als er auf dem Weg die Treppe herunter
zuerst einen Fuß und dann den anderen hob, bewegte und

aufsetzte. Mit großer Aufmerksamkeit bewegte ich mich zur anderen Seite des Geländers, schloß meine Augen, hielt mit der Hand die Balance und begann meine Füße die Treppe hinauf zu heben, bewegen, aufzusetzen. Und dann geschah es: ein plötzlicher Schock von Wärme, Materie begegnete Materie, Michaels elegante Hand berührte meine. Ich öffnete die Augen. Er öffnete seine. Seine Mundwinkel verzogen sich zu einem Lächeln, seine Zähne leuchteten im violetten Abendlicht. Dann wandte er hastig die Augen ab und setzte seine lange Fahrt zur Befreiung fort.

10. Tag

Die Meditationswoche ist vorbei. Heute haben wir in einem großen Kreis das Schweigen gebrochen; alle stellten wir uns mit unserem Namen und zwei Sätzen über uns selbst vor. Michaels richtiger Name ist Ralph Sheen. Er hat gerade sechs Monate in einem Meditationszentrum zugebracht und wird in vier Monaten nach China gehen, aber solange wird er in Santa Cruz leben. Es gibt so viele Städte in diesem Land, und er wird in derselben Stadt leben wie ich. Eine Beziehung zwischen uns ist offensichtlich vorherbestimmt.

Ralph und ich gehen am Strand entlang, und der Sonnenuntergang spült glitzernde Wellen von Gold und Türkis auf den Sand; Ralph und ich liegen in meinem Messing-und-Eisen-Bett, durch die offene Terrassentür kommt der Duft von Pflaumenblüten; Ralph und ich halten Händchen, lieben uns, heiraten um Mitternacht an einem See, auf dem zehntausend Kerzen im Wasser treiben.

Aber erst muß ich mich ihm vorstellen.

Ralph war unverheiratet, hatte keine Freundin, war weder Alkoholiker noch arbeitssüchtig und nahm keine Drogen. Er hatte Grübchen und Rehaugen. Wenn er lachte, bedeckte er seinen Mund mit der Hand. Er spreizte den kleinen Finger, wenn er aus einem Glas trank. Er sagte, er wolle eine »intensiv lebende Frau« finden, die ihm die Teile von ihm zeigen könne, die er nicht sehen wolle. Ralph war vollständig und absolut frei. Das einzige Problem war, daß er sich nicht zu mir hingezogen fühlte, wie er sagte. Wenn man das ein Problem nennen kann. Ich tat das sicher nicht. Ich glaubte, daß Ralph nicht wußte, was er wollte und daß es meine Aufgabe war, ihn davon zu überzeugen, daß er *mich* wollte.

Ich mochte Ralphs Gesicht. Ich mochte seinen Gang. Ich mochte seine Hände. Ich mochte die Art, wie sich sein Haar über dem Kragen lockte. Ich mochte seine Stimme und sein Lachen. So sehr, daß ich mein Leben mit ihm verbringen wollte, und ich hatte nicht vor, mir irgendwas oder irgend jemanden dazwischenkommen zu lassen. Ganz besonders nicht Ralph.

Auf dem Weg zu einem Picknick im Park hielten wir bei einer Bäckerei und lachten, als wir vier Desserts für uns beide aussuchten: einen Windbeutel, Marzipantorte, Mousse au Chocolat und Käsekuchen.

Wir haben viel Spaß miteinander. Sicher findet er mich attraktiv. Du lachst nicht so mit jemandem, zu dem du dich nicht hingezogen fühlst. Nach dem aus Käse-Sandwiches und Kartoffelsalat bestehenden Hauptgang holte ich die Desserts hervor. Zuerst der Windbeutel, meinte er, und leckte etwas Sahne vom Rand des Windbeutels. Da ist noch Sahne an deinen Lippen, sagte ich, laß mich das in Ordnung bringen – und küßte ihn. Er küßte mich wieder. Wir küßten einander auf den Hals, die Lippen, die Hände, die Augen …

Siehst du, er mag mich. Er mag mich, du küßt nicht jemanden, den du nicht magst, du küßt niemanden, den du nicht anziehend findest. Er findet mich aufregend, ich wußte es, ich wußte es. Nachdem wir uns geliebt hatten, sagte Ralph: »Das hat überhaupt nichts zu bedeuten. Ich weiß noch immer nicht, ob ich mich zu dir hingezogen fühle. Ich habe mich hinreißen lassen und es war sehr nett, aber es hat überhaupt nichts zu bedeuten.«

»Ja-aa«, nickte ich. »Ich weiß.«

Sicher, Ralph, sicher. Ich weiß, du hast Angst davor, eine Frau wirk-
lich zu lieben. Ich weiß nicht warum, vielleicht bist du mal verletzt
worden, aber was es auch ist, ich verstehe dich und werde Geduld mit
dir haben, denn ich weiß, daß du mich schließlich lieben wirst.

Ralph erzählte mir in sechs Wochen dreimal, daß er keine
Beziehung mit mir haben wolle. Auch sagte er mir, daß er
mich liebe. Er sagte: »Wenn du es mit mir aushältst, weiß ich,
daß ich lernen kann. Es fällt mir schwer, mich zu binden.« Am
Tag, bevor er nach China fuhr, liebte er mich. »Laß mich
rein,« bat er, »bitte, laß mich rein.« Er brauchte mich nicht zu
bitten.

Während der elf Monate, die er weg war, schickte Ralph mir drei
Postkarten und einen Brief. Ich schickte ihm einen achtunddreißig Seiten langen Brief, an dem ich drei Monate lang geschrieben hatte, anstatt Tagebuch zu führen. Ich erzählte ihm
von meinen Spaziergängen am Strand, von den Sonnenunter-
gängen, von den Dingen, die ich auf dem Markt sah. Mit meiner
muntersten Stimme beschrieb ich jedes Detail meines Lebens
außer der Tatsache, daß ich mich für ihn aufsparte, mich in der
Phantasievorstellung eines gemeinsamen Lebens aalte.

Ich litt nicht unter dem Mangel an körperlicher Zuwendung,
ich litt nicht darunter, daß ich mein Leben mit niemandem
teilen konnte, nicht einmal Ralph vermißte ich. Ich kannte
ihn nicht gut genug, um ihn zu vermissen. Ich hatte, was ich
zum Glücklichsein brauchte; ich hatte das, was mir am vertrautesten war: die Illusion von Liebe.

Während Ralphs Abwesenheit zog ich in ein Haus am Ozean,
das ich im Gedenken an ihn liebevoll einrichtete. Herzförmi-
ge Trockenblumenkränze, beige Spitzengardinen, Kerzen auf
der Fensterbank. Patchworkdecken, Körbe, Blumen. Dies wird
unser Heim sein, hier werde ich mit ihm leben. In diesem
blauen Holzhaus am Meer werden wir glücklich sein.

In den zwei Jahren, in denen ich in ihn verliebt war, sah ich Ralph insgesamt zweiundzwanzig Tage. Er reiste um die Welt, er lebte in Meditationszentren, er wohnte bei Freunden. Er sagte, er fühle sich *nicht* zu mir hingezogen, er sagte, er *wisse* nicht, ob er sich zu mir hingezogen fühle, er sagte, er fühle sich zu mir hingezogen. Wenn ich ihn traf, wußte ich nie, ob er mir als Freund, Liebhaber oder völlig Fremder begegnen würde. Er teilte mir mit, daß ich seinem Idealbild einer Frau nicht entspräche. Als er mir einmal eine Frau zeigte, die er attraktiv fand, handelte es sich um ein zartes Geschöpf mit gebleichtem blondem Haar, das höchstens vierzig Kilo wog.

Am liebsten hätte Sara mitten in der Nacht Ralphs Wohnung gestürmt und ihm Bowling-Bälle an den Kopf geworfen. Sie wollte ihm Nadeln in die Augen stecken. Sie wollte ihn verstümmeln und erwürgen. Sie wollte, daß ich aufhörte, mich selbst zu verstümmeln. Sie flehte, sie brüllte mich an: »Du mußt diese Beziehung beenden, bevor du auch den letzten Rest Verstand verlierst. Erst teilt er dir mit, er fände dich nicht anziehend, dann schläft er mit dir, dann sagt er, du sollst Geduld mit ihm haben, dann erzählt er dir, er fühle sich zu dir hingezogen, dann geht er für ein Jahr weg … Er ist *krank*, Ralph ist ein kaputter kleiner Junge, der denkt, daß irgendwo die vollkommene Frau auf ihn wartet, ein sicheres Zeichen, daß er keine Beziehung will. Er will nicht herausfinden, warum er so kaputt ist, er will nicht wissen, was er dir mit seiner Verrücktheit antut. Deine Gefühle interessieren ihn überhaupt nicht. Du verdienst so viel mehr, Geneen, du verdienst einen Partner, der sieht, wie besonders du bist, nicht diesen kaputten Typen. Ruf ihn an und sag ihm, daß du ihn nie wieder sehen willst. Ich wähl' die Nummer, ich bleib neben dir stehen, wenn du es ihm sagst. Mach es heute, mach es *sofort*.«

Ich konnte nicht. Ich wollte nicht. Ich hatte das Gefühl, Ralph wäre meine einzige Chance zum Glücklichsein, und wenn ich ihn gehen ließe, würde ich von den Alptraumungeheuern der Verzweiflung mit hohlen Augen und leeren Händen überfallen werden. Ich mußte ihn haben, und damit basta. Niemand konnte mich davon überzeugen, daß ich unrecht hatte. Ich vergab ihm seine Abwesenheit, seine Vernachlässigung und seinen absoluten Mangel an Freundlichkeit. Er bat mich nicht um Vergebung, aber ich vergab ihm. Ich war überzeugt, ihn zu brauchen, um voll lebendig zu sein. Es war, es würde jemand den Knopf mit der Aufschrift »Lebendigkeit« aufdrehen, wenn Ralph den Raum betrat; was ohne ihn langweilig war, wurde mit ihm zauberhaft und wunderbar. Farben, Töne, Geschmack, Blumen, Vögel, Eiscreme. Die Stelle in mir, die Lachen kannte und Schönheit, trug seinen Namen. Mit Ralph war alles möglich. Mit ihm war ich sicher. Wenn Ralph nicht bei mir war, fühlte ich mich allein, egal, wer sonst noch da war.

Wenn Sara schrie: »Wenn *das* sicher ist, was ist dann unsicher?«, wollte ich nicht antworten. Ich mußte mich schützen, ich mußte Ralph vor ihren Anschuldigungen beschützen. Ich wollte nicht darüber nachdenken, warum er mich manchmal wochenlang nicht anrief, warum er seinen Freunden nichts von mir erzählte.

Ich klammerte mich an Augenblicke, an denen ich mit ihm zusammengewesen war, goldene Augenblicke. Ralph und ich an meinem Geburtstag, wie wir Tortillas und Enchiladas essen und uns an den Händen halten. Ralph, der sagt: »Du bist alles, was ich will.« Ralph und ich auf meinem Bett, in der Gluthitze des Sommers, wie wir ein Buch mit Bildern von Georgia O'Keefe ansehen; er dreht sich zu mir um und sagt: »Es ist so schön, mit dir zusammen zu sein.« Augenblicke, wie eingefangen auf einer Kamee.

Als wir zwei Jahre ›zusammengewesen‹ waren, erhielt Ralph die Zulassung zu einer Gourmetkochschule in einer anderen Stadt. Wir saßen im Garten, als er mir mitteilte, daß er umziehen würde. »Ich gehe weg,« sagte er, »ich habe nicht vor, dich zu besuchen, und es ist mir ziemlich egal, ob du mich besuchst oder nicht.«

Ich starrte ihn an, ohne zu begreifen. Er kann das nicht wirklich gesagt haben. Er kann es nicht so gemeint haben. Es muß ein Witz sein. Zwei Jahre lang dreht sich mein ganzes Leben um diesen Mann, und er sagt mir, es sei ihm egal, ob wir uns weiter sehen oder nicht?

»Sag das nochmal. Was hast du eben gesagt?«

Er wiederholte: »Ich ziehe weg von hier, und ich glaube nicht, daß wir uns weiter sehen sollten.«

»Du Schwein – verschwinde aus meinem Haus.«

Ralph sah leicht erstaunt aus. »Ich will, daß wir Freunde bleiben,« sagte er. »Daran war ich immer interessiert. Ich denke nur nicht, daß wir in dieser Richtung großartige Anstrengungen unternehmen sollten. Ich meine, wenn wir uns mal zufällig treffen sollten, würde ich immer gern hören, wie es dir geht und was es so Neues gibt.«

»Verschwinde.« Mein Gesicht war gerötet, meine Stimme zitterte. Ich ging an dem herzförmigen Trockenblumenkranz vorbei zur Haustür, öffnete sie und drehte mich zu ihm um. Er lächelte. Ich blinzelte.

Und dann ging er.

Es war nicht Stärke, die es mir ermöglichte, Ralph zu sagen, er solle verschwinden; es war nicht so, daß ich ihn nicht liebte oder nicht wollte, und ganz sicher glaubte ich nicht, daß ich etwas Besseres verdiente. Es gab einfach keine Möglichkeit, seine Worte und die Empfindungen, die sie zum Ausdruck brachten, mit der Phantasievorstellung in Einklang zu bringen, mit der ich seit zwei Jahren gelebt hatte.

In meiner Vorstellung brauchte Ralph Zeit. Ich hatte ihm Jahre gegeben. In meiner Phantasie liebte Ralph mich, mußte aber seine Angst vor Nähe überwinden. Ich hatte ihn ermutigt, eine Therapie anzufangen, und nach einigem Widerstand hatte er auch einen Therapeuten gefunden, der ihm gefiel. In meiner Phantasie würde die Therapie ihm bewußt machen, daß es, obwohl Angst vor Kontrolle oder Verlassen-werden ein Problem für ihn war, eine Frau gab – mich – die einfühlsam und geduldig war, ihn verstand und treu darauf gewartet hatte, daß er sie endlich als die ideale Partnerin an-erkannte.

In meiner Phantasie würde es dem Mann, dem es egal war, daß sein Gehen in dem Mädchen-Kind, das er verließ, solche Verzweiflung hervorrief, schließlich etwas bedeuten. Und er würde dableiben. Bleiben, bleiben, er würde endlich bleiben.

Ich forderte Ralph auf zu gehen, weil ich erkannte, daß er bereits gegangen war.

Ich wußte, daß meine Beziehung zu Ralph einen unbewußten und sehr mächtigen Konflikt symbolisierte, aber ich hatte keine Ahnung, worum es dabei ging, und ich fühlte mich außerstande, etwas dagegen zu tun. In diesen beiden Jahren kam ich mir vor wie eine Marionette, die Befehlen gehorchte, die vertraut waren, aber nicht länger authentisch. Meine Worte schienen mir gezwungen zu sein, meine Handlungen hölzern, und dennoch warf ich mich mit einer so leidenschaftlichen Hingabe in meine Rolle, als ob es buchstäblich eine Frage von Leben oder Tod wäre, ob ich mit Ralph zusammen war oder nicht. Als wäre ich ein Kind und er der Erwachsene, von dem mein Überleben abhing.

Kinder müssen leugnen und ignorieren, was ihnen Schmerzen bereitet. Kinder müssen sich liebevoll an die Menschen klammern, die sie mißhandeln, denn wenn die Wahl heißt, mißhandelt zu werden oder überhaupt keinen Menschen zu haben, gibt es keine Alternative. Der Unterschied zwischen einem und keinem Menschen ist der Unterschied zwischen Leben und Tod. Kinder müssen stets getreu sein, geduldig und interessiert, sie müssen vergeben und bereit sein, wahnwitzige Mißhandlungen auf sich zu nehmen, ohne nein zu sagen. Kinder müssen aufwendige Phantasievorstellungen entwickeln, in denen die Menschen, die sie mißhandeln und verlassen, zu Menschen werden, die sie lieben und anbeten. Weil sie phantasieren können – und weil sie wirklich glauben, daß ihre Phantasien wahr sind oder eines Tages wahr sein werden – sind Kinder fähig, ihr Leiden zu ertragen. Wenn Vater oder Mutter ein Kind mißhandeln, nicht da sind, nicht ansprechbar sind oder tot, ist es außerordentlich sinnvoll und oft schlicht notwendig, eine Phantasiewelt zu schaffen, in der dieser Elternteil oder eine Vater- oder Mutterfigur lebendig, gegenwärtig und liebevoll ist. Die genaue Natur der Phantasievorstellung hängt von den Gründen ab, aus denen sie notwendig wird: Wenn ein Vater gewalttätig ist, mag er in der Phantasie erfüllt sein von Zärtlichkeit; wenn eine Mutter oft weg ist, ist sie in der Phantasie immer für das Kind da. Die Phantasievorstellung wird als Kontrapunkt zur Qual des alltäglichen Lebens entwickelt. Das Fehlerhafte wird für großartig erklärt. Für unentschuldbares Verhalten werden Entschuldigungen gefunden: Meine Mutter wollte mich nicht schlagen, sie war nur müde; mein Vater liebt mich so sehr, daß er hart arbeitet, um mir schöne Sachen kaufen zu können, und deshalb ist er nicht da.

Die Eltern meiner Freundin Melissa ließen sich scheiden, als sie zehn Jahre alt war. In einer schwülen Augustnacht fuhr Melissas Vater in seinem Kleintransporter weg, ohne ihr auf Wiedersehen zu sagen. Als sie ihn wiedersah, war sie fünfundzwanzig. Noch drei Jahre nach der Scheidung und dem Umzug der Familie erzählte ihre Mutter Melissa, daß sie demnächst zurückkehren würden. Unter Melissas Bett lag ein gepackter Koffer; sie vermißte ihren Vater. Sie vergaß, daß er in jedem Jahr acht bis zehn Monate weggewesen war und daß er, wenn er zu Hause war, mit ihrer Mutter stritt, Zeitung las, sich im Fernsehen Baseball, Basketball und Fußball ansah und Bier trank. Sie krönte ihren Vater zum König ihres Herzens. Ihre

Mutter schrie sie an, bestrafte sie und weinte, aber ihr Vater war freundlich, ihr Vater war großzügig, ihr Vater würde sie vor der Trübsal des Lebens in Wyoming retten. Ihr Vater, der fünfzehn Jahre lang verschwand. Ihr vollkommener Vater.

Die Agonie eines Kindes, dessen Vater ging, ohne auf Wiedersehen zu sagen, ist unerträglich. Ihre Mutter war nicht bereit, Melissas Gefühle zu tolerieren; sie durfte nicht einmal den Namen ihres Vater erwähnen. Da kein Erwachsener da war, der sie tröstete und ihr Recht bestätigte, sich traurig und einsam und wütend zu fühlen, war es für Melissa notwendig, ihre Verzweiflung in Gefühle umzuwandeln, mit denen sie leben konnte. Also schuf sie eine Phantasiewelt, in der ihr Vater sie ebenso liebte wie sie ihn, aber wegen seiner Arbeit und aufgrund von Geldmangel nicht schreiben, anrufen oder sie besuchen konnte. Aber wenn er es täte, oh, wenn er es täte, wäre das Leben wunderbar. Sie würden surfen gehen und Eis essen, und sie bräuchte nie das Bett zu machen.

Wenn wir Kinder sind, haben unsere Eltern wolkenlose Augen und eine Haut wie Sahne. Sie sind groß und stark, sie wissen alles, sie sind vollkommen. Eltern bestärken diese Auffassung, indem sie uns beibringen, daß sie stets recht haben und daß Kinder gesehen, aber nicht gehört werden sollten. Wir lernen, zuzuhören und zu gehorchen. Niemand bringt uns bei, daß Eltern selbstsüchtig sind. Niemand bringt uns bei, daß Eltern lügen. Niemand bringt uns bei, daß sie uns genauso brauchen wie wir sie. Wir konnten auf unsere Eltern nicht wütend werden; wir durften es nicht. Statt dessen, wenn sie sich betranken und uns die Schuld für ihr Verhalten zuschoben, wenn sie uns erzählten, sie hätten es getan, weil wir nicht abgewaschen hatten, glaubten wir ihnen. Wenn sie uns mit Besen und Stöcken schlugen und sagten, sie täten das zu unserem Besten, glaubten wir ihnen. Wenn sie mitten in der Nacht in unser Schlafzimmer geschlichen kamen und die Hände unter unsere Pyjamas steckten, uns an unseren intimsten Stellen berührten und uns erzählten, wir wollten es ja nicht anders, glaubten wir ihnen. Wir sagten zu uns selbst, wenn wir nur hübscher wären, nicht so viele Pickel hätten, glatte blonde Haare hätten anstatt krauser braune Haare, wenn wir unsere Spielsachen mit anderen Kindern teilen würden, nicht so viel weinten, bitte und danke sagten, wenn wir nur nicht so wären, wie wie waren, würden unsere Mütter nüchtern sein und unsere Väter uns nicht für fünfzehn Jahre verlassen. *Wenn wir nur schlank wären.* Diejenigen von uns, die unter Eßstörungen leiden, glauben *mit aller Macht,* daß unser Leben radikal anders wäre, wenn wir schlank sein würden. Sogar die, die schon sechs- oder siebenmal in ihrem Leben abgenommen haben und schlank gewesen sind, glauben weiterhin, daß sie immer und für alle Zeit glücklich sein würden, wenn sie es noch einmal schafften, schlank zu werden, noch ein einziges Mal – gib uns nur noch eine einzige Chance, diesmal wird es klappen.

Die »Wenn-ich-einmal-schlank-bin«-Phantasie hat uns in unserem Leben unschätzbare Dienste geleistet. Wir haben sie entwickelt, um die Verzweiflung unserer Kindheit zu erklären und sie davon abzuhalten, uns zu zerstören. Wir brauchten etwas oder jemanden, dem wir die Verantwortung für unseren Schmerz aufbürden konnten.

Das Problematische daran, diese Phantasie jetzt loszulassen, ist, daß ohne sie nichts mehr zwischen uns und lebenslanger Verzweiflung steht. Als zwanghafte Esser haben wir Jahre damit zugebracht, uns selbst zu erzählen, daß wir nicht liebenswert seien, weil wir nicht schlank sind, und wenn wir schlank geworden sind, werden die Menschen, die wir wollen, uns ebenfalls wollen, unsere Liebe wird tausendfach erwidert werden, unsere Qual wird sich in Nichts auflösen. Wir werden für all unsere liebeleeren Jahre entschädigt werden. Diese Phantasie war unser Bollwerk gegen den Schmerz; sie entschuldigte unsere Eltern und gab uns gleichzeitig die Hoffnung, daß zu gegebener Zeit – wenn wir abgenommen hatten – unser Leben seidig und zart wie Wasserlilien sein würde. Aber das war die Logik eines Kindes. Unser Gewicht hatte nichts damit zu tun, daß unsere Eltern uns mißhandelten oder verließen oder mißbrauchten. *Wir* hatten nichts damit zu tun, daß unsere

Eltern uns mißhandelten oder verließen oder mißbrauchten. Wir glaubten, daß es an uns lag, weil es uns eine gewisse Kontrolle über unser Leid gab, uns die Schuld daran zu geben.

Während der Jahre, die ich mit Diäthalten zubrachte, glaubte ich, daß die Ursache für jedes einzelne Problem in meinem Leben mein Gewicht war. Wenn ich in einen Laden ging und meine Größe nicht vorrätig war, wenn ich mich zu einer Gruppe von Leuten gesellte und niemand mich beachtete, als ich mich nicht entscheiden konnte, was ich beruflich machen sollte und mir faul, nutzlos und dumm vorkam, wenn ich jeden Samstagabend allein verbrachte, war ich überzeugt, daß mein Unglücklichsein mit meinem Körper zusammenhing. Ich war überzeugt, daß ich meine Kreativität, den Ausdruck meiner Persönlichkeit, meine Schönheit durch mein Dicksein erstickte. Wenn ich mir selbst erlaube, schlank zu werden, sagte ich mir, wird das ein Symbol sein für meine Bereitschaft, Freude zu empfangen; das Schlanksein wird meine Botschaft an mich und die Welt sein, daß ich nach so vielen Jahren endlich glaube, daß ich es wert bin, geliebt zu werden.

Ich hatte unrecht. Das Schlanksein tat das, was Schlanksein tun kann: Es half mir, mich auf alltäglicher Ebene und nach den Standards unserer Gesellschaft leichter und attraktiver zu fühlen. Das tieferliegende Leid und die unterdrückte Qual der Kindheit heilte es nicht. Und wird es auch nie.

Verheiratete Männer, Liebhaber, die in einer anderen Stadt wohnen, oder abhängig sind von Drogen, Arbeit, Alkohol oder Sex – ihnen nachzujagen ist dem Glauben sehr ähnlich, die Qual, die dich verfolgt wie ein Schatten, würde verschwinden, sobald du schlank bist. Beides sind Phantasien: Eine hat damit zu tun, etwas zu erreichen, und die andere, jemanden zu kriegen. Beide sind eine Art zu sagen: »Die Gegenwart (oder die Vergangenheit) mögen schrecklich sein, aber darüber muß ich mir keine Gedanken machen, denn die Zukunft wird wunderbar werden.« Beide dienen dazu, dich abzulenken; beide geben dir ein Ziel, auf das du dich unaufhörlich zubewegen kannst, ohne es je zu erreichen.

Melissa ist mittlerweile fünfundvierzig. Sie hat einen Ehemann, eine Tochter, einen Beruf, Geld, ein Haus in den Bergen und einen verheirateten Geliebten. Ihr Geliebter, wie ihr Vater, droht ihr ständig an, sie zu verlassen. Ihr Geliebter, wie ihr Vater, ist jemand, nach dem sie sich sehnt, mit dem sie ihr Leben zubringen will, von dem sie glaubt, daß er sie vor der Trübsal des Alltags erretten wird. Sie ist überzeugt, daß sie sexuell erfüllt wäre und als die komplexe Frau, die sie ist, verstanden und gewürdigt würde, wenn sie mit ihrem Geliebten verheiratet wäre und nicht mit ihrem Mann – genau wie sie überzeugt war, daß das Leben mit ihrem Vater ein großartiges Abenteuer sein würde, ein Leben ohne Tränen, Bestrafungen und Haushaltspflichten.
Melissa sagt, sie wolle mit ihrem Liebhaber zusammenleben. Ihr Geliebter sagt, er wisse nicht, was er wolle. Manchmal erzählt er ihr, daß er seine Frau verlassen wird; manchmal sagt er, daß sie einander vergessen müssen; manchmal sagt er, daß er ohne sie nicht leben kann. Melissa wartet. Melissa kennt sich mit Warten aus. Sie hat fünfzehn Jahre darauf gewartet, einmal wieder mit ihrem vollkommenen Vater zu sprechen.
Wenn Melissa aufhören würde, darauf zu warten, daß ihre Lieben wieder nach Hause kommen, würde sie sich vielleicht fragen, warum es so lange dauert. Die Herzlosigkeit eines Mannes, der für fünfzehn Jahre aus dem Leben seiner Tochter verschwindet, ohne sie auch nur ein einziges Mal anzurufen … und dann wieder auftaucht und so tut, als wäre nichts gewesen, könnte sie sogar zornig machen. Wenn sie aufhören würde zu warten, würde sie vielleicht anfangen zu weinen. Vielleicht würde sie sich verraten, verlassen und hoffnungslos fühlen. Zum erstenmal, seit ihr Vater ging, könnte sie das Ver-

ratenwerden spüren, das sie weggeschlossen hat und niemals zugeben wird, solange sie glaubt, daß ihre Zukunft voll Schönheit und Liebe sein wird, wenn sie nur lange genug wartet.

In letzter Zeit ist Melissa oft krank gewesen – sie hat Grippe gehabt, Hautausschläge, verstauchte Knöchel. Sie hat Angst, daß ihr Körper zusammenbrechen könnte. Sie sagt, sie wäre dabei, auseinanderzufallen. Ich frage: »Wenn dein Körper versucht, mit dir zu sprechen, was könnte er sagen?« Sie erwidert: »Ich muß aufhören, so zu leben, wie ich lebe. Ich warte darauf, daß Markus (ihr Liebhaber) sich entscheidet, aber ich weiß nicht mal, was ich eigentlich will. Nach dreieinhalb Jahren fängt das Herumlügen wirklich an, mich zu belasten.«

Sie hat länger als dreieinhalb Jahre gelogen. Sie hat ihre Mutter belogen, ihren Mann, sich selbst. Sie kann niemandem und nirgends die Wahrheit sagen. Nachdem sie ein Leben lang die Gefühle in sich zum Schweigen gebracht hat, die die Menschen um sie herum bedrohen könnten, weiß sie nicht mehr, was sie fühlt – sie weiß nur, was sie ihrer Ansicht nach fühlen darf. Nachdem sie sich selbst fünfunddreißig Jahre lang so gut versteckt hat, fühlt sich Melissa leer und verstört von der Empfindung, daß das Leben, das sie lebt, nicht ihr Leben ist.

Meine Freundin Clara hat mir einmal von einer Klientin von ihr erzählt, einem achtjährigen Mädchen, das zwei Jahre lang Diät gelebt und dabei vierzehn Pfund zugenommen hatte. In ihrer Verzweiflung hatte die Mutter des Mädchens Clara konsultiert; Clara erkundigte sich, was die Tochter am liebsten essen würde. »Schokolade,« erwiderte die Mutter.

»Gut. Ich möchte, daß sie losgehen und genug Schokolade kaufen, um einen Kopfkissenbezug damit zu füllen. Wenn Sie das getan haben, geben Sie den gefüllten Kopfkissenbezug ihrer Tochter, und lassen Sie sie Schokolade essen, soviel sie will. Sobald der Vorrat zur Neige geht, besorgen sie neue.

Stellen Sie sicher, daß das Kind immer einen Kopfkissenbezug voll Schokolade hat. Hören Sie mit der Diät auf, lassen Sie ihre Tochter essen, was sie will, wenn sie Hunger hat, und rufen Sie mich in einer Woche an.«

Nachdem sie vor Entsetzen aufgeheult und Clara mitgeteilt hatte, daß sie ihre Tochter bei ihr wohnen lassen würde, wenn sie fünfzig Pfund zunehmen würde, schleppte sich die Mutter aus Claras Praxis, ging in einen Supermarkt und dann nach Hause zu ihrem Wäscheschrank.

Ihre Tochter trug den Bezug mit der Schokolade acht Tage lang mit sich herum. Sie schlief mit ihm, sie legte ihn neben die Badewanne und beim Fernsehen neben ihren Sessel. Und natürlich aß sie Schokolade, wann immer sie wollte. In den ersten Tagen war das sehr oft der Fall. Nachdem die Mutter am dritten Tag dieser zuckrigen Erfahrung drei weitere Pfund Schokolade gekauft hatte, war sie kurz davor, Clara zu verklagen. In einem hysterischen Telefonanruf teilte sie Clara mit, daß ihr Kind mehr Süßigkeiten äße als jemals zuvor, und wie zum Teufel ihre Tochter so abnehmen sollte? Clara versicherte ihr, daß es sich um eine Reaktion auf Jahre der Entbehrung handle und daß die Tochter, wenn sie glaubte, wirklich glaubte, daß sie essen konnte, was sie wollte, ohne daß ihre Mutter darauf wartete, ihr den Kopfkissenbezug zu entreißen, sich entspannen würde und nur noch essen würde, wenn sie Hunger hatte.

Am neunten Tag blieb der Kopfkissenbezug im Schlafzimmer. Nach fünf Wochen hatte die Tochter die Schokolade vergessen und sechs Pfund abgenommen.

Die Phantasie des Geschmacks von Schokolade ist betörender als der Geschmack von Schokolade selbst. Die Phantasie vom Schlanksein ist gewaltiger als das Schlanksein. Die Phantasie davon, sein Leben mit einem unerreichbaren Partner zuzubringen, ist aufregender, als sein Leben mit einem Mann zu verbringen, der einen nicht liebt.

Als Kinder aus Problemfamilien bringen wir unser Leben damit zu, das haben zu wollen, was uns verboten war: Liebe. Und weil wir nie welche bekommen haben, glauben wir immer noch, daß sie uns verboten ist. Wir handeln mit einer unsichtbaren Autorität: Wenn wir nur Diätwaffeln essen und Proteingetränke trinken, wenn wir uns genug kasteien und genug Entbehrungen auferlegen, unseren Körper Stück für Stück auf die bloßen Knochen reduzieren, werden wir *dann* die liebenswerten Kinder sein, die unsere Eltern nicht beachtet haben.

Wir benehmen uns, als wären wir diese Kinder – wir manipulieren, wir warten, wir erniedrigen uns der Liebe wegen. Wir fühlen uns nicht hingezogen zu Menschen, die zärtlich mit uns umgehen; lieber gehen wir Beziehungen ein, in denen sich die Wunden der Vergangenheit wiederholen.

Eine Teilnehmerin eines Workshops sagte, daß sie die Geschichte ihrer Beziehungen so beschreiben könnte: Sie hätte fünfzig Jahre lang versucht, die falschen Leute zum Bleiben zu bewegen.

Wenn sie tatsächlich bleiben, wenn ein verheirateter Mann seine Frau wegen seiner Geliebten verläßt, wenn der weit entfernt lebende Partner mit in die Wohnung zieht, zerbricht die Phantasie. Die geliebten Männer, für die wir bereit gewesen wären zu sterben, werden zu gewöhnlichen menschlichen Wesen, die beim Frühstück ihr Crunchy zu laut kauen und im Schlaf furzen. Es sind nicht die Ralphs und die Workaholics und die verheirateten Männer, die wir wollen: Wir wollen die Liebe, die wir von unseren Müttern und Vätern nicht bekommen haben.

Nachdem ich Mark ein Jahr lang Szenen auf dem Flughafen gemacht hatte, wurde mir bewußt, daß nicht er es war, den ich zum Bleiben bewegen wollte; ich wollte, daß mein Vater zu Hause blieb und mich vor meiner Mutter beschützte. Ich brauchte ihn, und wenn er ging, hatte ich schreckliche Angst und fühlte mich verlassen. Auch wenn Mark die nächsten sechzig Jahre zu Hause bleiben würde, wenn er niemals einkaufen ginge oder einen Spaziergang machte, könnte ich doch die Tatsache nicht ändern, daß ich schreckliche Angst hatte und mich verlassen fühlte, wenn mein Vater wegging. Als ich aufhörte zu versuchen, die falsche Person zum Bleiben zu veranlassen, und mir selbst erlaubte, den Schmerz und den Zorn zu fühlen, den ich wegen des Menschen spürte, von dem ich wollte, daß er blieb – einen Schmerz, den ich fünfunddreißig Jahre lang versucht hatte zu verdrängen –, machte ich keine Szenen auf Flughäfen mehr.

Phantasien und das Wollen des Verbotenen haben mit unserem Bedürfnis zu tun, das Leid unserer Vergangenheit auszuschließen. Sie waren wichtig, um Götter und Göttinnen aus den Menschen zu machen, die wir brauchten, als wir noch Kinder waren. Das Verlangen nach dem, was wir nicht haben konnten, gab uns die Hoffnung, daß wir es eines Tages bekommen würden und unser Leben besser sein würde. Die Phantasien und die Sehnsucht waren unsere Freunde.

Der Nachteil der Phantasien ist zugleich ihr größter Vorteil: Phantasien hindern uns daran, in der Gegenwart zu leben. Aber die Gegenwart heute ist anders als unsere Gegenwart damals, und wenn es auch wahr ist, daß Menschen im Hier und Heute krank werden, uns verlassen oder sterben, so ist doch auch wahr, daß die Gegenwart da ist, wo unsere Herzen offen sind und die Liebe kommt.

5 Das Ein-falscher-Schritt-Syndrom

Mark und ich kehrten von einer Reise zurück und hatten einen Streit. In meinem Arbeitszimmer lagen offene Koffer, und Kleidungstücke, Bücher und Papiere waren überall verstreut. In der Küche stand ein mit dreckigem Wasser gefüllter Kochtopf, der mir am Abend vor unserer Abreise angebrannt war. Das Mosaik aus unerledigten Aufgaben und halbgetroffenen Entscheidungen, das ich zurückgelassen hatte, überwältigte mich. Dreißig Minuten, nachdem ich zu Hause angekommen war, wollte ich aus meinem Leben kriechen.

Mark dagegen war glänzender Laune. Als ich in sein Büro kam, standen seine Koffer auch offen, und Kleider, Bücher und Papiere bedeckten jeden Zentimeter des Bodens, aber Mark hatte sich sich in seinem grauen Ledersessel zurückgelehnt, die Füße auf die Hemden gelegt, die er auf seinen Schreibtisch geworfen hatte, lachte und telefonierte. Blanche, unser schielender, siebzehn Pfund schwerer Kater, lag schnurrend auf seinem Schoß.

»Danke,« sagte Mark gerade. »Es ist gut, wieder hier zu sein. Und es ist immer schön zu hören, daß man vermißt worden ist.« Er warf mir einen fragenden Blick zu: Willst du mit mir reden? Ich nickte. Er formte unhörbar die Worte: »In ein paar Minuten«. Ich sagte: »Gut.«

Aber es war nicht gut. Als ich die Tür seines Zimmers schloß, fand ich, daß ich mit einem unsensiblen Blödmann zusammenlebte, der seine Gefühle verleugnete. Und wenn es eins gibt, das ich nicht ausstehen kann, murmelte ich vor mich hin, ist es jemand, der vorgibt, inmitten bedrückender Umstände glücklich zu sein. Das macht mich verrückt. Es vermittelt mir das Gefühl, wieder in meiner Familie zu leben und meinem Vater mitzuteilen, daß etwas nicht stimme, und er lacht und sagt: Nein, Schätzchen, nein Herzchen, es ist alles in Ordnung zwischen deiner Mutter und mir. Als Mark mit dem Telefonieren fertig war, hatte ich mich in eine Raserei hineingesteigert.

»Ich kann nicht glauben, daß du da sitzt, Füße auf dem Schreibtisch, als ob es hier nichts zu tun gäbe. Was ist mit der Post, dem Garten, den Flaschen, die wir nicht zum Altglascontainer gebracht haben, dem Topf in der Spüle? Überall muß was getan werden und du hockst hinter verschlossener Tür in deinem Büro in deiner eigenen kleinen Welt und lachst, als hätten wir Fasching.«

Marks Augenwinkel begannen sich zu kräuseln. Ich wußte, daß als nächstes ein halbes Lächeln über sein Gesicht huschen würde. Meine Mutter hat früher zu mir gesagt, ich solle mir dieses Lächeln vom Gesicht wischen, oder ich würde die nächste Woche nicht mehr sitzen können.

»Was ist daran so komisch?« fragte ich. »Ich *hasse* es, wenn du mich auslachst.«

»Wie alt bist im Moment?«

Wir haben eine Übereinkunft getroffen, nach der diese Frage ein Signal für mich sein soll, daß durch irgendein Erlebnis etwas in mir ausgelöst worden ist, was mich in ein qualvolles Kindheitserlebnis zurückversetzt hat.

Diesmal kaufte ich ihm das nicht ab. Diesmal, entschied ich, hatte ich recht und er unrecht, wie jeder Mensch mit einem Funken Realitätssinn bestätigen würde.

»Was für eine blöde Frage. Für wie alt hältst du mich?« entgegnete ich.

»Punky«, sagte er sanft, »hast du vergessen, daß ich dein Freund bin und nicht dein Feind? Wenn du das Gefühl hast, daß dir alles über den Kopf wächst, sag es mir einfach. Sag mir, daß du Hilfe brauchst. Sag mir, was ich tun kann. Du brauchst mich nicht zur Seite zu drängen.«

»Du bist *nicht* mein Freund.« (Ich bin sechs Jahre alt; es ist
Sommer. Nicole und ich sitzen auf der Treppe unseres Hauses
an der Achzigsten Straße. Eben haben wir Himmel und Hölle
gespielt. Nicole hat ebenholzschwarze, natürliche Locken, die
ihr Gesicht umspielen und auf ihr ärmelloses, gestreiftes
Hemd fallen. Sie sagt gerade: »Ich hab' im April Geburtstag
und du im August. Ich bin älter als du, und ich kenne deine
Mutter länger als du.« Ich fühle mich, als hätte sie mich in den
Magen geboxt. Das ist nicht fair, es ist *meine* Mutter, warum hat
sie mir nicht erzählt, daß sie Nicole kannte, bevor sie mich
kannte? Ich starre Nicole an. Ich wünschte, ich wäre sie. Ich
wünschte, ich hätte ihr lockiges Haar. Ich wünschte, ich hätte
meine Mutter zuerst gekannt. Ich denke angestrengt darüber
nach, wie ich es ihr heimzahlen kann. Schließlich sage ich:
»Gut, du Klugscheißerin, vielleicht kennst du meine Mutter
länger als ich, aber du bist vor mir geboren, also stirbst du
auch vor mir.«
»Werde ich nicht.«
»Wirst du doch.«
»Werde ich nicht.«
»Wirst du doch.«
»Werde ich nicht.«
»Du bist nicht mehr meine Freundin,« sage ich und beende
damit augenblicklich das Gespräch.)
»Ich bin nicht dein Freund?« fragt Mark ungläubig. »Du
machst dir selbst das Leben so schwer. Sogar jetzt, wo du jemanden hast, der dich mehr liebt als irgend jemand dich je
geliebt hat, bestehst du darauf, alles allein durchstehen zu
wollen.«
Ich öffne meinen Mund, um zu sagen, daß ein Freund nicht
lachend in seinem Büro herumsitzen würde, während ich hier
draußen mit angebrannten Töpfen und wachsenden Postber-
gen kämpfe, aber ich verliere an Boden; die Worte klingen
ausgefranst an den Ecken. Statt dessen sage ich: »Ich weiß
nicht, wie ich die Hand nach dir ausstrecken soll, wenn ich
mich alleingelassen fühle. Ich dränge dich zur Seite, weil ich

glaube, daß du bereits weg bist, und ich will nicht wie eine Idiotin die Hand nach jemandem ausstrecken, der mich nicht liebt. Wenn ich das Gefühl hätte, ich könnte – na ja, wenn ich in dem Moment glaubte, daß dir etwas an mir liegt und du mir helfen willst – würde ich dich nicht wegdrängen.«

»Vor einer Stunde wußtest du noch, daß ich dich liebe. Und jetzt plötzlich glaubst du, ich liebte dich nicht?«

Ich nicke mit dem Kopf, Tränen schnüren mir die Kehle zu. Wenn ich jetzt etwas sagen würde, weiß ich, daß die Worte in demselben hohen, anklagenden Ton herauskommen werden, in dem ich die dreijährige Sabine zu Sara habe sagen hören: »Du hast dem Schokoladenbüffel den Kopf abgebissen und jetzt kann er nichts mehr sehen«, während ihr die Tränen übers Gesicht liefen.

Gleichzeitig fühle ich mich verwirrt und allein und will nicht so tun, als wäre alles in Ordnung. Sobald Mark wiederholt, was er mich sagen gehört hat, *klingt* es albern, aber *vom Gefühl her* ist es wahr.

Der kometenschnelle Fall von scheinbarem Selbstvertrauen zu absoluter Trostlosigkeit ist eins der Symptome, wenn man sich in einem erwachsenen Körper befindet und das Leben durch die zersplitterte Eierschale der Kindheit erfährt.

Als Kind schien es mir, daß in einem Moment alles in Ordnung sein konnte und im nächsten Augenblick alles in tausend Stücke zerbrochen war. Wenn ich beispielsweise am Dienstag zu meiner Mutter sagte: »Könntest du mir heute bei den Hausaufgaben helfen?«, erwiderte sie: »Natürlich, Liebling.« Mittwoch konnte ich sagen: »Könntest du mir heute bei den Hausaufgaben helfen?« und sie entgegnete: »Warum kannst du das nicht selbst machen? Warum mußt du mich ständig um irgend etwas bitten? Kannst du nicht sehen, daß ich beschäftigt bin? Denkst du eigentlich immer nur an dich selbst?« Manchmal schlug sie mich ins Gesicht. In meinem Zimmer ging ich stundenlang alles durch, was ich getan hatte, und ich fragte mich, warum ich stets zuerst an mich dachte und nicht an sie; ich haßte mich selbst. Eines Abends versuchte ich, mir meine sämtlichen Haare auszureißen. Ich war blöd und fett und egoistisch, und ich wollte mir selbst wehtun.

In einem Workshop erzählt Julia die Geschichte, wie ihr Vater ihre Mutter verließ, als Julia fünf Jahre alt war, und wie ihre Mutter sie mit nach Miami nahm, um ein neues Leben anzufangen. Ein Leben, in dem Scheidung etwas Unerhörtes war und es wieder schick noch gesellschaftlich akzeptabel war, eine alleinstehende Mutter zu sein. Also belog Julias Mutter ihre Freunde und sagte, sie wäre allein nach Miami gezogen und hätte keine Kinder. Julia durfte nicht ans Telefon gehen und nicht mit ihrer Mutter zusammen in der Öffentlichkeit gesehen werden. Wenn sie vergaß, sich an die Regeln zu halten, wurde sie hart bestraft und ohne Abendbrot oder Küsse oder Gutenachtgeschichten auf ihr Zimmer geschickt. Julia wuchs in dem Glauben auf, daß sie bestraft werden würde, wenn sie einen falschen Schritt machte, das Falsche sagte, etwas tat, das ihrem Lehrer oder Freund oder Liebhaber nicht gefiel. Fünfzig Jahre später versucht sie immer noch angestrengt, perfekt zu sein. Sie will nicht ohne Gutenachtkuß ins Bett gehen.

Das Ein-falscher-Schritt-Syndrom ist nicht etwas, was man tut; es beschreibt die Art, wie man ist. Deine Worte und Handlungen sind gefärbt von dem dringenden Wissen, daß die Zukunft davon abhängt, jetzt und in diesem Moment das Richtige zu tun. Wenn du einen Fehler machst, wirst du alles kaputtmachen. Die Welt ist aufgeteilt in Gut und Böse, Richtig und Falsch, Schwarz und Weiß. Es gibt keine Grautöne, keine Zwischentöne; keinen Raum für das Paradoxe; keine Vergangenheit und keine Gnade. Wenn du an einem falschen Abend um Hilfe bei den Hausaufgaben bittest, wenn du ans Telefon gehst, obwohl du das nicht sollst, wird dir nicht vergeben. Wenn du nicht perfekt bist, bist du schlecht. Und wenn du schlecht bist, bist du furchtbar schlecht. Das Urteil ist unbarmherzig.

Wenn du in dem Glauben aufwächst, daß du wegen den Dingen geliebt wirst, die du tust und nicht wegen dem, was du bist, hängt dein Überleben davon ab, das Richtige zu tun. Wenn du einen falschen Schritt tust, bist du überzeugt, daß dich das umbringen wird.

Das Ein-falscher-Schritt-Syndrom ist eine Beschreibung einer Reaktion auf ein Gefühl, ein Geschehen oder eine Person, bei der in einem Moment scheinbar alles in Ordnung ist und es im nächsten Augenblick in deiner Welt nichts, überhaupt nichts mehr gibt, was richtig oder gut ist. Das Ein-falscher-Schritt-Syndrom beschreibt das Gefühl, in einem Augenblick ein einigermaßer selbstsicherer und zuversichtlicher Erwachsener zu sein und im nächsten ein verängstigtes Kind.

Du wachst auf und bist zuversichtlich, daß du heute zwei Pfund abnehmen wirst, noch mehr als gestern, wo du eineinviertel Pfund abgenommen hast; du ziehst deine mittleren Jeans an, nicht die kleinste Größe, die in deinem Schrank hängt, aber auch nicht die größte. Du bemerkst, daß der Reißverschluß ganz leicht zugeht, es ist sogar ein Fingerbreit Spielraum da. Vor zwei Wochen mußtest du dich noch in die Hose zwängen, den ganzen Tag den Bauch einziehen und nur kurz und flach atmen, damit der Knopf nicht aufsprang und dein Bewußtsein von der unbehaglichen Empfindung des Zu-Tode-gedrückt-Werdens abgelenkt wurde. Du ißt pochiertes Ei und trockenen Toast zum Frühstück und einen Apfel als Zwischenmahlzeit. Zu Mittag ißt du ein Stück kaltes gekochtes Huhn ohne Haut und drei Scheiben Tomaten, wobei du dir die ganze Zeit gratulierst, daß du so diszipliniert bist und so viel abnehmen wirst. Du belohnst dich für deine Entbehrungen, indem du dir vorstellst, wie dein schlankes Ich einen Raum betritt. Alles dreht sich nach dir um, und die Ahnungslosen fallen fast vom Stuhl, so faszinierend finden sie dein Lächeln, deine Augen, deinen geschmeidigen Körper. Heute wäre ein guter Tag zum Einkaufen, sagst du dir, du könntest ein paar Sachen anprobieren und feststellen, wie gut du in kleineren Größen aussiehst. Also steigst du ins Auto und fährst zu deiner Lieblingsboutique, aber als du an einer roten Ampel hältst, merkst du, daß etwas nicht stimmt. Etwas nagt an dir. Du kannst es nicht in Worte fassen, aber als du da sitzt, wird es bedrückender und bedrückender, bis du das Gefühl hast, unter dem Gewicht ersticken zu müssen. Du kannst kaum atmen, Angst steigt in dir auf und du willst, daß es aufhört. Alles, was du noch willst, ist, daß es aufhört, und du beginnst, an die Eclairs der Bäckerei neben der Boutique zu denken. Plötzlich bist du erleichtert. Etwas wird dieses Gefühl verschwinden lassen. Du wirst nicht auseinanderbrechen. Du wirst nicht ersticken. Mit der Entschlossenheit eines Samurais parkst du ein, klick klick klick machen deine Absätze auf dem Bürgersteig. Du siehst einen Mann mit einer Schildplattbrille, der an dir vorbeigeht, aber du nimmst ihn nicht wahr, du nimmst gar nichts wahr, du bist wie ein zielbewußter Laserstrahl. Du willst den Kuchen. Dann stehst du vor dem Glastresen und hörst, wie du nicht etwa eins, sondern vier Eclairs sowie fünf Sahnestückchen und einen Marzipankringel bestellst. Du murmelst etwas über eine Kaffeeinladung, die du geben willst, bezahlst und gehst. Klick klick klick auf dem Gehweg, die Autotür wird geöffnet, du schließt sie, und endlich, endlich, bist du allein mit deinem gesegneten Mittel der Erleichterung. Schnell, wie verzweifelt, schluckst du zwei Eclairs herunter, ohne etwas zu schmecken. Etwas gemächlicher ißt du ein drittes. Langsam ist dein Magen voll; du kannst spüren, wie die Schlagsahne gegen deine Rippen schwappt und wie deine Hose enger wird. Scheiße. Du hast es vermasselt. Es lief so gut, sechzehn Tage lang trockener Toast und Hähnchen ohne Haut, und an einem Nachmittag hast du alles ruiniert. In zehn Minuten. Zehn lausige Minuten und sechzehn Tage sind im Eimer. Zehn Minuten und dein ganzes Leben ist im Eimer. Ein einziger falscher Schritt. Warum mußtest du unbedingt in die Bäckerei gehen? Wieso konntest du nicht einfach in die Boutique gehen? Warum kannst du nie etwas richtig machen? Du wußtest genau, daß es eigentlich keinen Sinn hatte, abnehmen zu wollen, du wußtest es die ganze Zeit, du hättest gar nicht erst damit anfangen sollen. Du kannst spüren, wie deine Haut sich dehnt, jetzt, in dieser Minute, dein Magen erweitert sich, es hat keinen Sinn zu versuchen, dein Gewicht unter Kontrolle zu kriegen, du kannst ebensogut aufgeben. Genau wie du alles andere aufgibst.

Wir essen wie wir leben. So wie wir mit dem Essen umgehen, gehen wir mit unserem Leben um. Das Essen ist eine Bühne, auf der wir unsere Ansichten über uns selbst ausagieren. Als Eßgestörte benutzen wir das Essen, um unsere tiefsten Ängste, Träume und Überzeugungen körperlich auszudrücken. Etwas stimmt nicht, wenn wir uns in Verzweiflungsanfällen winden, weil wir ein Stück Knoblauchbrot oder drei Eclairs gegessen haben. Etwas stimmt nicht, wenn wir das Gefühl haben, uns die Nahrungsmittel, die wir lieben, vorenthalten zu müssen, da wir glauben, daß wir sie – oder uns selbst – mißbrauchen würden, wenn wir uns gestatteten, sie zu essen. Etwas ist nicht in Ordnung, und wir benutzen das Essen, um dieses Etwas auszudrücken.

Ich erinnere mich an das Gefühl, im Haus herumzuschleichen, wenn ich argwöhnte, daß meine Mutter schlechte Laune hatte. Ich ging auf Zehenspitzen über den Teppichboden und öffnete und schloß die Türen sorgfältig und langsam, damit sie mich nicht hörte. Meistens saß ich auf dem orangegeblümten Teppich in meinem Zimmer und rührte mich nicht. Ich raschelte nicht mit Zeitungen, ich ging nicht ins Badezimmer und öffnete oder schloß keine Schubladen. Ich befand mich auf einer dünnen Linie zwischen Sicherheit und Wahnsinn, und ich wußte es. Ein falscher Schritt, und meine Mutter geriet in weißglühende Raserei. Ein falscher Schritt, und es gab nur noch das Klatschen der Schläge auf meinem Fleisch, rote Fingernägel, die meine Arme zerkratzten, den Schmerz meines Kopfes, wenn ich an den Haaren durchs Zimmer geschleift wurde. Ein falscher Schritt, und alles, was mich noch interessierte, war, den einen falschen Schritt, den ich gemacht hatte, zu überleben.
Rita, eine Workshopteilnehmerin, beschreibt ihr Leben als siebenjähriges Mädchen: »Meine Mutter starb, als ich sechs Jahre alt war. Mein Vater heiratete das Dienstmädchen. Beide

waren Alkoholiker. Als ich sieben war, kannte ich die Telefonnummer jeder Kneipe der Stadt. Abends um zehn oder elf ging ich zu der betreffenden Kneipe und holte meinen Vater. Er war dann sehr wütend auf mich, weil ich ihn von seinen Kumpels wegholte, und manchmal schlug er mich direkt im Lokal, aber gewöhnlich wartete er, bis wir nach Hause gekommen waren. Ich kletterte auf den Fahrersitz seines Wagens und fuhr uns nach Hause. Wenn meine Stiefmutter dabei war, prügelte sie mich noch heftiger als mein Vater. Einmal hat sie mir den Arm gebrochen.«

Eine Freundin von mir erzählt, daß ihre Mutter sie in den Schrank sperrte, wenn sie etwas falsch gemacht hatte. »Einmal tat sie es, weil ich meine Schwester ›blöde‹ genannt hatte, und ich durfte dieses Wort nicht benutzen. Ein anderes Mal hatte ich meinem Vater hinter seinem Rücken die Zunge herausgesteckt. Meine Mutter bekam diesen gewissen Gesichtsausdruck, und ich wußte, was kommen würde, sie packte mich am Kragen und zerrte mich durchs Zimmer, öffnete die Schranktür und warf mich hinein. Es war dunkel da drin und roch wie nasse Wolle. Auf dem Boden des Schrankes lagen Schals und Hüte in einer Schachtel. Manchmal machte meine Mutter die Tür stundenlang nicht wieder auf. Einmal vergaß sie mich völlig, und ich verbrachte die Nacht auf drei Baskenmützen und einem Paar Lederhandschuhen.«

Das Ein-falscher-Schritt-Syndrom hat mit der Zerbrechlichkeit zu tun, die du mit dir in deinem Körper trägst, der Überzeugung, daß es eine Illusion ist, wenn alles gut geht, so wie es eine Illusion war, wenn dein alkoholabhängiger Vater nüchtern zur Schüleraufführung erschien und sich einen Abend lang benahm wie alle anderen Väter. Du warst auf das Schlimmste gefaßt, du warst stets auf das Schlimmste gefaßt. Du wußtest, daß jeden Moment alles zusammenbrechen konnte. Du wußtest, daß bereits alles zusammengebrochen war, aber du hast nie aufgehört zu hoffen, daß dein Vater für immer nüchtern bleiben würde. Und du hast nie aufgehört zu hoffen, daß deine Familie anders werden würde, und du hast nie aufgehört, so zu tun, als wäre es bereits so.

Jede Nacht machte ich meine Nachtischlampe aus und kniete auf dem Fußboden nieder, die Hände zum Gebet gefaltet. *Bitte, Lieber Gott, segne Mama und Papa und mach, daß sie sich nicht scheiden lassen.* Zehn Jahre lang betete ich jeden Abend, sogar als meine Mutter die Tür hinter sich zugeknallt hatte und zwei Tage lang verschwand. Ich betete in dem Wissen, daß ich nicht länger durchhalten konnte. Ich glitt ab, sie glitten ab, aber ich hoffte weiter, betete weiter. Mach, daß sie sich nicht scheiden lassen.

Im Ferienlager wurde jedes Jahr beim Sportfest ein Tauziehen durchgeführt. Die beiden Mannschaften, die Azteken und die Konquistadoren, machten sich bereit, indem sie die Stärksten vorne hinstellten. Die Stärksten gruben Löcher für ihre Hakken, zogen Handschuhe an, damit ihre Hände nicht wundgescheuert wurden. Sie stellten sich neben das Seil, das wie eine schlafende Schlange zu ihren Füßen lag. Und dann gab Harald, der Leiter des Ferienlagers, das Startsignal, und die Starken hoben das Seil auf und zogen, während die Mannschaften, die rotgekleideten Azteken und die blaugekleideten Konquistadoren, brüllten: »Zieh, zieh, stärker, stärker, zieh, zieh.« Am Abend und beim Schein eines Feuers konnte man sehen, wie sie müde wurden, wie sie aus den Löchern rutschten, die sie sich gegraben hatten, du konntest sehen, daß deine Mannschaft verlieren würde. Aber du hofftest weiter, sogar noch, als Lukas, der Stärkste, mit hervortretenden Muskeln und einem Gesicht voll wütender Entschlossenheit seinen Körper anspannte und sich bereitmachte für den letzten siegreichen Zug am Seil, sogar da hofftest du noch, daß irgend etwas passieren würde, bitte, Lieber Gott, mach, daß sie sich nicht scheiden lassen.

Ich war ein Aztekenkind, ich baute ein Königreich auf die Hoffnung, daß Lukas im letzten Moment ausrutschen und das Tau fallenlassen würde. Meine Mutter pflegte den Kühlschrank mit Edel-Eiscreme zu füllen. Ich war der einzige Mensch, den ich kannte, der aus der Schule nach Hause kommen und sechs Liter goldene und weiße Eissorten vorfinden konnte, und ich war sicher, daß das etwas zählte. Franziska und ihre Schwester Margaret kamen sonntags zu uns, nur um vor dem Kühlschrank zu stehen und den Krabbensalat, die Brathähnchen und das Mokka-, Vanille- und Rum-Rosinen-Eis anzustarren. Wir waren wie anerkennende Liebhaber, die die goldenen Mondkörper unserer Geliebten bewunderten. Nachdem wir ein paar Minuten gemurmelt und Speichel angesammelt hatten, suchten wir uns aus, was wir essen wollten und trugen es mit glänzenden Augen zum Tisch. Mit jedem Bissen sang ich schweigend vor mich hin: Ich habe eine richtige Familie, es gibt Hähnchen und Eis im Kühlschrank, ich bin genau wie ihr, ich bin genau wie ihr. Wenn meine Mutter dafür sorgt, daß der Kühlschrank immer voll ist, muß sie mich lieben, dann muß sie eine richtige Mutter sein. Und wenn sie nie zu Hause ist – was bedeutet das schon. Und wenn mein Vater mit keinem von uns redet – was macht das schon. Dies hier ist real, man kann das Essen sehen, es anfassen, es ist besser als die Sachen, die andere Mütter in den Kühlschrank tun. Meine Mutter ist eine gute Mutter, eine freundliche Mutter. Eine Mutter, die so gutes Eis kauft, kann unmöglich daran denken, uns zu verlassen, bitte, Lieber Gott, mach, daß sie sich nicht scheiden lassen.

Aber die Schicht aus Illusionen war so dünn wie das Novembereis auf einem See. Wenn du es von einem Hügel aus siehst, scheint es, als könne man stundenlang Schlittschuh darauf laufen. Aber wenn du mit dem Finger hineinstößt, bricht es und die Eisschicht geht unter. Ich legte Schichten von Novemberfrost um mich: meine Mutter ist eine normale Mutter und wir sind eine normale Familie. Ich belog mich selbst, ich belog meine Freunde. Ich glaubte an meine Lügen.

Je mehr ich so tat als ob, desto zerbrechlicher wurde ich. Je mehr ich so tat als ob, desto wahrscheinlicher wurde es, daß die Unterwelt an Verzweiflung, die ich in mir verbarg, von irgend etwas an die Oberfläche gebracht wurde. Je größer der Unterschied wurde zwischen der Wahrheit und dem Anschein, den ich mir gab, desto größer wurde die Wahrscheinlichkeit, von einem falschen Schritt völlig aus dem Gleichgewicht gebracht zu werden. Daß ich während einer Diät so tat, als würde ich Käse oder Schokolade nicht wahnsinnig gern essen oder als würde es mir nichts ausmachen, daß ich mich für den Rest meines Lebens nicht in einem Raum aufhalten durfte, in dem es Kuchen gab, machte es viel wahrscheinlicher, daß ich einen Freßanfall bekam, wenn jemand etwas über mein Haar, mein Kleid oder das Wetter sagte. Daß ich jahrelang so getan habe, als würde es mir nicht wehtun, wenn meine Mutter uns verließ, machte es viel wahrscheinlicher, daß ich mich verlassen fühlte, wenn Mark mal für drei Tage wegfuhr. Das Ein-falscher-Schritt-Syndrom ist ein Symptom dafür, ein Leben lang gelogen zu haben.

Ich war siebzehn, als ich zum erstenmal versuchte, jemandem zu erzählen, wie es in Wirklichkeit aussah. Meine Freundin Paula und ich saßen in einem Delikatessengeschäft. Ich hatte einen Weight Watchers-Malzkaffee bestellt und malte mit dem Finger Männchen auf das rosafarbene Linoleum der Theke. Meine Mutter war am Morgen um vier Uhr dreißig nach Hause gekommen; mein Vater war um halb sieben zur Arbeit gegangen. Ich wollte ihn bei den Schultern packen und ihm zuschreien, er solle etwas tun; ich wollte meine Mutter eine Ehebrecherin nennen und ihr vorwerfen, die Zehn Gebote zu brechen. Aber ich hatte mich entschlossen, statt dessen alles Paula zu erzählen und sie um Rat zu fragen. Paula war die einzige meiner Freundinnen, deren Mutter geschieden war, also nahm ich an, daß sie über Dinge wie Ehebruch Bescheid wußte.
Als mein Malzkaffee und ihr Hamburger kamen, fragte ich: »Hatte deine Mutter eine Affäre, als sie noch mit deinem Vater verheiratet war?«

»Nee«, erwiderte Paula und steckte sich ein Stückchen saure Gurke in den Mund.

Das würde nicht einfach werden. Ich hantierte ungeschickt mit meinem Krautsalat und löste ein Stück Möhre aus dem Mayonnaise-Kraut-Gemisch.

»Na ja, was war es dann? Ich meine, warum haben sie sich scheiden lassen?«

»Weiß ich nicht. Ich nehme an, sie waren unglücklich miteinander.«

»Hat deine Mutter dich je geschlagen?«

»Nee. Hast du Peters neue Freundin schon gesehen? Sie geht auf's Roslyn-Gymnasium; sie ist in der Oberstufe und Anne hat mir erzählt, daß sie mit einem Jungen aus dem College auf dem Autorücksitz, na ja, du weißt schon! *Unglaublich*, was?«

»Ich glaube, meine Mutter hat eine Affäre«, sagte ich schnell.

»Oh, sei nicht albern. Das ist das Blödeste, was ich je gehört habe.«

»Ja, wahrscheinlich«, sagte ich und aß noch etwas Krautsalat, während ich auf meinen zweiten Malzkaffee wartete.

In den nächsten achtzehn Jahren wurde ich eine Meisterin in zwei sehr wirksamen Überlebensmechanismen: Verdrängung und Minimierung. Als ich in Indien etwas über Reinkarnation lernte und erfuhr, daß die Seele sich die Eltern selbst aussucht, entschied ich, daß es notwendig für mich war, in einem Umfeld von Gewalt und Alkoholismus aufzuwachsen, damit meine Seele ihre Lektionen lernen konnte. Ich vergab meiner Mutter. Meinen Vater idealisierte ich weiterhin. Alles war gut. Bis vor ein paar Jahren, als ich Mark begegnete und mich plötzlich wieder fühlte wie ein Kind. Jedesmal, wenn er für ein paar Tage wegfuhr, jedesmal, wenn er wütend auf mich war, gefror mir die Zunge in der Kehle bei dem Versuch, Worte zu formen, die vor dreißig Jahren gebannt worden waren. Worte wie: Bleib bei mir, ich brauche dich, wenn du wütend wirst, habe ich Angst, daß du mich umbringen wirst.

Das Ein-falscher-Schritt-Syndrom ist eine Beschreibung für das, was passiert, wenn etwas oder jemand die Gefühle auslöst, die wir nie gelernt haben in Worte zu fassen. Es ist eine Beschreibung der plötzlichen Veränderung, die in uns vorgeht, wenn unbewußte und verleugnete Gefühle an die Oberfläche kommen und wie ein Bienenschwarm die ganze Luft mit einem Geräusch erfüllen, das so intensiv ist, daß du das Gefühl hast, wahnsinnig zu werden. Es ist das Ergebnis, wenn man erwachsen ist und die Gegenwart so erlebt, wie ein Kind es würde.

Bei einem Workshop, den ich in Chicago leitete, bat ich die Teilnehmer, ihre Kindheit mit ein, zwei Worten zu beschreiben. Eine zufällige Auswahl der Antworten habe ich mitgeschrieben: zerrissen, zerbombt, isoliert, einsam, Kriegsgebiet, traurig, in Ordnung, betrunken, gewalttätig, wie Hiroshima, gequält. Und das war ein Workshop über die Befreiung vom zwanghaften Essen, keiner über gestörte Familien, sexuellen Mißbrauch, Alkoholismus oder Mißhandlungen.

Im Laufe eines Jahres arbeite ich mit Tausenden von Menschen. Seit zwölf Jahren leite ich Workshops. Die meisten dieser Menschen beschreiben ihre Kindheit genauso wie die Dutzend Teilnehmer in Chicago. Ich sage dies nicht, um die Mütter und Väter anzuklagen, sondern um den erwachsenen Kindern eine Erklärung anzubieten: Wenn deine Kindheit zerrissen war und du dir nicht die Gelegenheit gegeben hast, um die verlorenen Jahre zu trauern, siehst du das Leben durch die Linse des »Zerrissenseins«. Du siehst, daß das Leben nicht freundlich ist und nicht sicher und daß es nichts gibt, auf das du dich verlassen kannst. Wenn etwas leicht und angenehm ist – eine Beziehung, eine Lebenssituation – denkst du, daß du etwas übersehen hast und besser nicht anfangen solltest zu denken, daß es so weitergehen wird. Vor drei Jahren schrieb ich in mein Tagebuch: »Wenn ich glücklich bin, frage ich mich, ob ich etwas verdränge, und wenn ich unglücklich bin, überlege ich, ob ich das immer bleiben werde.«

Wenn ich die Welt durch eine zerbrochene Linse betrachte, sieht sie zersplittert aus. Du trägst die Vision einer dir unmittelbar bevorstehenden Katastrophe im Herzen, und wenn irgend etwas geschieht – du kommst von einer Reise zurück und da steht ein angebrannter Topf, du ißt ein Stück Pizza, obwohl du keinen Hunger hast – reagierst du mit der Trauer und der Wut von zehntausend Jahren darauf. Der Topf ist angebrannt, deine Mutter hat dich verlassen, dein Vater hat dich mißhandelt, dein Freund hat eine gußeiserne Bratpfanne nach dir geworfen, du bist wegen zivilen Ungehorsams ins Gefängnis gekommen, die Delphine werden wegen Thunfischsalat umgebracht und du hast nicht im Buchstabierwettbewerb gewonnen, als du zehn Jahre alt warst, weil Richard Petosa dich in den Hintern gekniffen hat. Es geht nicht nur um diesen einen Augenblick, es geht nicht nur um diesen einen falschen Schritt, sondern um alle Augenblicke, alle falschen Schritte, in denen und durch die du verletzt worden bist und das Gefühl hattest, alles wäre verloren und nichts würde je wieder gut werden. Ein falscher Schritt, und all die unausgesprochenen Gefühle des Verratenwerdens und des Grolls, alle zerbrochenen Träume, der Terror des Lebens mit einem Vater, den du retten mußtest oder einer Mutter, die du bemuttern mußtest, ein falscher Schritt, und jeder einzelne falsche Schritt, der jemals von irgend jemandem in deinem Leben begangen worden ist, wird zu diesem falschen Schritt, jetzt.

Du hast dich in zwei Personen aufgeteilt: Den Erwachsenen, der mit dem Schmerz nichts zu tun hat und das Kind, das nichts fühlt außer dem Schmerz. Den Erwachsenen, der reibungslos funktioniert und angemessen reagiert, und das Kind, das Ecken und Kanten hat und zu allem Nein sagen, ständig getröstet werden oder inmitten einer stillen Zuhörerschaft aufstehen und losbrüllen will. Das Kind ist dein Zeuge; die Vergangenheit ist unauslöschlich in seinen Körper eingegraben, wie ein Brandzeichen. Wenn du Menschen besser kennenlernst, hast du immer das Gefühl, daß sie nicht dein wahres Ich sehen, da du weißt, daß ein falscher Schritt nächste Woche oder nächsten Monat oder nächstes Jahr die unaufgearbeitete Vergangenheit auftauchen lassen könnte. Du bist wie eine Zeichnung in einem Kindermalbuch, in der die Punkte verbunden werden müssen, ohne die Linie, die die Punkte verbindet. Du hast den Faden verloren, der allem einen Sinn gibt, und indem du das getan hast, hast du drei Eclairs die Macht gegeben, dein Leben zu ruinieren.

Das Ein-falscher-Schritt-Syndrom ist eine Beschreibung der Auswirkung, die uneingestandene oder minimierte Ereignisse unserer Vergangenheit auf unser tägliches Leben haben. Wir müssen durch die Vergangenheit hindurchgehen, um in der Gegenwart leben zu können. Hindurch, nicht darüber hinaus. Hindurch, nicht darüber weg. Hindurch, nicht aus ihr heraus. Wir müssen über die Vergangenheit reden, sie fühlen, über sie weinen, toben, lachen und furchtlos ehrlich mit ihr umgehen. Auf diese Art wird das Heute zum Heute, zu nichts anderem als zum Heute. Wenn du eine Tiefkühlpizza ißt, weil bei der Arbeit jemand gesagt hat, du hättest wohl ein paar Pfund zugenommen, hast du nicht dir, deiner Mutter oder deiner Ex-Gruppenleiterin bei den Weight-Watchers bewiesen, daß du unfähig bist abzunehmen und für den Rest deines Lebens fett und häßlich bleiben wirst: Du hast eine Tiefkühlpizza gegessen. Und wenn du nächstes Mal Hunger bekommst, wirst du etwas essen. Wenn du Streit mit deinem Freund hast und er dich egoistisch nennt, heißt das nicht, daß deine Mutter recht hatte, du ein gräßlicher Mensch bist und niemals irgendwen lieben können wirst. Dein Freund ist wütend geworden und hat dich egoistisch genannt. Und wenn er nicht wütend ist, wird er dich wieder »Liebes« nennen.

6 Trauern um die verlorenen Jahre

Ich sitze mit Rosa und Deborah im Coconut Room des Le Baron Hotels in San José; es ist zwei Uhr mittags, und ich habe fünfzig Pfund Übergewicht. So dick bin ich noch nie in meinem Leben gewesen. Vor drei Wochen habe ich mich verpflichtet, nie wieder eine Diät zu machen; seit dreizehn Tagen habe ich mich ausschließlich von Schokoladenkuchen ernährt – rohem und gebackenem –, und ich habe schreckliche Angst, daß ich hundert Pfund zunehmen werde, daß ich für den Rest meines Lebens nichts als Zucker essen werde. Ich habe schreckliche Angst, daß meine Entscheidung, mir selbst zu vertrauen, eine versteckte Erlaubnis für Freßanfälle ist und daß die Überzeugung, daß ich essen kann, was ich will, die Basis des schlimmsten Streiches ist, den ich mir selbst je gespielt habe.

Rosa bestellt sich einen griechischen Hirtensalat, Deborah gekochtes Huhn mit Zucchini, ich Schokoladenbiskuitkuchen mit Vanilleeis und heißer Karamelsauce.

Als der Kellner mein Essen vor mich hinstellt, sagt Deborah: »Ich kann nicht glauben, daß du das tatsächlich essen willst! Sieh dich bloß an – so fett warst du noch nie. Wie kannst du dir selbst das antun? Fast widert es mich an, dir zuzusehen.«

Ich versinke vor Scham im Boden. Ich möchte ohne ein Wort verschwinden, und ich möchte den Tisch essen. Ich hasse alles an mir – meine Wurstfinger, meine stämmigen Beine –, und ich hasse Deborah. Sie hat recht, es ist widerlich. *Ich* bin widerlich.

Das Schweigen ist verletzend, aber ich habe keine Ahnung, was ich sagen soll. Es würde lächerlich klingen, wenn ich ihr sage, daß es mir helfen soll abzunehmen, wenn ich um zwei Uhr mittags Schokoladenbiskuit und Eiscreme esse. Und ich kann ihr nicht sagen, daß sie sich um ihre eigenen Angelegenheiten kümmern soll; das habe ich noch nie zu jemandem gesagt.

Ich sitze in Grossingers Hotel am Kindertisch. Der Kellner kommt, um unsere Bestellung aufzunehmen. Günther bestellt Hackbraten und Kartoffelmus, Richard einen Hamburger, Donald Brathähnchen. Ich mag nichts von dem, was auf der Speisekarte steht, außer dem Gemüse. Ich bestelle die Gemüseplatte. Als der Kellner das farbenfrohe Arrangement auf meinen Platz stellt, schreien alle Kinder: »Gemüse, igitt, wie eklig.« Ich schicke mein Essen zurück und bestelle statt dessen Hackbraten.

Deborah wartet auf eine Antwort.
Ich hole tief Luft. Ich löse meine Augen von dem schmelzenden Rand der Eiscreme, den ich am liebsten mag, und sehe Deborah an. Sie ist beleidigt. Sie ist bereit zum Streit. Ich sage: »Ich habe mich entschieden, keine Diäten mehr zu machen. Ich gebe mir ein Jahr, in dem ich ohne Schuldgefühle essen kann, was ich will.«
Ihre verblüffte Stimme leiert eintönig weiter. Ich höre nicht mehr zu. Es ist mir egal, was Deborah denkt. Ich esse die Hälfte des Schokoladenkuchens und drei Bissen Eiscreme. Als ich nach Hause komme, esse ich ein Toastbrot mit Erdnußbutter, drei Handvoll Granola und eine Banane. Wenn ich genug Essen auf meine Scham häufe, fühle ich sie vielleicht nicht mehr.

In diesem ersten Jahr, in dem ich meine Einstellung zum Essen und mein Eßverhalten änderte, habe ich mich fast jeden Tag gefragt, ob ich verrückt sei. Alle Leute, die ich kannte, machten eine Diät. Als ich der Leiterin meiner Weight Watchers-Gruppe mitteilte, daß ich mich von der Gruppe beurlauben lassen würde, sagte sie: »Vernünftig essen und den Rest deines Lebens genau darauf achten, was in deinen Mund kommt – das ist das einzige, was hilft.« Ich nickte, starrte ihre grüne Seidenbluse an, ihren sorgfältig aufgetragenen grauen Lidschatten. Ich wollte Bestätigung von ihr, ich wollte, daß sie mir sagte, wie tapfer ich sei, ich wollte, daß sie mir Glück wünschte.

In den ersten beiden Monaten nahm ich zehn Pfund zu, im folgenden Monat drei Pfund. Im vierten Monat stabilisierte sich mein Gewicht. Am Ende des fünften Monats des Lebens ohne Diät hatte ich nicht weiter zugenommen und war dreizehn Pfund schwerer, als ich je gewesen war – und ich wußte nicht zu sagen, ob das eine großartige Leistung oder ein schrecklicher Fehlschlag war. Vor drei Monaten hätte ich nicht geglaubt, daß ich auch nur einen Tag lang essen konnte, was ich wollte, ohne dabei zuzunehmen; andererseits war ich bereits dick, also was half es mir, daß ich nicht weiter zunahm? In anderthalb Jahren hatte ich Kleidergröße 42, und ich war wählerischer als je zuvor, wenn es ums Essen ging. Wenn in einem Restaurant nichts auf der Karte stand, das mich ›ansummte‹[3] – etwas, von dem ich wußte, daß ich es haben wollte, ohne es zu sehen, davon zu hören oder es zu probieren – ging ich wieder. Eines Abends versuchten Rosa und ich es mit vier verschiedene Restaurants, bevor ich etwas Summendes fand. Wenn das Brot kalt serviert wurde, bat ich den Kellner, es in die Küche zurückzubringen und es warmmachen zu lassen. Einmal ging ich mit meinem Vater zum Essen aus und bestellte eine Tasse heiße Zitrone. Bei meinem Besuch im Haus meiner Mutter in diesem Jahr aß ich Mokkaeis zum Frühstück. Zum ersten Mal in meinem Leben fragte ich danach, was ich wollte, und ich ließ mir von niemandem erzählen, ich könne es nicht haben. Niemand wußte, was er zu mir sagen sollte, wie er mit mir reden sollte. Niemand begriff, was ich tat.
Ich wußte, was ich tat.
Am 16. Mai 1980, im fünften Monat des Nicht-Diäthaltens, schrieb ich: »Ich mache achtundzwanzig Jahre der Gehirnwäsche ungeschehen, achtundzwanzig Jahre, in denen ich gesagt

bekam, daß mein Hunger bodenlos sei und ich wachsam sein müsse in dem Versuch, ihn unter Kontrolle zu bekommen. Ich bin *nicht* rückgratlos; ich bin *nicht* gierig. Ich brauche keine Angst vor mir selbst zu haben. Ich kann – und werde – mir zutrauen, daß ich das wähle, was Leben schenkt und das zurückweise, was mich zerstören würde. Ich bin liebenswert, ich bin fähig zu lieben; wenn ich mir selbst eine Chance gebe, wird mein Umgang mit dem Essen das beweisen.«

Wenn ich versuchte, meinen Freunden das klarzumachen, insbesondere Leuten, die gerade eine Diät machten, fühlte ich mich, als würde ich in den Wind reden.

Vor ein paar Wochen erzählte Mark mir, daß seine Mutter Schuhe für ihn gemacht hatte, als er ein Kind war.

»Sie hat Schuhe für dich *gemacht*? Was war mit denen, die es zu kaufen gibt?«

»Meine Füße waren ziemlich breit, wie die unserer ganzen Familie. Meine Mutter machte Gipsabdrücke von unseren Füßen und fertigte nach diesem Modell Schuhe an. Ich erinnere mich daran, wie ich das erste Mal in diesen Schuhen draußen gespielt habe. Es war, als ginge ich auf Luft.«

Seine Mutter hat Schuhe für ihn gemacht.

Seine Mutter lud das Schach-Team ein, bei Mark zu Hause zu spielen, damit er das Gefühl bekam, daß seine Freunde immer willkommen seien.

Als seinem besten Freund Achim der Weisheitszahn gezogen wurde, wollte er zu Mark gehen, damit Barbara sich um ihn kümmern und ihm eine Cremespeise machen konnte.

Seine Mutter hat Mark das Kochen beigebracht. Als er aufs College ging, sandten sie Kochrezepte hin und her. An regnerischen Winterabenden kocht er immer noch nach ihrem Rezept Boretsch.

Das einzige Trauma, an das Mark sich erinnern kann, ist, daß er eines Abends in die Toilette fiel, als er drei Jahre alt war, seine Eltern eine Party gaben und er sehr laut schreien mußte, bevor ihn jemand hörte und herauszog.

Ich kann mir die Sicherheit eines Lebens mit einer Mutter, die Schuhe für mich macht, nicht vorstellen. Und Mark kann sich ein Leben ohne diese Sicherheit nicht vorstellen.

Wenn ich mit ihm über das Trauern über die verlorenen Jahre spreche, über Dramen und Kontrolle und Zwang, nickt er und gibt mitfühlende Geräusche von sich, aber er versteht nicht. Nicht wirklich.

Wenn ich in einem Workshop über die Notwendigkeit spreche, zu den Anfängen zurückzukehren, die Schichten abzutragen und herauszufinden, was hinter dem Zwang steht, zu dem Schmerz, der den Zwang geprägt und notwendig gemacht hat, zu den Botschaften, die wir über uns selbst gelernt haben, kann ich sehen, wie Teilnehmer sich um Verständnis bemühen, aber noch verstehen sie nicht, nicht wirklich.

Es ist zu spät, sagen sie. Ich bin fünfundsechzig Jahre alt. Wäre es nicht an der Zeit, aufzuhören darüber zu reden, was mit uns geschehen ist, als wir zwölf waren?

Ja, das ist es.

Es ist an der Zeit, mit dem Reden aufzuhören und etwas zu unternehmen.

Meine Mutter.

Jahrelang hatte sie nur glatte Einsen im Zeugnis, und dann auf einmal, sie kann sich nicht erinnern warum, hörte sie auf, sich für die Schule zu interessieren, hörte auf, sich für sich selbst zu interessieren. Ich frage sie nach dem Jahr, in dem das geschah.

»Ist etwas geschehen, was dich verstört hat?« frage ich.

»Nein, nicht daß ich wüßte.«

»Mama,« sage ich, wage eine Vermutung. »Bist du je sexuell mißbraucht worden?«

»Ja.«

»Ja? Hast du je darüber gesprochen? Hast du es deiner Mutter erzählt? Was ist passiert?«

»Nein, ich habe nie darüber geredet. Es schien mir keine so große Sache zu sein. Und es ist lange her. Was geschehen ist, ist geschehen.«

»Aber *was* war los?«

»Wir lebten in einem Mietshaus in der Bronx, und mein Cousin Arnold wohnte in der Wohnung unter uns. Sonntags, wenn er zu Besuch kam, schloß er mich im Badezimmer ein und holte seinen Penis raus. Er befahl mir, ihn zu reiben, bis er hart wurde und er einen Orgasmus hatte. Er befahl mir, es nie meiner Mutter zu erzählen. Und ich habe es ihr nie erzählt. Er gehörte zur Familie, sie hätte mir nicht geglaubt.«

»Mama, dieses Erlebnis muß einen Einfluß auf dich gehabt haben. Es muß dir das Gefühl gegeben haben, du müßtest dich deines Körpers schämen, du mußt geglaubt haben, du wärst schmutzig oder schlecht.«

Wir sitzen in dem Raum, der einmal mein Zimmer war, das Zimmer, von dem aus ich mit Paula telefonierte und mit einundzwanzig Leuten verabredete, bei ihnen zu übernachten. Mir gefiel das Zimmer nicht. Es hatte einen orange geblümten Teppich und war eingerichtet mit einem eingebauten, dunkelbraunen Wandschrank. Ich wollte Spitzen und Rüschen. Ich wollte weiße Möbel, ein Bett mit Baldachin, ein Mädchenzimmer.

Jetzt ist es ein gemütliches Wohnzimmer mit flauschigem, sandfarbenem Teppichboden und Photos von Familienmitgliedern an der Wand. Auf einem Photo ist eine junge blonde Frau mit Sehnsucht in den Augen und Fragen auf den Lippen mit einem Abiturzeugnis zu sehen; ein Jahr später heiratete sie meinen Vater.

Vor fünf Jahren ließ meine Mutter eine Wand entfernen und ein Erkerfenster einsetzen. Keinerlei Spuren von Orange oder Enttäuschung sind im Zimmer verblieben. Dieser Raum ist das Herz des Hauses, hier geht man hin, wenn man reden, ein Nickerchen machen, lesen und sich sicher fühlen will. Besuch wird ins vordere Wohnzimmer geführt, gegessen wird in der Küche, aber gelebt wird hier.

Meine Mutter und ich sitzen auf den beigefarbenen Sofas einander gegenüber. Hinter ihr befindet sich ein Dschungel aus Pflanzen. Eine Spathefillum-Blüte reckt sich erwartungsvoll aus einer Masse schimmernder Blätter.

Meine Mutter denkt darüber nach, welche Wirkung es auf sie hatte, sexuell mißbraucht zu werden.

Wenn sie über ihre Kindheit redet, sieht sie aus wie eine blankgeschrubbte Elfjährige, Beine gekreuzt, Wangen gerötet, die Augen erhoben.

»Ich nehme an, es muß irgendeinen Effekt gehabt haben, aber ich erinnere mich wirklich nicht … Ich war damals so einsam … Ich versuchte, ein gutes Mädchen zu sein … Wenn ich aus der Schule nach Hause kam, war niemand da, meine Mutter arbeitete als Verkäuferin, und ich ging in die Küche und aß … riesige Scheiben dunkles Brot, das meine Großmutter gebacken hatte … Irgendwann war es mir nicht mehr wichtig, gut in der Schule zu sein, niemand schien irgendwelchen Wert darauf zu legen … Meine Mutter war immer wütend auf meine Schwester, sie war die Schlimme, also versuchte ich, das gute Mädchen zu sein, ich hab' nie geflucht, ich hab' immer getan, was meine Mutter mir sagte, aber sie haben es nie bemerkt … ich war so einsam, und ich haßte es, arm zu sein, wir hatten nicht genug Geld, nie war genug Geld da…«

Nie war genug da. Geld, Essen, Liebe.

Nie genug Liebe.

Also heiratete sie den ersten Jungen, der ihr Beachtung schenkte, einen Jungen, von dem sie nie genug bekam. Meinen Vater.

»Ich habe nicht einmal bemerkt, daß ich unglücklich war. Und mit dreißig stand ich auf einmal da, mit einem Mann, der nie nach Hause kam, und zwei Kindern, die mich brauchten. Aber ich hatte nichts zu geben. Das einzige, woran ich denken konnte, war, daß ich von diesem Gefühl wegkommen mußte, mit dem ich mein ganzes Leben gelebt hatte. Die unerträgliche Einsamkeit. Ich mußte wegkommen. Ich mußte gehen. Kannst du nicht einsehen, daß das nichts mit dir zu tun hatte?« Wir weinen beide. Ich nicke, dann schüttle ich den Kopf. »Jetzt kann ich es einsehen, Mama. Damals nicht.«

»Ich habe deine gesamte Kindheit verpaßt. Ich kann mich nicht einmal daran erinnern, was in diesen Jahren geschehen ist. Nachts nahm ich Schlaftabletten und tagsüber Tabletten zum Abnehmen. Ich trank. Ich hatte diesen Unfall…«

Der Unfall. Grossingers Hotel. Wir reisen ab, mein Vater bezahlt die Rechnung, und ich stehe mit meiner Mutter auf dem Parkplatz. Sie lehnt an einem Auto, stützt sich mit dem rechten Bein ab. David Macaluso steigt in seinen neuen silberfarbenen Thunderbird mit den roten Ledersitzen und beginnt auf das Auto zuzufahren, an dem meine Mutter lehnt. Er sieht sie nicht. Er fährt gegen ihr Bein, klemmt es ein zwischen seinem Wagen und dem anderen Auto. Sie schreit. Der Schrei durchfährt meinen Körper wie schartiges Metall, zerreißt Haut Knochen Herz. Sie fällt hin. »Mama, Mama, bist du in Ordnung?« »Ruf einen Krankenwagen«, flüstert sie.

Ich fahre mit ihr ins Krankenhaus. Die ganze Zeit rede ich. Ich habe Angst, daß sie sterben wird, wenn ich aufhöre zu reden. Sie hat einen Schock, sagt der Arzt. Sie wird wieder gesund werden. Das Bein ist nicht gebrochen, nur verletzt. Schwer verletzt. Die Heilung dauert ein Jahr.

In diesem Jahr ziehen wir um. In diesem Jahr wird sie abhängig von Schlaftabletten. In diesem Jahr kriecht sie an Samstagnachmittagen aus dem Bett und bittet meinen Vater, mit ihr spazierenzufahren. Wenn sie heute diese Geschichte erzählt, sagt sie, daß er sich geweigert hat. Daran erinnere ich mich nicht. Ich erinnere mich an die düstere grüne Tapete mit goldviolettem Muster, den Mitternachtsgeruch von Dunkelheit in unserem neuen Haus, an meine Mutter in ihrem rosa Nachthemd, die mit bittender Stimme nach Ananassaft verlangt. Sie fleht und wimmert um Aufmerksamkeit.

In der Schule war ich die Neue. Ein älteres Mädchen, das Bettina hieß, verfolgte mich jeden Tag. Ich pflegte nach Hause zu rennen. Wenn ich mich umdrehte, sah ich, wie sie mir folgte und Bewegungen mit den Händen machte, als wolle sie mich erwürgen. Ich rannte ins Haus, mit hämmerndem Herzen und dem Gefühl, als hätte ich etwas falsch gemacht und Bettina würde mich dafür bestrafen – und das erste, was ich hörte, war die wimmernde Stimme meiner Mutter: »Genie? Genie? Bringst du mir ein Glas Ananassaft?«

Ich wollte ihr von Bettina erzählen. Ich wollte ihr von Klaus Adelmann, Paul Wilner und Robert Ostropopper erzählen, die jedesmal, wenn sie mich sahen, ihre Wangen aufbliesen und im Watschelgang gingen, und die an einem Samstagabend, als niemand zu Hause war außer mir und meinem Bruder, das Haus umstellten. Sie brüllten, ich solle sie hereinlassen. Ich tat es nicht. Ich linste pausenlos aus dem Badezimmerfenster, um zu sehen, ob sie weg waren, aber sie blieben da stehen und brüllten. Ich wußte, daß sie mich nicht so behandelt hätten, wenn ich hübsch gewesen wäre, wenn ich schlank gewesen wäre. Aber ich war häßlich und blöde und fett. Ich wollte es meiner Mutter erzählen, aber sie taumelte in ihrer eigenen Welt der Benommenheit dahin. Dort gab es keinen Platz für irgend jemand sonst; ihr Schmerz war ein Planet für sich allein.

»Du warst nicht da, Mama. Ich brauchte dich und du warst nicht da.«

»Ich weiß … und es tut mir leid, Liebling. Ich weiß nicht, was ich sonst sagen soll. Nach dem Unfall, als ich endlich wieder gehen konnte, wollte ich nichts anderes als wegkommen. Ich hatte nicht den Mut, mich scheiden zu lassen – meine Mutter hatte mich auf Knien angefleht, es nicht zu tun – also beschloß ich, bei deinem Vater zu bleiben, aber ich war so schrecklich unglücklich.«

Ich werde nie eine glückliche Kindheit haben. Ich hatte das alles nicht: Liebe, Angenommensein, das Gefühl, wichtig zu sein. Ich habe es beim ersten Mal nicht bekommen und werde nie eine zweite Chance erhalten. Seit zwanzig Jahren habe ich deswegen mit dem Schicksal gehadert. Aber Hadern heißt nicht Heilen. Heilung ist eine andere Geschichte.

Der erste Schritt des Heilwerdens ist, die Wahrheit zu sagen. Wenn du die Wahrheit sagst, gibst du deinen Verlust zu. Wenn du deinen Verlust zugibst, trauerst du um ihn. Wenn du trauerst, definierst du dich nicht mehr darüber, wie sehr und wie schlimm du mißhandelt worden bist. Du beginnst, in der Gegenwart zu leben, anstatt auf die Vergangenheit zu reagieren. So lange du Eßstörungen hast, dreht sich dein Leben darum, wieviel du ißt, wieviel du wiegst, wie du aussehen und wie du sein wirst, wenn du nicht mehr zwanghaft ißt. Dein Schmerz scheint mit dem Essen, mit Willenskraft und deinem Aussehen zu tun zu haben. Aber die Ursache deines Schmerzes ist nicht, was sie zu sein scheint. Und wenn du nicht weißt, woran du leidest, kannst du dich nicht vom Leiden befreien.

Mark und ich sahen uns »Gorillas im Nebel« im Kino an, einen Film über Dian Fossey und ihre epochemachende Arbeit mit Gorillas in Afrika. Als die Wilderer die erwachsenen Gorillas abschlachteten, um ihre Köpfe an reiche Männer als Dekoration für die Wand ihres Büros zu verkaufen, weinte ich so sehr, daß Mark mich bei den Schultern packte und sagte: »Es ist nur ein Film, Geneen, sie bringen die Gorillas nicht wirklich um.« Als die Männer kamen, um das Gorillababy in den Zoo zu bringen, als es weinte, als es in den Käfig gesetzt wurde, schluchzte ich und sagte zu Mark, ich müßte rausgehen.
Es war ihre Hilflosigkeit. Ich konnte es nicht ertragen, es mitanzusehen. Ich konnte die Gefühle nicht ertragen, die ihre Hilflosigkeit in mir auslöste.
Mein Bruder sagt: »Ich sah, was mit unserer Familie los war, und ich wußte, daß ich nichts dagegen tun konnte; das Problem war zu groß für mich, also habe ich mich von allem

losgelöst. Es war, als hätte ich mir Novocain gespritzt und zwanzig Jahre lang halb betäubt gelebt.«

Ich nicht. Ich sah, was vorging und krempelte die Ärmel hoch. Ich sagte mir: »Ich kann das alles ändern. Ich kann machen, daß meine Eltern glücklich zusammen sind. Wenn ich lieb genug bin, wenn ich meinen Vater wegen meiner Mutter belüge und meine Mutter wegen meines Vaters und beide über meine Verzweiflung, weiß ich, daß ich die Familie schaffen kann, die ich haben will. Ich will nicht hilflos sein. Ich werde so brav sein, daß meine Mutter eine perfekte Mutter wird und mein Vater ein perfekter Vater. Ich werde nicht aufgeben. Ich werde nie aufgeben.«

Und ich gab nicht auf. Wenn meine Mutter mich anbrüllte, wenn sie um fünfzehn Uhr in einem roten Samtkleid und duftend wie Lavendelgladiolen in einem Beerdigungsinstitut das Haus verließ, um sich mit ihrem Liebhaber zu treffen, schloß ich die Türen in meinen Augen, in meiner Brust, schloß mich hinter einer Wand ein, hinter der meine Gefühle wie Billardbälle gegeneinander prallen konnten und niemand es hören würde. Nicht einmal ich selbst. Ich war bereit, zuzugeben, daß ich mich bei Dingen, die ich selbst tat, hilflos fühlte – beim Essen, zum Beispiel –, aber ich war nicht gewillt, mich wegen etwas hilflos zu fühlen, das außerhalb meiner selbst lag. Ich sagte mir: Es ist sinnlos, zuzulassen, daß ich mich traurig, wütend oder einsam fühle, wenn ich nichts dagegen tun kann. Ich beschloß, mir nur diejenigen Gefühle zu gestatten, an denen ich etwas ändern konnte, Gefühle, für die ich einen Platz in meinem Körper finden konnte, Gefühle, die für meine Mutter und meinen Vater akzeptabel sein würden.

Anstatt die Hilflosigkeit eines Kindes zu spüren, dessen Mutter völlig außer Kontrolle geraten war, glaubte ich, daß mein Eßverhalten außer Kontrolle war. Und nicht nur mein Eßverhalten. Meine Gefühle: mein Bedürfnis nach Bestätigung, Trost, Aufmerksamkeit. Anstatt die Hilflosigkeit eines Kindes zu spüren, dessen Vater die hysterischen Anfälle seiner Frau ignorierte, der nichts tat, um seine Kinder zu schützen und sich nicht fragte, welchen Anteil er am Verhalten seiner Frau hatte, beschützte ich ihn. Fand Entschuldigungen für ihn. Ich sagte mir, er arbeite zu schwer, um sich von seiner bösen Frau belästigen zu lassen. Ich machte mir vor, er liebe mich mehr als alles andere auf der Welt. Schloß die Türen.

Von ihr lernte ich die Wildheit und von ihm die Verdrängung. Ich wurde wild in meinem Eßverhalten, wild in meinen Empfindungen über mich selbst – und ich leugnete, daß etwas nicht in Ordnung sein könnte. Die Wildheit und die Verdrängung waren wunderbare Schutzmechanismen. Ich war wirklich hilflos. Und ich steckte fest. Ich konnte nicht um neue Eltern bitten. Ich hatte keine andere Wahl, als in diesem Haus zu bleiben und irgendwie zu überleben.

Das Problem ist nicht, daß ich als Kind so gute Schutzmechanismen hatte. Das Problem ist, mich als Erwachsener ihrer nicht mehr zu bedienen.

Denn in diesen wunderbaren Schutzmechanismen liegen die Wurzeln zwanghaften Verhaltens. Das zwanghafte Essen ist ein symbolisches Nachspielen der Art, in der wir unsere Gefühle verzerrten, als wir anfingen, Eßstörungen zu entwickeln: Wir schluckten unsere Gefühle herunter; wir gaben uns selbst die Schuld; wir hatten das Gefühl, außer Kontrolle zu sein; wir waren überzeugt, wir könnten nie genug bekommen. Wenn wir uns auf diese Ablenkung einlassen, wenn wir glauben, daß das Essen unser Problem ist, werden wir nie die Wunden heilen, auf Grund derer wir die zwanghaften Verhaltensweisen entwickelten.

Was ist das beängstigendste Gefühl, das Sie sich vorstellen können?

Was können Sie sich selbst nicht erlauben zu fühlen?

Welche unausgesprochenen Vereinbarungen hatten Sie und Ihre Familie bezüglich des Eingestehens – oder Nicht-Eingestehens – der Wahrheit getroffen?

Wer war da, um Ihnen zuzuhören und Sie zu unterstützen?

Wer war in Ihrer Familie verantwortlich für die Fürsorge für die anderen?

Was geschah, wenn Sie im Unrecht waren?

Das sind die Fragen, die Sie sich selbst stellen sollten.

Aber die meisten von uns kommen nie zu diesen Fragen, weil das bedeuten würde, leidvolle Erfahrungen noch einmal zu durchleben, für die wir uns beim erstenmal schon verschlossen hatten. Warum sollten wir uns jetzt für sie öffnen? Oder wir stellen uns diese Fragen nicht, weil wir nicht glauben, daß es uns wirklich möglich ist, wie ein normaler Mensch zu essen, zu fühlen oder zu leben. Wir sind so lange herumgegangen und haben geglaubt, daß keiner uns versteht. Wir glauben, daß unsere Probleme anders sind als die aller anderen Menschen. Wir haben kein inneres Bild von uns selbst als ganz und heil. Wir haben die Hoffnung aufgegeben. Oder wir stellen nicht die richtigen Fragen, weil wir immer noch damit hadern, daß wir in unserer Kindheit keine Liebe bekommen haben. Oder weil wir immer noch darauf warten, daß jemand kommen und alles richten wird.

Wir wollen als Erwachsene immer noch das, was wir als Kinder nicht bekommen haben, und wir wollen es in der Form, in der es uns versagt geblieben ist: Wir wollen jemanden, der uns liebt und für uns sorgt, jemanden, der die Verantwortung für unser Wohlergehen übernimmt.

Wir haben etwas Unwiderbringliches verloren: die Chance, in dem absoluten Wissen durchs Leben zu gehen, daß wir liebenswert sind. Das war unser Geburtsrecht, und es ist uns vorenthalten worden. Nun müssen wir daran arbeiten, etwas zu erreichen, was manchen Leuten in den Schoß gefallen ist, nur weil sie andere Eltern hatten.

Unsere Eltern waren für uns verantwortlich, als wir Kinder waren, aber als Erwachsene ist niemand für uns verantwortlich. Wenn unsere Eltern damals nicht für uns da waren, kann niemand je ihren Platz einnehmen. Unser Liebhaber nicht, nicht die beste Freundin, kein Lehrer, kein Therapeut, keine

Selbsterfahrungsgruppe, niemand. Nur Sie selbst können es. Nur Sie können sich bedingungslose Liebe, Sicherheit und Aufmerksamkeit geben. Nur Sie.

Als meine Mutter Daniel begegnete, dem Mann, mit dem sie seit mittlerweile achtzehn Jahren verheiratet ist, verwandelte sich ihr Leben in türkises und pfirsichfarbenes Pastell. Anstatt in einen Raum zu stürmen, glitt sie hinein. Anstatt über das Glück aller anderen zu knurren, badete sie in ihrem eigenen. Und obwohl ich damals neunzehn war und in New Orleans lebte, erinnere ich mich an die Erleichterung, mit der ich dachte, jetzt werde ich die Mutter bekommen, die ich immer haben wollte. Jetzt, wo sie glücklich ist, wird sie für mich da sein. Ich habe so lange darauf gewartet. Ich habe gewartet, und jetzt ist die Zeit des Wartens vorbei.

Aber so war es nicht. Jedesmal, wenn ich sie sah, erwartete ich, daß sie sagte und tat, was die Mutter meiner Träume sagt und tut: mir Fragen stellen, mir zuhören, Interesse für das zeigen, wofür ich mich interessiere, sich erinnern, was ich ihr erzählt habe, als wir uns beim letzten Mal unterhielten. Anteil nehmen an meinem Leben.

Manchmal tat sie es. Manchmal nicht. Und jedes Mal, wenn sie es nicht tat, stieg die Wut wieder in mir hoch. Du warst nicht da, Mama, und ich habe dich gebraucht. Ich brauche dich immer noch. Es ist nicht fair. Marks Mutter hat Schuhe für ihn gemacht.

Eßgestörte verbringen ihr Leben mit Warten. Wir sagen, daß wir darauf warten, schlank zu werden. Wir warten nicht darauf, schlank zu werden. Wir warten darauf, daß unsere Sehnsucht gestillt wird. Wir warten darauf, die Bürde abgeben zu können, die wir selbst uns sind. Wir warten darauf, uns ganz und vollständig zu fühlen. Das zusammengedrückte Kind wartet immer noch auf das, was es nie bekommen hat. Und da wir nicht bereit sind, ihm zuzuhören, genau wie unsere Eltern nicht bereit waren, uns zuzuhören, verwechseln wir die Sehnsucht, geliebt zu werden mit der Sehnsucht, schlank zu sein.

Das ist ein gewaltiger Fehler, ein Fehler, der unser Leben verändert.

Letztes Jahr nahm ich in Berlin an der Tagung »Der Holocaust: Kann er sich wiederholen?« teil. Ein Überlebender eines Konzentrationslagers, Sidney, berichtete von seinen Erfahrungen in sieben verschiedenen Konzentrationslagern während des zweiten Weltkrieges. Wie er sagte, wurde er von seiner Familie getrennt und in das erste Lager gebracht, als er siebzehn war; sein bester Freund aus Kindergartenzeiten ebenfalls. Eines Tages, als sie in einer Reihe angetreten waren, kam der Kommandant des Lagers hinzu und fragte Sidneys Freund, warum er so scheußlich aussähe. Der Junge stand auf und erwiderte: »Ich sehe schrecklich aus, Herr Kommandant, weil ich hungrig bin. Sie haben uns nichts zu essen gegeben außer dreckigen Kartoffelschalen, und das war vor drei Tagen.« Der Kommandant sagte: »Das kann ich nicht glauben. Ich habe ihnen befohlen, euch zu füttern. Sag die Wahrheit. Warum siehst du so scheußlich aus?«

»Ich sage die Wahrheit. Ich habe außer den dreckigen Kartoffelschalen vor drei Tagen nichts zu essen bekommen.« Wieder fragte der Kommandant nach und wieder sagte Sidneys Freund ihm, daß er Hunger hätte und warum. Da zog der Kommandant seine Pistole und schoß den Jungen in den Kopf. Als er sterbend dalag, masturbierte der Kommandant auf seinen Körper.

Sidney sagt, daß er das Konzentrationslager überleben konnte, weil er sich vorstellte, eines Tages der Welt davon zu berichten. »Jeden Abend habe ich mir überlegt, was ich sagen würde, wenn ich rauskäme. Es wurde zur Obsession, dieses Bedürfnis, der Welt zu sagen, was wirklich geschehen war.« Aber als er freikam, wollte es keiner hören. Sie wollten es nicht wissen. Sie konnten es nicht ertragen, sein Leiden mitzufühlen.

Sidney ist sechzig Jahre alt. Als ich ihn sprechen hörte, war es erst das zweite Mal, daß er die entsetzlichen Schrecken des Lebens in einem Konzentrationslager beschrieben hatte. Nicht einmal seine eigenen Kinder wußten viel über diesen Teil seines Lebens. Der größte Teil seines Vortrags war auf Band aufgenommen, weil, wie er sagte, seine Frau um sein Leben fürchtete, wenn er noch einmal darüber sprechen würde. Das Trauma ist so tief in ihm begraben, daß seine Frau Angst hat, daß es ihn zerstören würde, diese Zeit noch einmal zu durchleben.

In ihrem großartigen Buch *Du sollst nicht merken* (Frankfurt am Main: Suhrkamp, 1983) sagt Alice Miller, daß das Aufwachsen in einer Familie, in der die Kinder mißhandelt werden, schlimmere seelische Auswirkungen hat als das Leben in einem Konzentrationslager. Während die Opfer in einem Konzentrationslager den Feind identifizieren und sich miteinander verbünden können und mit jeder Faser ihres Wesen wissen, daß es grauenhaft und ungerecht ist, was mit ihnen geschieht, sind Kinder, die in ihrer Familie mißhandelt werden, in einer unmöglichen Situation: Sie dürfen ihr Leiden nicht merken. Weil sie abhängig sind, und weil sie unschuldig und zärtlich sind, beten Kinder die Menschen an, die sie mißhandeln. Ihr Haß, ihr Mißtrauen und ihre Wut werden nach innen gerichtet, nicht auf die Eltern. Als Erwachsene wiederholen und verewigen die Kinder dann die Mißhandlungen, die ihnen zugefügt worden sind: durch unmögliche Liebesbeziehungen, zwanghafte Verhaltensweisen und Gewalt gegen sich selbst oder andere Menschen.

Wir ziehen unser Verhalten nicht aus einem Hut wie ein Zauberer ein Kaninchen; die Eßstörung fällt uns nicht einfach zu. Wir wachen nicht eines Morgens auf und beschließen, fünf Käsekuchen und drei Pizzas zu essen. Während die unterdrückten Gefühle aus verstörenden oder traumatischen Erlebnissen unseren Abstieg in die Eßsucht auslösen mögen, verursachen sie sie doch nicht. Wir lernen, uns selbst zu mißhandeln, weil wir mißhandelt worden sind.

Und wenn auch nicht alle Eßgestörten in ihrer Kindheit mißhandelt worden sind, trägt doch jeder von uns Leid aus dieser Zeit mit sich herum. So lange dieses Leid unbewußt bleibt, werden wir weiterhin mit unseren Handlungen unsere bewußten Intentionen vereiteln. Wir wollen abnehmen, aber wir fressen, bis uns schlecht wird; wir wollen eine Beziehung, in der wir Liebe und Unterstützung finden, landen aber bei Partnern, die nicht in der Lage sind zu erkennen, wer wir sind und was wir brauchen; wir wollen gute Leistungen in einem Beruf vollbringen, der uns befriedigt, aber wir bleiben in einem Job, der uns langweilt und in dem wir keinen Gebrauch von unseren Talenten machen können.

Trauern heißt, dir selbst die Wahrheit über das, was du verloren hast, einzugestehen. Das Unsagbare auszusprechen. Niemanden vor dem komplexen Wesen zu beschützen, das du bist. Wenn du dein Leben lang ein ›netter Mensch‹ warst, dich um andere gekümmert und nie einen Wirbel um dich gemacht hast, kann es beängstigend sein, die Wahrheit zu sagen. Die meisten von uns lügen, täuschen etwas vor oder verbergen etwas, weil wir schon sehr früh gelernt haben, daß andere Menschen auf Distanz gehen, wenn wir uns selbst offenbaren, wohingegen durch Vortäuschen und Verbergen die Illusion von Nähe und Intimität gefördert wird.

Niemand wollte hören, was Sidney über seine Jahre im Konzentrationslager zu sagen hatte. Sie wollten das Entsetzen nicht fühlen: den Hunger, nichts zu essen außer einer Handvoll dreckiger Kartoffelschalen, und zusehen müssen, wie sein bester Freund in den Kopf geschossen wird. Sie wollten sich nicht so weit vorwagen. Sie wußten nicht, was sie finden würden, wenn sie es täten.

Im Alter von dreißig, vierzig oder fünfzig Jahren will sich niemand je wieder derartig verletzlich fühlen. Wie Sidney sperren wir unsere Vergangenheit in einen Raum, verschließen die Tür und erzählen uns selbst, daß vorbei vorbei ist. Wie Sidneys Frau haben wir Angst um unser Leben, wenn wir unsere Geschichte jetzt erzählen, nach so vielen Jahren.

Vor kurzem sagte ein Mann in einem Workshop: »Ich esse aus demselben Grund, aus dem ein Freund von mir, ein Alkoholiker, trinkt.«

»Warum trinkt er?« fragte ich.

»Wegen dem Schmerz.«

»Was würde geschehen, wenn Sie es zuließen, diesen Schmerz zu fühlen?«

»Nun, wie dieser Freund sagt: ›Die Frage ist nicht, ob ich das hier trinken soll oder nicht; die Frage ist, ob ich von dieser *Brücke* springe oder nicht.‹«

Die Menschen kommen zu meinen Workshops, um zu lernen, wie sie abnehmen und ihre Obsession mit dem Essen loswerden können. Ich sage ihnen, sie sollen essen, wenn sie Hunger haben und aufhören zu essen, wenn ihr Körper genug hat. Man kann Eßstörungen beseitigen, wenn man einige grundlegende Regeln befolgt, wie zum Beispiel das Haus zu füllen mit den Nahrungsmitteln, die man gern hat, auf den Körper zu hören, andere Wege zu lernen, sich selbst etwas Gutes zu tun. Die Beseitigung der Eßstörung ist der leichte Teil, erkläre ich ihnen. Wenn die Obsession wegfällt, bleiben immer noch die Wunden, die die Obsession auslöschen sollte. Wenn die Obsession wegfällt, fühlst du dich wieder so gefangen wie als Kind in einer Familie, in der du dich an niemanden wenden kannst und der einzige Weg, der dir offensteht, der von einer Brücke herunter ist. Eine Obsession gefriert deine Gefühle in der Zeit fest; wenn du den Schmerz des Lebendigseins auf das Dicksein überträgst, ist es, als würde die zerbrechliche Uhr deiner emotionalen Entwicklung auf Beton zersplittern. Wenn du im Alter von fünf Jahren sexuell mißbraucht worden bist, es keinem erzählt und angefangen hast, zwanghaft zu essen, wird der schiere Terror zurückbleiben, den du mit fünf Jahren gefühlt hast, wenn du mit sechsundvierzig Jahren aufhörst, das Essen als Trost zu benutzen. Wenn du nicht etwas mit dem Terror, der Traurigkeit oder dem Zorn anfängst, dem Gefühl des Verlassenseins oder des Verschlungenwerdens, mit den Botschaften über deinen Wert und darüber, ob du es wert bist, geliebt zu werden, die du empfangen und verinnerlicht hast; wenn du diese Gefühle nicht an die Oberfläche bringst, wo du sie dir ansehen kannst, sie umdrehen und entscheiden, wo sie jetzt hingehören, bleiben sie fest in der Erde der Kindheit stecken, in der sie gepflanzt worden sind.

Gefühle gehen nicht einfach weg, weil sie für unsere gegenwärtige Lebenssituation nicht relevant sind. Wie Schatten, die verschwinden, wenn man ihnen gegenübertritt, verschwinden Gefühle, wenn man sie benennt, und nur dann.

Trauern ist ein Prozeß, der durch die Phasen Verdrängung, Schuldzuweisung, Zorn, Verlust, Trostlosigkeit, Erschöpfung[4] und – schließlich – Annahme der Wunden, des Verratenwordenseins, der Tatsache, daß niemand pusten und alles wieder gutmachen kann, hindurchgeht. Das Trauern über die Kindheit ist nicht etwas, was sich gegen deine Eltern richtet; es ist etwas, das du für dich selbst tust, obwohl für manche Menschen die Konfrontation mit den Eltern ein wichtiger Teil des Heilungsprozesses sein kann.

Auch sollte das Trauern nicht damit verwechselt werden, denen zu vergeben, die einen verletzt haben. Viele Menschen wollen sich an der Trauer vorbei in die Vergebung retten, weil Trauer so unbequem ist und Vergebung so süß. Trauern sieht nach Selbstmitleid aus; Vergebung wirkt heilig. Aber es nichts Heiliges daran, deine Gefühle zu verfälschen, und solange du nicht bereit bist, wütend auf den Menschen oder die Menschen zu werden, die dich verletzt haben, so daß du ganz genau weißt, das du die Mißhandlungen nicht verdient hast, wird die Vergebung Heuchelei bleiben. Man kann niemandem vergeben, auf den man nie wütend geworden ist.

Das Trauern um die verlorenen Jahre erfordert Mut, weil es Zeit kostet und wir Schnellebigkeit gewohnt sind. Das Trauern kann nach einer Vollzeitbeschäftigung aussehen, und da wir eine Familie haben, die wir versorgen müssen, eine Arbeit und ein Leben, das nach unserer Gegenwart verlangt, ist es schwer zu glauben, daß wir für so etwas Großes wie Trauer Platz schaffen können. Trauern ist mutig, weil es so aussehen kann, als schwelgten wir im Leiden; da wir in einer Kultur leben, in der Erfolg und Leistung der höchste Stellenwert beigemessen wird, glauben wir, daß wir wichtigeres zu tun haben, als um etwas zu weinen, das vor dreißig Jahren geschah. Trauern ist mutig, weil es scheint, daß es nie enden wird, wenn wir mittendrin stecken. Und vor allem erfordert das Trauern Mut, weil wir keine Vorstellung davon haben, was danach kommen wird.

Der Sinn des Trauerns ist nicht einfach das Heilwerden. Es dient nicht lediglich dazu, den Schmerz zu verstehen, ihn zu vergeben oder anzunehmen. Das Heilwerden ist der Schritt zwischen der Trauer und dem Wachsen. Der Sinn der Heilung ist, ganz zu werden, und der Sinn des Ganzwerdens ist, sich auf eine Vision des Lebens zuzubewegen, in dem du vollständig lebendig bist, verbunden mit dem, was dich erhält, und fähig, Liebe zu geben und zu empfangen. Die Heilung von den Wunden der Vergangenheit ist der erste Schritt. In der Gegenwart zu leben, ist der nächste. Eine Zukunft zu schaffen, in der es noch saubere Luft und sauberes Wasser, Bäume und Vögel, Schimpansen und Delphine, Elefanten und Wale, Regenwälder und Wolken gibt, der dritte.

Als ich aufhörte, Diät zu halten und begann, den Bedürfnissen meines Körpers entsprechend zu leben, glaubte keiner, daß ich wirklich die Unverfrorenheit hatte, das zu tun. In den letzten Jahren, nachdem ich mir vorgenommen hatte, die Wahrheit über meine Kindheit zu sagen, beobachte ich, wie Freunde, sogar gute Freunde, zusammenzucken und darauf warten, daß ich aufhöre, wenn im Verlauf der Unterhaltung etwas die Erinnerung an eine alte Verletzung auslöst und ich davon erzähle.

Sogar Mark hat es nicht leicht. Vor ein paar Tagen fragte ich ihn beim Abendessen nach seiner Bar Mizwa. Er erzählte mir, er wäre nicht wie alle seine Freunde in die hebräische Schule gegangen, sondern in die Arbeiterkreisschule, um Yiddisch zu lernen. Während alle seine Freunde ihre Bar Mizwa am Samstag feierten, fand seine am Donnerstag statt, damit seine orthodoxen Großeltern, die am Sabbat nicht reisen durften, daran teilnehmen konnten.

»Bist du dir nicht komisch vorgekommen, weil du anders warst als all deine Freunde?«

»Nein, nicht besonders,« sagte er. »Es wäre Blödsinn gewesen, an einem Tag Bar Mizwa zu feiern, an dem meine Großeltern nicht kommen konnten.«

»Aber so denkt ein Erwachsener,« erwiderte ich, »und nicht ein Dreizehnjähriger, der nicht sonderlich rational ist.«

Seine Augen flammten auf und er holte tief Luft. Ich wartete.

»Weißt du was, Geneen. Nicht alle Leute halten ein Gespräch über verdrängte Kindheitsgefühle für geistreiche Unterhaltung bei Tisch. Ist dir je der Gedanke gekommen, daß diese Faszination mit der dunklen Seite des Lebens nicht besonders gesund ist?«

Fasziniert von der dunklen Seite des Lebens? Bin ich wirklich fasziniert von der Dunkelheit? Ich habe eine Vision meiner selbst, wie ich im Schmerz wate, Teile davon kleben an meinem Haar, bilden ein Gespinst an Fingern und Zehen. In einem Workshop hat mir einmal eine Frau erzählt, daß ihr Mann ihr vorwerfen würde, sie bräche beim Müllrausbringen in Tränen aus, weil sie den Müll nie wiedersehen würde. Sieht Mark mich so?

Mark wartet auf eine Antwort. »Wenn ich fasziniert bin von der dunklen Seite, wie du es nennst, dann weil sie so große Macht in meinem Leben hatte. Das, was mir nicht bewußt war und was ich nicht gefühlt habe, hat einen Großteil meiner Empfindungen über mich selbst, meiner Arbeit und meiner Beziehungen zu anderen Menschen bestimmt. Je mehr ich die dunkle Seite ins Bewußtsein hole, desto weniger Macht hat sie über mich. Ich wühle nicht gern im Schmerz, aber ich bin bereit, es zu tun, weil das die einzige Art ist, die ich kenne, ganz zu werden. Und wer weiß, was geschehen würde, wenn ich ganz wäre? Vielleicht würde ich zu einem Menschen werden, der seinen Kindern Schuhe macht.«

Meine Mutter hat sich nie gestattet, sich das Leid, das sie als Kind gefühlt hat, einzugestehen. Mein Vater ist sich nicht einmal bewußt, daß er gelitten hat. Anstatt den Schmerz auszudrücken, gaben sie ihn weiter.

Als ich das zweite Kapitel dieses Buches fertig hatte, las ich es Mark vor. Er war sichtlich bewegt. Dann meinte er: »Aber was wird deine Mutter dazu sagen? Und was ist mit deinem Vater?« Ja, was war mit ihnen? Die ganze Zeit erzählte ich mir, ich könnte die Teile, in denen meine Eltern vorkamen, später, wenn die erste Fassung fertig war, umschreiben; ich könnte die Namen ändern. Niemand würde es je herausfinden. Ich wollte meine Eltern schützen; sie führen jetzt ein anderes Leben. Ich wollte mich selbst schützen; ich hatte Angst, meine Eltern würden nie wieder mit mir reden, wenn sie dieses Buch gelesen hatten.

Nachdem ich meiner Mutter und Daniel die Druckfahnen für *Essen als Ersatz* zugeschickt hatte, rief Daniel an und sagte: »Du kannst den Teil über deine Mutter nicht bringen, Geneen, das wäre nicht fair. Es ist so lange her; wir haben jetzt Freunde, die über diese Zeit ihres Lebens überhaupt nichts wissen. Du wirst das alles wieder hochbringen. Es ist nicht fair. Das ist meine Frau, über die du da redest.«

»Daniel«, erwiderte ich ruhig, »es ist meine Mutter, über die ich schreibe. Und es tut mir leid, wenn dadurch alles wieder hochkommt, aber ich schreibe darüber, weil ich nie darüber hinweggekommen bin.«

Ich will meine Eltern nicht verletzen. Ich will mit ihnen – und mir selbst – in der Fülle der Gegenwart beisammensein. Ich möchte das Leiden loslassen, es nicht für den Rest meines Lebens wie ein Banner vor mir hertragen. Aber der einzige Weg, den ich kenne, auf dem das erreicht werden kann, ist, mir die Gefühle einzugestehen und um sie zu trauern, die ich beim erstenmal weggeschlossen habe. Mir scheint, daß das Leiden zu einem Banner wird, wenn man sein Leben in Reaktion darauf zubringt, anstatt es sich einzugestehen und es loszulassen.

Wenn ich meine Geschichte so umschreiben würde, daß sie jemand anderem gehörte, würde auch die Heilung einem anderen gehören. Wenn ich so tun würde, als wäre das, was mir angetan wurde, nicht wirklich mir angetan, würde ich mich in meiner unterschwelligen Überzeugung bestärken, daß geliebtwerden heißt, sich zu verstecken. Ich würde meine Scham darüber, in meiner Familie aufgewachsen zu sein, endlos fortsetzen. Und ich würde diese Scham unwissentlich an meine Kinder weitergeben und sie an ihre Kinder.

Wo soll das enden?

Bei mir. Bei dir.

Wenn wir beschließen, daß es jetzt an der Zeit ist.

7 Opfer sein, Macht haben

Ich nippe an einem Glas Orangensaft. Meine Mutter und Daniel essen Hafergrütze, Mark trinkt Zitronentee. Wir sitzen im Frühstückszimmer des Claremont Hotels in Berkeley; wir haben den Sonntag nach Thanksgiving, und wir treffen meine Mutter und Daniel ein letztes Mal vor ihrer Abreise nach New York.

»Geneen«, sagt Daniel plötzlich, »laß uns etwas spazierengehen. Ich möchte mit dir reden.«

Mein Magen verkrampft sich, mein Herz hämmert. Ich will nicht. Ich weiß, worüber er mit mir reden will: Er wird mir sagen, daß ich in diesem meinem neuen Buch nicht über meine Kindheit schreiben soll. Ich fühle mich wie ein kleines Mädchen, das von der Gesellschaft weggezerrt wird, weil es unartig gewesen ist. Kurz ziehe ich in Erwägung, ihm zu sagen, wenn er mit mir reden wolle, könne er das hier am Tisch in Gegenwart der anderen tun. Weil ich nicht den Mut dazu habe, erwidere ich: »Gut, laß uns gehen.«

Wir gehen am Büffet vorbei, das mit Früchten beladen ist: Wassermelonen, Papayas, Bananen. Daniel legt mir den Arm um die Schultern. »Geneen,« sagt er, »Ruth hat mir erzählt, daß du über deine Kindheit schreiben willst und –«

Ich zucke vor seiner Berührung zurück.

»– und ich muß dir sagen, ich bin sehr beunruhigt deswegen. Du hast schon einmal über deine Mutter geschrieben – warum mußt du es jetzt wieder tun? Ist dir nicht bewußt, wie sehr sie darunter leiden wird? Denkst du immer nur an dich selbst?«

Ich will ihn anschreien, zum Tisch zurücklaufen. Ich habe meine Mutter meine ganze Kindheit hindurch beschützt; jetzt will er, daß ich sie wieder beschütze. Nein. Ich werde es nicht tun. Nein nein nein.

Ich versuche zu sprechen, aber meine Stimme gehorcht mir nicht.

Daniel fährt fort: »Wenn du unbedingt darüber schreiben mußt, gut, aber dann verbrenn, was du geschrieben hast. Warum mußt du deine Mutter beschämen?«

Ich befehle mir selbst, meine Stimme wiederzufinden. Jetzt.

»Ich schreibe nicht, um sie zu beschämen, Daniel. Ich schreibe, weil ich mich selbst heilen und mit meinem Leben weitermachen will, und weil ich andere Menschen wissen lassen möchte, daß sie dasselbe tun können.«

»Ich kann verstehen, daß du ein Problem hast, also löse es, aber schreib nicht über deine Mutter. Es könnte etwas Schreckliches mit ihr passieren, wenn du es tust.«

»Zum Beispiel?«

»Sie könnte einen Nervenzusammenbruch bekommen. Du wirst dich fragen müssen, ob du noch ruhig schlafen kannst, wenn du weißt, daß dein Buch die Ursache dafür war.«

Wir sitzen in der Lobby des Hotels in übergroßen Lehnsesseln, die mit rosa Stoff mit einem Immergrünblütenmuster bezogen sind. Wieder und wieder ziehe ich eine der Blüten mit dem Zeigefinger nach. Ich bin wütend, verwirrt, verängstigt. Meiner Ansicht nach überreagiert er, aber was er sagt, scheint so wirklichkeitsfremd zu sein, daß ich mich frage, ob es vielleicht wahr sein könnte. Ein Nervenzusammenbruch.

»Daniel, ich verstehe, daß das, was ich tue, starke Gefühle in dir auslöst. Das habe ich erwartet. Ich mache es nicht, um dir wehzutun, aber ich werde es nicht sein lassen, um dich glücklich zu machen. Laß uns zum Tisch zurückgehen.«

»Gut, Geneen. Ich wollte dir nur sagen, was mir auf der Seele lag. Sonst hätte nicht mehr in den Spiegel sehen können.«

Ich nicke und gehe langsam zum Speisesaal zurück. Am Empfangschef vorbei, der uns die letzten zehn Minuten angestarrt hat, an den Fruchtscheiben vorbei, den klebrigen süßen Brötchen, den Doughnuts.

Ich kann Mark und meine Mutter an anderen Ende des Speisesaals sehen. Sie sind in ein Gespräch vertieft. Mark nickt mit dem Kopf – winzige, unbewußte Bewegungen. Seine Augen sind weit geöffnet, ohne zu blinzeln, sein Gesicht ist lebendig vor Aufmerksamkeit. Ich kenne diesen Gesichtsausdruck: Jeder Muskel seines Körpers wirkt, als wäre er ausschließlich geschaffen worden, um meiner Mutter in diesem Gespräch zuzuhören.

Als ich den Tisch erreiche, berühre ich seine Schulter. Mark sieht zu mir auf. »Hallo. Ich bin froh, daß du wieder da bist.« Ich möchte in seine Augen klettern, in sicheren Gewässern schlafen. Er streckt den Arm nach mir aus, um mich in den Kreis einzubeziehen. Daniel stellt sich hinter meine Mutter. Ich bin still. Meine Mutter sieht mich an und sagt: »Du bist ja ganz verstört.«

Meine Stimme klingt erstickt vor Tränen. »Ja. Das bin ich.« Ich wende mich an Daniel. »Du hättest das alles vor Mark und Mama sagen können. Warum sollten sie nicht hören, was du zu sagen hattest?«

Meine Mutter beginnt ebenfalls zu weinen, Tränen laufen ihr übers Gesicht. Verschmieren ihre Wimperntusche.

»Ich hatte Angst, daß es Ruth zu sehr mitnehmen würde.«

»Ich habe ihm gesagt, daß ich nicht will, daß er mit dir redet. Ich habe ihm gesagt, daß ich allein damit fertigwerden kann.«

»Daniel denkt, daß du einen Nervenzusammenbruch bekommen wirst, wenn ich veröffentliche, was ich geschrieben habe.«

»Einen Nervenzusammenbruch? Daniel, machst du Witze?«

»Ich habe lediglich gesagt, daß ich nicht weiß, was passieren wird, wenn sie dieses Buch veröffentlicht.« Daniel sieht mich an. »In meiner Welt, Geneen, kommt die Familie an erster Stelle. Ehre deine Familie. In den zehn Geboten heißt es: Ehre deine Mutter und deinen Vater, und daran glaube ich. Ich lebe danach. Die Familie ist heilig. Man tut nichts, was Mitglieder der Familie verletzen würde, *ganz gleich was geschieht.*«

Er spricht wie jemand, der glaubt, daß Eltern immer recht haben und Kinder immer unrecht. Ist er verrückt? Bin ich es? Mark nimmt meine Hand und drückt sie sanft. Er küßt mich auf die Wange. Er sieht Daniel an und sagt: »Sie *ehrt* ihre Mutter, Daniel. Das ist genau das, was Geneen tut, aber sie ehrt ihre Mutter auf die beste Weise, die sie kennt: Indem sie die Wahrheit sagt. Ihre Absicht ist nicht, Ruth zu verletzen, sondern ihre Beziehung zueinander zu klären, damit sie miteinander in der Gegenwart leben können, anstatt pausenlos auf die Vergangenheit zu reagieren.«

»Aber warum muß sie darüber schreiben?«

Mark erwidert: »Hast du je die Briefe gelesen, die sie von Menschen bekommt, die ihre Bücher gelesen haben? Die meisten schreiben, daß Geneen die einzige ist, die versteht, was sie durchgemacht haben, weil sie bereit ist, über Gefühle zu schreiben, derer sich die meisten Leute schämen. Es geht hier nicht darum, jemandem weh zu tun, Daniel – es geht darum, vielen Menschen zu helfen.«

Meine Mutter, die aufmerksam zugehört hat, sieht auf die Uhr. »Es tut mir schrecklich leid, daß wir einfach so gehen müssen, aber wir werden unser Flugzeug verpassen, wenn wir noch länger bleiben. Wir müssen noch unsere Sachen packen.« Sie sieht mich an und sagt: »Bei unserem Gespräch gestern habe ich verstanden, was du meinst. Ich verstehe dein Bedürfnis, darüber zu schreiben, und ich weiß, daß wir klären werden, was zwischen uns steht. Ich weiß, daß wir lernen werden, mit unseren Gefühlen füreinander umzugehen und daß wir zu einem guten Verhältnis zueinander finden werden. Ich habe Vertrauen zu dir und zu mir. Ich liebe dich, Herzchen.«

»Ich liebe dich auch, Mama.«

Wir vier stehen uns gegenüber. Ich halte meine Augen auf eine Stelle oberhalb von Daniels Kopf gerichtet. »Es tut mir leid, wenn ich dich verletzt habe, Geneen, aber es war besser, es dir geradeheraus zu sagen, als mich in den nächsten beiden Jahren selbst in den Hintern zu treten, weil ich den Mund gehalten habe.«

»Ja-aa,« entgegne ich. »Tschüß, Mama. Ich ruf dich an.«
»Paß auf mein Baby auf«, sagt sie zu Mark, als die Türen des
Fahrstuhls sich schließen.

Als ich sieben Jahre alt war und den Sommer im Ferienlager
in Baracke 6 verbrachte, war ich bei den Junioren der Cham-
pion im Murmelspiel. Mit einer Spaulding-Kugel und meinen
marineblauen Murmeln konnte ich jeden schlagen, sogar Susi
Kleiner. An einem regnerischen Julitag forderte Lydia Fadish
mich zu einem Spiel heraus; ich akzeptierte. Das Spiel fing
harmlos genug an, aber als wir zum »Fliegenden Holländer«
kamen, ließ Lydia eine Murmel fallen, und ich sagte, ich wäre
dran. Sie erwiderte, sie hätte die Murmel nicht mit Absicht
fallen lassen, und ich wäre nicht dran. Ich sagte doch, das wäre
ich, und dann stand sie auf. Ich stellte mich ihr entgegen.
Lydia hatte Tausende von Sommersprossen, drahtiges Haar
und Augen mit orangefarbenen Flecken. Sie hatte einen Bruder, der Randy hieß, und eine Mutter, die am Besuchstag mit
neongelben Stretchhosen und Plastikbananen-Ohrringen erschienen war. Lydias Spitzname war »Rettich«, meiner »Genie
Bikini«. Ich stand da und sah sie an, beobachtete, wie ihre
Lippen sich zusammenzogen und ihr Mund weiß wurde; als
ihre Augen sich verengten, fand ich, daß sie monströs aussah.
Im nächsten Moment schwang sie den rechten Arm nach hinten und schlug mir dann mit voller Wucht ins Gesicht. Ich war
wie betäubt. Ich legte beide Hände auf den brennenden Fleck
in meinem Gesicht und starrte sie an.
Baracke 6 umringte uns und wartete darauf, was als nächstes
passieren würde. »Hau sie zurück«, zischte Melanie. »Los,
gib's ihr.« »Tret sie in den Hintern,« feuerte Bettina mich an.
Sie warteten. Und warteten. Nach ein, zwei Minuten, die Hände immer noch an mein Gesicht gepreßt, ging ich zu meinem
Bett, legte mich hin und deckte mich mit meiner kakhigrünen
Decke zu. Ich wandte mein Gesicht von Lydia und Helene und

Melanie ab. Zwanzig Minuten später, als ich sicher war, daß niemand hinsah, nahm ich eine Packung roter Lakritzen aus meinem Schrank, ging durch die Hintertür hinaus und setzte mich unters Badezimmerfenster, aß und weinte. Danach sagte ich zu mir, ich wäre eine fette Schlampe und es sei kein Wunder, daß Lydia mich geschlagen hätte. Aber vor dem Einschlafen spielte ich die Szene wieder und wieder durch. Diesmal schlug ich zurück. Diesmal saß ich auf ihrem Gesicht und brüllte pausenlos: Ratte, Ratte, Ratte.

Als ich acht Jahre alt war und wir in dem schwarz-weißen Haus an der Achtzigsten Straße wohnten, verprügelte meine Mutter mich einmal mit einem Stock. Wir standen auf der Treppe; sie war wütend und schrie mich an. Es klang genauso wie bei Marian Smokman von nebenan, deren Gebrüll wir beim Fernsehen durch die Wand hören konnten. Marian war einsfünfzig groß, und ihr Bauch wölbte sich unter ihrer täglichen Uniform aus Haushosen und Blusen mit Dschungeldruckmuster hervor. Sie trug ihren purpurroten Lippenstift immer über die Lippen hinaus auf, über ihren dunklen Schnurrbart hinweg, fast bis zur Nase. Marians Mann Norman hatte eine Fahnenstange im Vordergarten aufgestellt, und jeden Tag vor der Schule hißte Marian in ihrem schmuddeligen Hauskleid die Flagge, sogar wenn es schneite. Als John Kennedy starb, stand die Fahne sechs Monate auf Halbmast. Jedesmal, wenn wir hörten, wie sie Joe, Bobbi oder Judy anschrie, sagte meine Mutter: »Arme Kinder«, und ich stellte mir vor, wie diese Lippen immer größer wurden, während Töne so groß wie Omnibusse aus ihm herausgeschleudert wurden.
Meine Mutter war wütend auf mich, weil ich allein den Boulevard überquert hatte. Ich wich vor ihr zurück, ging langsam rückwärts die Treppe hinauf. Sie hielt einen langen Stock in der Hand. Ich beobachtete den Stock, ihr Gesicht, den Stock. Als ich die oberste Stufe erreicht hatte, holte sie aus und prü-

gelte mit dem Stock auf mich ein. Einmal, zweimal. Dreimal. Ich weinte, flehte sie an, aufzuhören. Später schlich ich mich auf Zehenspitzen ins Wohnzimmer, wo sie mit hochgezogenen Beinen in dem schwarz-weißen Sessel saß und Kreuzworträtsel löste, eine orange-pinkfarbene Mohairdecke auf den Knien. Sie blickte auf, als sie mich sah. Mama, flüsterte ich und kniete nieder – ihr Mund war zu einer dünnen Linie verzogen, ihre Augen waren auf meinen Mund fixiert –, du kannst mich jederzeit schlagen, wenn du willst, aber bitte, bitte nicht wieder mit einem Stock.

Ich machte mich selber ganz krank. Ich haßte mich dafür, daß ich sie anflehte, daß ich ihr sagte, sie könne mich gern schlagen. Später, in meinem Zimmer, beschloß ich, mich nie wieder derartig zu erniedrigen.

In den nächsten zwanzig Jahren habe ich nicht mehr vor meiner Mutter geweint. Ich wollte ihr nicht die Befriedigung geben zu wissen, daß sie mir wehgetan hatte. Wenn ich meine Gefühle einmauern konnte, nicht zurückzuckte, wenn sie mich anfaßte, nicht mit ihr sprach, wenn sie mich anschrie, würde ich einen Rest Würde behalten können. Ich würde nie wieder betteln. Laß sie mich mit einem Stock schlagen. Ich würde nicht mit ihr sprechen, ich würde nicht mit der Wimper zucken. Ich würde niemanden lieben, der mich nicht liebte.

Jedesmal, wenn ich fühlte, daß sich im Haus ein Sturm zusammenbraute, zog ich mich aus den Teilen meines Körpers zurück, die ich im Moment ausfüllte – meinen Händen und Beinen, meinem Gesicht, meinen Armen –, und machte mich klein genug, um in einen Winkel meiner Brust zu passen. Wenn der Ausbruch kam, stand ich sehr still und wartete, bis sie fertig war. Wenn sie mir befahl, auf mein Zimmer zu gehen und erst wieder herauszukommen, wenn ich bereit sei, mich zu entschuldigen, ging ich schnell weg. Sobald ich in meinem Zimmer war, weinte ich. Oft aß ich Kekse und weinte oder aß Schokolade und weinte. Essen und Tränen. Tränen und Essen. Allein in meinem Zimmer, wo mich keiner sehen konnte, vergoß ich all meine Tränen und aß den größten Teil meines

Essens. Später unterhielt ich mich, ging herum, machte Hausaufgaben, sah fern – aber der Teil von mir, auf den es eigentlich ankam, war nicht da, und meine Mutter konnte mich nicht anrühren.

Als ich fünfunddreißig war, in dem Haus in der Audrey Street lebte und Mark kennenlernte, zog ich mich in eine Ecke meiner selbst zurück, verbarrikadierte mich hinter meinem Gesicht, sah, aber hörte auf, etwas wahrzunehmen, sprach mit flacher Stimme, während meine Arme schlaff herabhingen, wenn wir uns wegen irgend etwas stritten. Zuerst bat er mich, mich nicht in mich selbst zurückzuziehen. Ich sagte nichts. Dann bat er mich mit lauterer Stimme, mich nicht so völlig zurückzuziehen. Aber zu dem Zeitpunkt hatte ich mich schon so weit entfernt, daß seine Stimme für mich klang, als spräche er durch Wasser. Einmal hielt er mitten auf der Straße an, und ich öffnete die Wagentür und stieg aus. Ein Auto stoppte mit kreischenden Bremsen, ich ging weiter. Ich sah nicht zurück. Ich kannte ihn nicht mehr.

Wieder und wieder zog ich mich bei einem Streit in eine Ecke zurück, die er nicht sehen, nicht erreichen konnte. Eines Abends machte ihn mein Schweigen so wütend, daß er anfing, auf das Lenkrad einzuschlagen; ich sah starr geradeaus, las das Schild an Larrys und Edys Imbißbude: Hamburger und Fischstäbchen: $ 6.95,–. Ich fragte mich, wie Edy wohl aussehen mochte und wie lange die beiden schon verheiratet waren. Mark begann zu brüllen: Ich kann es nicht *ertragen*, wenn du das tust. Ich sagte nichts. Aber ich dachte: Er ist genau wie meine Mutter. Wieso bin ich an jemanden geraten, der genauso ist wie meine Mutter? Ich kann ihn nicht leiden. Er macht mir Angst, wenn er mich so anbrüllt. Nächstens wird er noch versuchen, mich zu schlagen; ich werde ihn umbringen, wenn er mich anrührt. Ich will nicht mein Leben mit ihm verbringen, er ist verrückt. Sobald wir zu Hause sind, sage ich ihm, daß er weggehen soll.

Jemand, der mich anschrie, konnte mich nicht lieben, und ich war nicht gewillt, jemanden zu lieben, der mich nicht liebte.

Meine Mutter brachte meinen Bruder und mich dazu, zu glauben, daß ihr Schmerz unsere Schuld war. Wir glaubten ihr. Die Art, wie sie ihre Verzweiflung in die Mißhandlung ihrer Kinder umsetzte, die Tatsache, daß sie ihren Kindern ihren Schmerz hinwarf wie Abfall, war ihre Schuld. Sie hätte es besser wissen müssen.

Aber wenn ich immer noch in eine Tüte roter Lakritzen weine, wenn ich mich immer noch in einer schweigenden Ecke selbst erdrücke, wenn ich mitten auf der Straße aus dem Auto steige, wenn Mark mich verläßt, weil ich mich weigere, mit ihm zu reden, ist das nicht ihre Schuld. Ich müßte es besser wissen. Und wenn ich es nicht besser weiß, sollte ich einen Weg finden, es zu lernen.

Irgendwann in meinem Leben muß ich aufhören zu leiden, weil ich mißhandelt und verlassen worden bin. Irgendwann muß ich mich weiterentwickeln, von dem Kind einer tablettensüchtigen und alkoholabhängigen Mutter zu einer Frau werden, die mit der Quelle ihrer eigenen Vitalität in Verbindung steht und die Verantwortung dafür trägt, ob sie ihren Schmerz ignorieren oder ihn ausdrücken will.

Ein Opfer hat keine Wahl, ist abhängig davon, daß die Menschen in seiner Umgebung es beschützen. Das Wohlergehen eines Opfers oder sein Mangel daran wird bestimmt von der Liebe oder dem Mangel an Liebe, den es von den Menschen seiner Umgebung erfährt. Ein Opfer sucht außerhalb seiner selbst nach dem Schlüssel seiner Gefühle, seiner nächsten Schritte, nicht in sich. Kinder sind Opfer. Wenn ein Kind verletzt, mißhandelt oder mißbraucht wird, kann es nicht mehr tun, als einen Weg durch die Verwundungen, die Mißhandlungen oder den Mißbrauch hindurch zu finden – und trotzdem zu überleben.

Wir waren nicht verantwortlich für den Alkohol, die Unberechenbarkeit, die Unehrlichkeit. Wir waren nicht verantwortlich, wenn wir aufwuchsen wie eine Pflanze in einem dunklen Raum, die sich nach einem Lichtstrahl krümmt. Wir wußten es nicht besser. Aber unseren Eltern ging es ebenso. Auch sie sind von Eltern aufgezogen worden, die dachten, daß Kinder immer unrecht haben und Eltern immer recht, daß Kinder gesehen, aber nicht gehört werden sollten. Viele von ihnen wuchsen in der Hoffnung auf, daß ihnen jemand einen Brokken Würde hinwirft. Unsere Väter wurden von Onkeln, Soldaten und Lehrern sexuell mißbraucht; unsere Mütter lernten, ihrem Körper zu mißtrauen, Kinder zu bekommen und sich selbst an die letzte Stelle zu setzen. Kindesmißhandlungen nahmen überhand, aber niemand sprach darüber. Alkoholismus war weit verbreitet, wurde aber toleriert, als männlich hochgeschätzt oder für amüsant gehalten. Wenn ein Mann eine Frau schlug, zeigte er ihr, wo ihr Platz war, sie hatte es verdient. Auch unsere Eltern waren Opfer. Ihre Eltern genauso. Wir alle sind das Baby von jemandem.

Wir tragen keine Schuld daran, was mit uns geschah, als wir Kinder waren, aber wir sind verantwortlich dafür, wie wir als Erwachsene mit unserem Schmerz umgehen. Irgendwann müssen wir aufhören, jemandes vernachlässigtes kleines Kind zu sein.

Wenn eine eßgestörte Frau erfährt, daß sie, anstatt Diät zu leben, essen kann, was sie will, ist ihre erste Reaktion gewöhnlich, sich so zu freuen wie die Zwerge, als sie hörten, daß die böse Hexe tot war. Erleichterung. Freiheit. Wilde Freude. Eine Diät oder ein Ernährungsplan hat Ähnlichkeit mit tyrannischen, autoritären ELtern, die einem sagen, was man tun soll und wann man es tun soll. Diäten erhalten das Kind in jedem von uns am Leben, das mit Mißtrauen behandelt und dessen Handlungsspielraum eingeschränkt wurde. Durch eine Diät wird unsere Aufmerksamkeit weiterhin auf etwas außerhalb unserer selbst konzentriert – darauf, was wir essen dürfen, wann wir es essen dürfen und wieviel davon bei einer Mahlzeit. Eine Diät schreibt unsere Abhängigkeit von einer Quelle außerhalb unserer selbst – der Diät – für unser Wohlergehen und unser Selbstwertgefühl fest.

Wenn wir brav sind und uns an die Diät halten, loben wir uns, wie unsere Eltern uns gelobt haben, wenn wir nach rechts und links sahen, bevor wir die Straße überquerten. Wenn wir unartig sind und uns nicht an die Diätvorschriften halten, schimpfen wir mit uns, wie unsere Eltern mit uns schimpften, wenn wir unserer Schwester die Puppe wegnahmen. Eine Diät schränkt unseren Handlungsspielraum ein und schreibt unsere Abhängigkeit fest. Viele Menschen fühlen sich wohl mit einer Diät, weil ihre Gefühle beim Einhalten und Nicht-Einhalten der Diät dieselben sind, die sie ihr ganzes Leben hindurch sich selbst gegenüber empfunden haben.

Ein Kind, das mißhandelt oder mißbraucht worden ist, glaubt, daß es seine Schuld ist; eine Frau, die einen Freßanfall bekommt, ist überzeugt, daß es ihr an Selbstkontrolle fehlt. Anstatt seinen Zorn auf den Mißhandler zu richten, wird das Kind wütend auf sich selbst. Anstatt sich zu weigern, je wieder eine Diät zu machen, bestraft sich die zwanghafte Esserin für ihren Freßanfall und fängt eine neue Diät an.

Die Diät sorgt dafür, daß der Zorn und die Demütigung für immer und ewig auf einen selbst gerichtet bleibt. Diäten und Ernährungspläne ermöglichen es Erwachsenen, Kinder zu bleiben, Opfer eines repressiven familiären und gesellschaftlichen Systems, die ihr Leben damit zubringen, sich dafür zu bestrafen, daß sie nicht gut genug sind.

Dann kommen sie zu einem meiner Workshops, und ich sage ihnen, daß sie essen können, was sie wollen, wenn sie hungrig sind. Und wenn die ursprüngliche wilde Freude vorbei ist, erzählen sie mir, daß das unmöglich sei. Im Büro gäbe es festgelegte Essenszeiten, wie sollen sie da essen, wenn sie Hunger haben, wie können sie nichts als Schokolade zum Abendbrot essen, oder wie sollen sie Pizza essen, wenn ihre Ehepartner sich cholesterinarm ernähren müssen? Wie sollten sie essen können, was sie wollen, wenn sie schon jetzt viel zu dick sind? Aber das sind nicht die wahren Gründe. Der wahre Grund ist der: Wenn diese Frauen anfangen, beim Essen freundlich mit sich selbst umzugehen, wenn sie sich geben, was sie gerne haben wollen und *sich nicht hinterher dafür bestrafen,* dann hatten ihre Väter und Mütter, ihre Lehrer, ihre Liebhaber unrecht, all die, die ihnen nichts zutrauten, sie mißhandelten oder mißbrauchten, all die, über die sie die Wahrheit nicht sehen wollen. Wenn sie entdecken, daß sie es wert sind, freundlich behandelt zu werden, und daß sie Mitgefühl und die Fülle des Lebens verdienen, beginnen sie eine Reise der Selbstentdeckung, die ihr Leben für immer ändern wird.

Wenn wir das Wissen des Körpers spüren, daß niemand besser weiß als wir selbst, was gut für uns ist, wird der Same für Autonomie und Selbstverantwortlichkeit gepflanzt. Unsere Beziehungen zu Eltern, Liebhabern, Eßkumpanen verändern sich – wo auch immer Verdrängung und Lügen Teil des unsichtbaren Gewebes der Beziehung waren. Sobald wir auch nur den schwächsten Schimmer von Liebe zu uns selbst spüren, wird es zunehmend schwieriger, sich in Beziehungen wohl zu fühlen, in denen es nichts gibt als die Vorspiegelung von Liebe.

Es ist nicht so, als würdest du eines Morgens aufwachen und beschließen, deine Eltern nicht mehr zu besuchen; und es ist nicht so, als würdest du mit deinem Ehepartner zu Abend essen und zwischen zwei Bissen Kartoffelbrei entscheiden, daß ihr euch für ein paar Wochen trennen solltet. Es kommt nicht urplötzlich zu diesen Veränderungen. Und sie führen nicht zwangsläufig zu einer Trennung oder dem Ende einer Beziehung; sie führen dazu, daß du dir selbst die Wahrheit eingestehst und dich dann entscheidest, wie du mit dieser Wahrheit leben willst.

Die Befreiung vom zwanghaften Essen ist ein Prozess, aber es ist ein radikaler Prozess, weil er von einem verlangt, das Opfer-

Sein aufzugeben. Sie gibt dir die Möglichkeit der Wahl und der Selbstverantwortlichkeit. Sie fordert von dir, daß du aufhörst, darauf zu warten, daß jemand kommt und alles zum Guten wendet.

Befreiung vom zwanghaften Essen heißt, sich gegen eine Kultur zu stellen, die uns ermutigt, unseren eigenen Wert nach Äußerlichkeiten zu bestimmen – danach, wie wir aussehen, wieviel wir wiegen, wieviel Geld wir verdienen. Ein Kleidungsfabrikant hat einmal gesagt: »Wir verkaufen Liebe, nicht Kleider. Wenn wir die Käuferinnen überzeugen können, daß unsere Waren ihnen Liebe einbringen werden, haben wir gute Arbeit geleistet.« Diäten sind ein Wirtschaftszweig, der Billionen von Dollars einbringt. Diätzentren und Gewichtsabnahmeprogramme werden reicher und fetter, während sie uns überzeugen, daß wir dünner und dünner werden sollen. Niemand in dieser Industrie will, daß wir uns befreien.

Aber vor allem ist die Befreiung so schwer, weil wir im Augenblick wenigstens *etwas* haben, so wenig es auch sein mag. Veränderungen machen Angst, sogar wenn es Veränderungen sind, die uns befähigen, besser zu leben. Eine Mutter, die einen mißhandelt, ist besser als gar keine Mutter. Eine Beziehung ohne Liebe ist besser als gar keine Beziehung. In einer Fernsehsendung über die erwachsenen Kinder von Alkoholikern sagte eine Frau im Zuschauerraum, daß sie jetzt zumindest eine Beziehung zu ihrer Mutter hätte, auch wenn diese Beziehung nur durch Lügen aufrechterhalten werden könne. Und sie sei nicht bereit, diese Beziehung aufs Spiel zu setzen, indem sie die Wahrheit sagen würde. Die Konfrontation mit den Eltern ist kein unbedingt notwendiger Teil des Heilungsprozesses. Aber wenn diese Frau ihrer Mutter nicht die Wahrheit sagt, weil sie glaubt, ohne die Beziehung zu ihr nicht überleben zu können, lebt sie ihr Leben lang als kindliches Opfer.

Wenn zwanghafte Esser mir erzählen, daß sie sich unmöglich an die Essensrichtlinien halten können, weil ihre Ehepartner Diät leben müssen oder ihre Kinder dreimal in der Woche

Hackbraten haben müssen, wenn sie mehr oder weniger sagen, daß ein anderer die Schuld an ihrem Eßverhalten trägt, erwidere ich, daß es viele Dinge im Leben gibt, über die wir keine Kontrolle haben, daß aber das Essen nicht dazu gehört. Es *ist* jedoch eine vollkommene Widerspiegelung unserer Ansichten über Verantwortlichkeit, Autonomie und Schuld. Wir müssen die Dinge beim Namen nennen. Wir müssen genau sein. Früher, als wir keine Wahl hatten und vollständig abhängig waren von unserer Umgebung, lag die Qualität unseres Lebens außerhalb unserer Kontrolle. Wir müssen den Zorn umdirigieren, ihn auf etwas außerhalb unserer selbst lenken, nicht mit Eiscreme in uns begraben.

Die Befreiung vom zwanghaften Essen durch die Befreiung von Diäten, Regeln, Essensplänen und der damit einhergehenden Selbstbestrafung ermöglicht es uns, in einem sehr wichtigen Bereich unseres Lebens kein Opfer mehr zu sein. Die Fähigkeiten, die du beim Befreien entwickelst, lehren dich, daß dein Körper gut ist und deine Instinkte weise, daß du viele Wahlmöglichkeiten hast und du dich auf dich selbst verlassen kannst in bezug auf die Informationen, die du brauchst, um in Liebe leben zu können.

Es erfordert Mut und Engagement, bereit zu sein, auf diese Reise zu gehen und ausdauernd genug zu sein, sie durchzuhalten. Eßgestörte Menschen müssen aufhören, die Schuld für alles, was in ihrem Leben schief läuft, ihrem Gewicht in die Schuhe zu schieben. Und das ist ziemlich viel verlangt, da viele von uns die Eßstörung gerade entwickelt haben, um uns selbst die Schuld an dem Schmerz in unserem Leben geben zu können. Wenn ich jedesmal, wenn meine Mutter mich schlug, eine Tafel Schokolade aß und mich fett und häßlich fühlte, konnte ich ihre Handlungsweise leicht rechtfertigen: Meine Mutter schlägt mich, weil ich fett und häßlich bin. Meine Mutter ist nicht verrückt; meine Mutter weiß, was sie tut; meine Mutter weiß, was gut für mich ist. Das zwanghafte Essen war meine Art, meine Liebe für meine kluge und schöne Mutter intakt zu halten. Ich konnte nicht ihr die Schuld geben – sie war meine Mutter, ich brauchte sie – und bei einer Interaktion, an der lediglich zwei Menschen beteiligt waren, blieb nur noch eine Person, der ich die Schuld geben konnte: Ich selbst. Daß ich mir selbst die Schuld gab, half mir dabei, ein gedankliches System zu entwickeln, in dem ich verstehen konnte, was geschah. Es gestattete mir, zu glauben, daß ich meine Mutter dazu bringen konnte, mich nicht mehr zu schlagen, da ich ja etwas tat (zuviel aß, egoistisch war), was sie dazu *brachte*, indem ich mein Verhalten änderte (abnahm, freundlicher war).

Das Problem mit den Schuldzuweisungen ist, daß dadurch unsere Aufmerksamkeit anstatt auf uns selbst auf die Person konzentriert wird, mit der wir es tun haben. Je mehr wir uns darauf konzentrieren, was die andere Person tut, getan hat, tun kann, damit es uns besser geht, desto machtloser fühlen wir uns. Rachephantasien haben ihren Platz im Heilungsprozeß: Dem Menschen weh tun zu wollen, der uns verletzt hat, kann ein Zeichen dafür sein, daß wir bereit sind, für uns zu kämpfen und uns zu schützen. Aber zur Heilung und zum Ganzwerden ist es letztendlich notwendig, sich auf sich selbst zu konzentrieren und die Verantwortung für eine Veränderung anzunehmen.

Ich habe so viele Jahre damit zugebracht, nicht wütend zu werden, mich selbst zu verraten und zu lügen – du kannst mich jederzeit schlagen, Mama, nur bitte, nicht mit einem Stock –, so viele Jahre habe ich mich hilflos und vernichtet gefühlt und geglaubt, es wäre alles meine Schuld, daß es eine große Leistung war, wütend zu werden und einem anderen die Schuld zu geben, anstatt mich in eine Ecke meiner selbst zurückzuziehen und zu schweigen. Zornig zu werden ist wichtig für die Heilung. Und genauso wichtig ist es, nach der Entscheidungsmöglichkeit zu handeln, die ich als Erwachsene habe und als Kind nicht hatte: mich selbst zu schützen, klare Grenzen zu setzen bei dem, was ich tolerieren will und was nicht, zu wissen, daß ich nicht in einer Beziehung mit einem Partner bleiben muß, der meine Gefühle nicht respektiert, meinen Zorn und mein Verletztsein auszudrücken – ohne einem anderen die Schuld zu geben.

Vor sechs Jahren wohnte ich allein in einem Haus, das sich durch seinen Charme und sein anheimelndes altmodisches Aussehen auszeichnete; wenn ich meine Schlüssel vergessen hatte, mußte ich das Fenster zum Garten mit einer Nagelfeile aufstemmen. Wenn ich keine Nagelfeile und keinen Kugelschreiber zur Hand hatte, bog ich zwei Nägel zur Seite, die das Badezimmerfenster an seinem Platz hielten, und kletterte hinein. Ich liebte dieses Haus, die sonnendurchflutete Küche, den Blick vom Schlafzimmer, der Küche und dem Badezimmer auf den Garten, auf von Efeu überwachsene Statuen. Wenn man das Haus betrat, konnte man durch eine Glaswand in den Garten sehen: Rittersporn und Pflaumenbäume im Sommer, Büsche, die im Herbst und Winter aussahen wie eine Kette winziger Kürbisse, ein Teppich von Vergißmeinnicht im Frühling und zu jeder Jahreszeit ein Meer von Grün: moosgrün, smaragdgrün, limonengrün. Während ich in diesem Haus lebte, vergewaltigte ein rotblonder Mann Anfang dreißig mit Sommersprossen auf der Nase und den Händen und Lachfältchen um die Augen, die Art Mann, die du ansiehst und sagst: »Oh, was für ein freundliches Gesicht«, neun Frauen in einem Zeitraum von vier Monaten. Zuletzt wurde er am Ende meiner Straße gesehen.

Die erste Vergewaltigung geschah im April. Im Juli versammelten sich die Frauen von Santa Cruz wöchentlich in der Bäckerei des Einkaufszentrums. Die Polizei, die Gruppen »Männer gegen Vergewaltigung« und »Frauen gegen Vergewaltigung«, Mütter, Töchter, Liebhaber, Ehemänner, Freunde, Freundinnen – alle waren verzweifelt bemüht, sich mit der Materie vertraut zu machen und einen Weg zu finden, um diesen Mann zu stoppen. Wir versuchten herauszufinden, was wir als Frauen tun würden, wenn wir um drei Uhr morgens von einem Mann

mit einer Strumpfmaske über dem Gesicht aufgeweckt werden
würden, der sagte: »Nicht bewegen, Fotze, oder du bist totes
Fleisch.«

Ellen sagte, sie würde ihm die Zähne aus dem Mund schlagen,
sein Gesicht mit den Fingernägeln aufreißen. »Ich würde
mein Haus auf den Kopf stellen, wenn es nötig wäre, aber es
würde ihm leid tun, daß er mich je gesehen hat.« Judith meinte, sie würde ihm in die Eier treten, ihn beißen, wo immer sie
konnte, aber eins wußte sie ganz genau: Er würde ihr oder
ihrer Tochter kein Leid zufügen. Niemals.

Ich blieb still während dieser Redefluten. In den letzten vier
Monaten hatte ich nie länger als zwei Stunden hintereinander
geschlafen: Jedesmal, wenn der Fußboden knackte oder der
Kühlschrank ansprang oder eine Katze einen Mülleimer um-
warf, sprang ich aus dem Bett, raste zur Hintertür, öffnete sie
und rannte hinaus. Im Garten wurde mir klar, daß der Vergewaltiger nicht im Haus war und ich wieder reingehen konnte.
Dieses Szenario wiederholte ich jede Nacht zwei-, drei- oder
viermal. Einmal, als ich dachte, ich würde den Vergewaltiger
in meinem Arbeitszimmer hören, griff ich zum Telefon und
wählte den Notruf 911. Ein andermal rief ich Sara um halb
eins an und sagte, daß ich dachte, er sei im Haus. Jede Nacht
wachte ich sechs- oder siebenmal auf. Ich rannte um zwei, drei
und vier Uhr morgens aus dem Haus. Meine Nerven waren
hauchdünn wie Cellophanpapier.

Da erinnerte Cliff mich an einen Selbstverteidigungskurs, von
dem er im Frühjahr gelesen hatte. In diesem Kurs spielt ein
männlicher Trainer in fünfundsechzig Pfund schwerer
Schutzkleidung den Angreifer, attackiert dich und hört nicht
auf, bis du ihm einen »K.-o.-Schlag« versetzt – einen Schlag,
der jeden ohne Schutzkleidung k.o. schlagen würde. Ich erinnerte mich gut an die Beschreibung dieses Trainingspro-
gramms. Als Cliff mir das Bild des wattierten Trainers in der
Zeitung zeigte, begannen meine Knie zu zittern. Sein Helm
war größer als ein Riesenkürbis, in den zwei Löcher für die
Augen geschnitten waren. Er sah aus wie Darth Vader aufge-

blasen mit steinhartem Helium, und ich wollte ihm auf keinen Fall zu nahe kommen. Außerdem, so sagte ich mir damals, erzeugt Gewalt Gegengewalt. Wenn ich anfange, gewalttätige Gedanken zu hegen, werde ich gewalttätige Männer anziehen. Als ich meiner Freundin Lisa von dem Selbstverteidigungkurs erzählte, sagte sie: »Du kannst Gewalt durch Liebe stoppen. Elisabeth Kübler-Ross hielt einmal einen wütenden Elefanten auf, der auf sie zustürmte, indem sie liebevolle Gedanken in seine Richtung sandte.« Sicher, dachte ich, Liebe kann alles wandeln. Nur wenn ich um zwei, drei und vier Uhr morgens aufwachte, war Liebe nicht mein vorherrschendes Gefühl. Das Beängstigendste an meinen imaginären Begegnungen mit dem Vergewaltiger war meine Vorstellung davon, wie ich reagieren würde, wenn er in mein Haus kam:
Drei Uhr morgens: Ich wache auf und höre, wie die Haustür aufgedrückt wird. Ich springe aus dem Bett, und im Dunkeln kann ich einen Mann mit einer Strumpfmaske ausmachen, der auf mich zukommt. Er sagt: »Nicht bewegen«. Und ich tue es nicht. Ich weiche in eine Ecke meiner selbst zurück, ziehe alle Spuren des Interesses aus meinem Körper zurück. Ich liege erstarrt auf dem rotgekachelten Flur, tue nichts, sage nichts, während er an meinem Flannellnachthemd herumfummelt, seinen Penis in mich hineinsteckt, mich vergewaltigt. Entsetzt und verwirrt von dieser Vision, sage ich Ellen, daß ich den Selbstverteidigungskurs »Model Mugging«[6] mit ihr zusammen besuchen werde.
Der erste Abend des Kurses war schrecklich. Und der zweite und der dritte, der vierte. Der fünfte. Jedesmal, wenn der Trainer mich angriff, erstarrte ich oder weinte oder erstarrte und weinte. Schließlich, nach genug Unterstützung von der Trainerin und den Kursteilnehmerinnen, lernte ich, mich zu wehren. Ich beendete den Kurs und schrieb mich im Fortgeschrittenenkurs ein: zwei Angreifer auf eine Frau. Meine Freunde nannten mich eine Masochistin. Mein Chiropraktiker teilte mir mit, daß mein Rücken durch die Seittritte, die Scherentritte und die Das-Knie-in-die-Lenden-Tritte leiden würde. Aber

die Angst verkrustete mich wie Lava, und ich wußte, daß ich die Schicht durchbrechen mußte. In der dritten Kurswoche, als ich von einem Mann festgehalten und (angenommenermaßen) von einem zweiten vergewaltigt wurde, hörte ich auf zu kämpfen. Meine Arme wurden schlaff, meine Beine hörten auf zu treten. Ich gab auf. Zum erstenmal in meinem Leben als Erwachsene erinnerte ich mich daran, wie ich rückwärts die Treppe hinaufgegangen war, ich erinnerte mich an all die Jahre, in denen ich mit hängenden Armen vor meiner Mutter stand und wußte, daß die Schläge schlimmer werden würden, wenn ich mich wehrte.

Der silberne Zopf der Trainerin berührt meine Wange. Aus den Augenwinkeln sehe ich die Spitzen ihrer roten Schuhe. »Sieh mich an«, sagt sie, »hör mir zu. Du mußt kämpfen, Geneen. Sie tun dir weh.«

»Es ist mir egal, was sie tun. Ich kann mich nicht wehren. Es ist mir gleich, was sie mir antun. Es ist zu schwer. Sie sind zu stark.«

Ich fange an zu weinen, laute, rasselnde Schluchzer. Einer der Männer knebelt mich mit einem roten Schal, der andere bindet mir die Hände hinter dem Rücken fest.

Danielle, die Trainerin, sagt: »Ich weiß nicht, wer dich so schwer verletzt hat, Geneen, aber wer immer es war, er hat Unrecht getan. Niemandem ist es erlaubt, einem anderen Gewalt anzutun. Niemals. Es war nicht deine Schuld. Jetzt steh auf und halte sie davon ab, dir noch mehr wehzutun.«

Ich bewege mich noch immer nicht. Ich denke, es wird ja bald vorbei sein. Dann kann ich mich ausruhen. Ich höre, wie die Männer miteinander reden. »Sie wehrt sich nicht, Mario. Wir können mit dieser Fotze machen, was wir wollen.«

Danielle nimmt mein Gesicht in die Hände, so daß ich sie ansehen muß. »Du wartest darauf, daß sie aufhören, Geneen. Du denkst, wenn du lieb genug bist oder schwach genug oder nett genug, werden sie aufhören. Du denkst, du kannst sie dazu bringen, ihre Meinung zu ändern, als ob ihr Verhalten irgend etwas damit zu tun hätte, was für eine Art Mensch du bist.«

»Du mußt aufhören zu warten, Geneen, du darfst nicht darauf warten, daß sie aufhören. *Du* mußt sie dazu *bringen*, aufzuhören.«

Ich höre, wie die anderen Kursteilnehmerinnen mir von den Seiten Instruktionen zuschreien:»Los«, brüllen sie,»tret ihm in die Eier, kratz ihm die Augen aus.«»Los, Geneen«, sagt Danielle,»halt sie auf, *jetzt.*«

Ich springe auf, befreie meine Hände von den Fesseln, bewege mich auf den größeren Mann zu. Er packt meine Schultern. Ich mache mit dem linken Bein einen Schritt auf ihn zu, trete ihm mit dem rechten in die Leiste. Er krümmt sich, ich ramme ihm den Ellbogen gegen den Schädel. Er fällt zu Boden. Der andere Mann umkreist mich, packt mich an der Taille, wirft mich zu Boden. Ich trete ihm in den Brustkorb, er fällt zurück. Ich robbe auf ihn zu, trete ihm gegen den Kopf, er fällt wieder zurück. Ich höre nicht auf zu treten, ziele auf seine Brust seinen Kopf, seine Lenden. Er gibt das »K.-o.-Signal«, und die Pfeife ertönt.

Beim»Model Mugging« habe ich gelernt, daß ich mich, wenn ich effektiv mit jemandem fertigwerden wollte, der mir Gewalt antat, nicht ablenken lassen durfte von dem, was er machte. Sobald ich anfing, mich auf seine Absichten, seine Bewegungen, seine Worte zu konzentrieren, ging meine Kraft verloren. Wenn es mir gelang, trotz der Gegenwart von zwei einsfünfundachtzig großen Gewaltverbrechern in Verbindung mit meinem Körper zu bleiben, mit meiner Entschlossenheit, mich selbst zu verteidigen, meiner Überzeugung, daß niemand das Recht hatte, mir Gewalt zuzufügen, und daß jeder, der das versuchte, die volle Kraft meiner Wut zu spüren bekommen würde, konnte ich meine Angst benutzen, um zu kämpfen wie eine bengalische Tigerin, deren Junges bedroht worden ist.

Im wirklichen Leben ist es Opfern von Vergewaltigungen nicht immer möglich, sich zu wehren, insbesondere wenn Waffen mit im Spiel sind. Die Lehre von»Model Mugging« ist nicht, daß Opfer sexueller Gewalt, die sich nicht wehren, schwach sind oder irgend etwas falsch gemacht haben, sondern daß wir als Erwachsene in jeder Situation die Wahl haben. Die Entscheidung, *nicht* zu kämpfen, kann einem das Leben retten. Aber sie muß als Entscheidung wahrgenommen werden. Opfer hören in dem Moment auf, Opfer zu sein, in dem sie erkennen, daß sie die Macht haben zu wählen.

Und die Lehre von »Model Mugging« ist, daß wir nie freundlich genug, schlank genug oder großzügig genug sein können, nie erfolgreich genug oder attraktiv genug, um die Menschen, die uns mißbrauchen, dazu zu bringen, damit aufzuhören. Wir können niemanden dazu bringen, uns zu lieben. Wir können niemanden ändern. Es ist nicht unsere Aufgabe, diejenigen zu verletzen, die uns verletzt haben, einen selbstzerstörerischen Menschen zu ändern oder jemanden, der uns nicht liebt, davon zu überzeugen, uns zu lieben. Solange wir unser Wohlergehen und unser Selbstwertgefühl von den Menschen um uns herum abhängig machen, sind wir Kinder, die sich an die Zuwendung des Vaters klammern, darauf warten, daß unsere Mutter uns »Liebling« nennt und unsere Lehrer uns sagen, wie intelligent wir seien, darauf warten, daß unsere Klassenkameraden uns in ihre Klubs aufnehmen. Wir warten, wir warten auf genug Freundlichkeit, um die geschlossene Knospe unseres Herzens zu öffnen.

Miriam ist Teilnehmerin in einem meiner Workshops. Sie erzählt der Gruppe, daß sie seit vier Jahren und drei Monaten ißt und sich erbricht.

Ich frage sie, was vor vier Jahren und drei Monaten geschehen ist.

Sie sagt: »Ich wurde von einem Bekannten vergewaltigt.«

»Möchtest du darüber reden?« frage ich sie.

Sie nickt und fängt an. »Es war schrecklich – ich schrie und trat und stieß und biß ihn, aber es hat nichts genützt, er war größer und stärker als ich, und ich gab auf. Danach war ich überall zerschlagen und verletzt, aber ich habe mit niemandem darüber gesprochen. Ich wollte nicht, daß es irgend jemand erfuhr, außer meinem Freund. Er versuchte, sich um mich zu kümmern, aber es ging nicht. Ich konnte es nicht ertragen, wenn er mich anfaßte. Ich war noch Jungfrau, als ich vergewaltigt wurde, und ich wollte nie wieder Sex haben. Mein Freund und ich trennten uns und ich fing an, zu essen und mich zu übergeben. Fünf-, sechsmal am Tag. Ich ging nachts allein durch gefährliche Stadtteile, aß und übergab mich dann in einen Mülleimer. Es war mir egal, was mit mir geschah. Ich dachte, daß die Vergewaltigung meine Schuld war, daß ich es hätte verhindern müssen, daß ich es irgendwie herausgefordert habe, daß ich hätte fähig sein müssen, mich zu wehren. Ich hielt mich für dreckig und abstoßend – für gebrauchte Ware.

Als ich ins Krankenhaus kam, weil ich versucht hatte, mich mit einer Überdosis Schlaftabletten umzubringen, las ich deine Bücher. Mir wurde bewußt, daß ich zwischen Leben und Tod schwebte, und mir wurde klar, daß ich leben wollte. Ich fing eine Therapie bei einem wundervollen Therapeuten an, und manchmal übergebe ich mich sogar wochenlang nicht mehr; es hat lange gedauert, bis ich auch nur andeutungsweise angefangen habe zu glauben, daß das, was geschehen ist, nicht meine Schuld war. Ich fühle mich, als wäre ich tot gewesen, und es ist hart, wieder zurück ins Leben zu finden.«

Sie spricht über ihre Kindheit. Ihr Vater war Alkoholiker. »Vor der Vergewaltigung habe ich mich nie mit meiner Kindheit beschäftigt. Es war, als wäre die Vergewaltigung ein Katalysator gewesen, und plötzlich kam der immense Selbsthaß, mit dem ich mein ganzes Leben lang herumgelaufen war, aus mir herausgeströmt. Ich konnte mich selbst nicht ertragen. Das Essen und Übergeben war das Widerlichste, was ich tun konnte.«

»Du hast etwas geschaffen, für das du dich hassen konntest«, sage ich.

»Ich war so durcheinander. Ich fühlte mich so geschändet. Mein Vater hat mich als Kind sexuell mißbraucht. Ich habe es nie jemandem erzählt, aber ich hatte das Gefühl, als wäre auch das meine Schuld. Vor der Vergewaltigung habe ich nie darüber gesprochen. Ich konnte mich nicht einmal daran erinnern.«

Es war nicht ihre Schuld. Punkt. Aber es *liegt* in ihrer Hand und nicht in der des Vergewaltigers, ob und in welchem Maße sie den Schmerz über das Verhalten ihres Vaters und die Vergewaltigung heilt oder sich langsam deswegen selbst umbringt.

Wenn wir körperlich oder seelisch·mißhandelt oder sexuell mißbraucht worden sind, geht der Heilungsprozeß durch die Stadien Nichtwahrhabenwollen, Verwirrung, Zorn, Trauer und Akzeptanz.[7] Es gibt keinen festgelegten Weg durch die Stadien der Heilung, und es gibt keine Begrenzung dafür, wie lange eins der Stadien andauern soll. Gefühle können nicht übersprungen werden; man überwindet sie, indem man durch sie hindurchgeht.

Wenn Sie bereit sind, durch jedes Stadium hindurchzugehen, sich auf Ihre Gefühle einzulassen, anstatt sich zu wünschen, sie würden weggehen, wenn Sie zumindest einen Menschen haben, dem sie die ganze Wahrheit erzählen können, einen Menschen, der Ihnen glaubt, Sie akzeptiert, Sie liebt, können Sie Gewalt, Mißhandlungen und Leiden überwinden und heilwerden, ganz gleich, wie schrecklich es war.

Manche Menschen werden nicht heil. Sie bleiben in einem der Stadien stecken. Sich einzugestehen, was wirklich geschah, oder die Geschehnisse mit Gefühlen zu verbinden, macht ihnen zu große Angst.

Meine Freundin Eva hat mir erzählt, daß sie im letzten Monat für ein erstes Gespräch zu einem Therapeuten gegangen war, und daß der Therapeut ihr gesagt hatte, sie hätte viel Trauerarbeit zu leisten. Ihr Vater hatte sie auf der Türschwelle der Nachbarn ausgesetzt, als sie drei Jahre alt war, sie hat ihre Mutter seit fünfunddreißig Jahren nicht gesehen, und obwohl sie seit vielen Jahren mit ihrem Vater in Verbindung steht, ist sie pausenlos wütend auf ihn. Wenn sie von ihrem Vater spricht, fängt sie viele Sätze mit einem »Nachdem, was er mir angetan hat...« an. Wenn sie den Geburtstag ihres Vaters vergißt, wenn sie ihn wochenlang nicht zurückruft, wenn sie sich um sechs Uhr mit ihm verabredet und erst um halb acht auftaucht, meint sie: »Nachdem, was er mir angetan hat, hat er kein Recht, sich über etwas zu beschweren, was ich tue.«

Eva will von Trauern nichts hören. »Als dieser Therapeut mir erzählte, daß ich viel Trauerarbeit zu leisten hätte, habe ich ihm gesagt, ich würde nach vorne sehen und nicht zurück.«

Eva gesteht sich ihren Verlust ein, erzählt Geschichten über die Nachbarin, Josephine, die sie mit Pflaumen geknebelt und ihr die Hände auf dem Rücken gefesselt hat. Aber ihre Stimme ist so bar jeder Feuchtigkeit wie ein Stück Trockeneis. Sie gesteht sich ihren Verlust ein, aber sie leugnet die Auswirkungen. Sie weiß, daß sie auf ihren Vater wütend ist, aber ihr Zorn ist wie eine kaputte Schallplatte, die seit fünfunddreißig Jahren denselben Refrain spielt. *Nachdem, was mein Vater mir angetan hat, nachdem, was mein Vater mir angetan hat, nachdem, was mein Vater mir angetan hat.* In ihrem Bemühen, es ihrem Vater für die ihr in ihrer Kindheit angetane Ungerechtigkeit heimzuzahlen, vergißt sie wahrzunehmen, was ihr Zorn ihr selbst antut.

Sie hat letzten Monat geheiratet. Es ist ihre dritte Ehe, und sie sagt, daß sie ihren neuen Ehemann sehr liebt. Sie sagt, daß sie noch nie so glücklich gewesen ist. »Er ist der Richtige, Geneen, das ist die Liebe, auf die ich gewartet habe. Was weiß dieser Therapeut schon? Wer sagt, daß ich zurückblicken muß?«

Aber der Schmerz ihrer Kindheit ist nicht verschwunden; er ist immer noch eingeschlossen in ihrem Körper, eingeprägt in ihren Zellen. Wenn ihr Mann etwas tut, das schmerzhafte Erinnerungen in ihr auslöst, wird Eva ihrem Zorn darüber, im Haus einer Nachbarin mit Backpflaumen geknebelt worden zu sein, freien Lauf lassen. Wenn ihr Mann wegfährt und nicht pünktlich wie verabredet zurückkommt, wird sie sich vielleicht wie eine Dreijährige fühlen, die von ihrem Vater verlassen worden ist. Ihr Mann wird den Schmerz, die Bestürzung und die Wut des Kindes zu spüren bekommen, dem Eva sich weigert, Platz einzuräumen. Er wird die Tiefe ihres Schmerzes nicht verstehen, ebensowenig wie sie selbst. Ihre Gefühle werden in keinem Verhältnis stehen zu den Ereignissen, die sie ausgelöst haben. Ich nehme an, daß ich von ihr bald bittere Klagen über ihn hören werde. Es wird nicht lange dauern, bis sie sich mit dem Refrain: *Nachdem, was er mir angetan hat, nachdem, was er mir angetan hat, nachdem, was er mir angetan hat* in den Schlaf wiegt.

Eine Freundin von Mark[8] sagt, daß Liebespaare, die verliebt bis über beide Ohren eine Beziehung beginnen, einen Koffer voll Kleidung aus früheren Beziehungen, Jugend und Kindheit mit sich tragen. Wenn sie ein paar Jahre zusammengewesen sind, haben sie alle Kleider aus ihren jeweiligen Koffern gezogen, einander an den Kopf geworfen und mit absolutem Unglauben ausgerufen: »Du bist nicht der Mensch, in den ich mich verliebt habe. Ich erkenne dich kaum wieder.«
Wir können nicht vorausblicken, ohne zurückzusehen.
Wir können keine heilenden Beziehungen in der Gegenwart haben, ohne bereit zu sein, den Schmerz der Vergangenheit zu heilen.
Um heil zu werden, müssen wir glauben, daß eine Heilung möglich ist. Unser Wunsch heilzuwerden, muß größer sein als unsere Angst, Wut, Trauer oder Schmerz zu fühlen. Wir müssen uns das Heilwerden mehr wünschen als irgend etwas oder irgend jemanden sonst.

Bei der Einsichts-Meditation[9] lernt man, ganz still zu sitzen und die Gefühle wahrzunehmen, die sich selbst wiederholen. Sorge, Angst, Furcht. Du nimmst Angst wahr und benennst sie: Angst, Angst. Du nimmst wahr, wie sich die Angst in deinem Körper anfühlt, wie sich dein Magen zusammenkrampft, du nimmst den engen Ring um dein Herz herum wahr, die

Anspannung in deinen Fingern und Zehen, deinem Gesicht. Und du hörst nicht auf. Du atmest ein, atmest aus, und du fährst fort, wahrzunehmen: Angst, Angst. Und wenn du sehr genau hinsiehst, wenn du bei der Angst bleibst und sie nicht wegschiebst, weil es dir unbehaglich ist, sie zu fühlen, gehst du eine Ebene tiefer und enthüllst, wovor du Angst hast: nicht geliebt zu werden, getrennt zu sein. Und du fährst fort wahrzunehmen und zu atmen. Wenn du bei der Wurzel deiner Angst angekommen bist, hörst du auf, Angst zu haben. Du atmest ein und aus, du schiebst nichts weg, du lebst ganz im Hier und Jetzt. Ganz im gegenwärtigen Moment zu leben, sich der Feinheiten der Wahrnehmung und des Gefühls bewußt zu sein, der Farben, Geräusche, der Temperatur, dem Leben, so wie es ist – nicht wie es war, nicht wie es hätte sein können, nicht wie du es gern hättest – das macht das Lebendigsein aus.

Nach dem Gespräch mit Daniel in der Lobby des Hotels fühlte ich mich tagelang wie eine zermatschte Kartoffel. Und ich gab ihm die Schuld daran. In meinem Kopf wiederholten sich in einer endlosen Schleife die Sachen, die ich gern zu ihm gesagt hätte: Er hätte vielleicht Nerven, mir von den Zehn Geboten zu erzählen, er könne am Tisch mit mir sprechen oder gar nicht; ich hätte sein Leben als Beispiel benutzen können für alles, was er mir geraten hatte, nicht zu tun. Ich hätte mich selbst schützen sollen.

Der Vorfall löste einen heftigen Ansturm von Kindheitserinnerungen in mir aus, in denen ich mich verletzt, gefangen und wehrlos fühlte. Daniel wurde zu all den Menschen in meinem Leben, gegen die ich mich nicht hatte wehren können oder gegen die ich mich nicht gewehrt hatte. Es spielte keine Rolle, daß ich mich in dem Gespräch mit ihm selbst geschützt *hatte*. Ich war überzeugt, daß er schuld war an meinem Schmerz, und ich wollte ihn ebenfalls verletzen. Ich glaubte, daß es mir guttun würde, ihm weh zu tun. Wenn er machtlos war, konnte ich mich mächtig fühlen. Ich wurde zum klassischen Beispiel eines Opfers.

Ich schrieb Daniel einen Brief, in dem ich meinem Zorn Ausdruck verlieh. Als ich Mark den Brief vorgelesen hatte, sagte ich: »Das ist alles« und er entgegnete: »Das ist mehr als genug. Hast du ihm nichts anderes zu sagen?«

Schweigen. Ich hätte wissen müssen, daß ich ihm den Brief nicht hätte vorlesen sollen. Mark ist so ein Tugendbold, immer versucht er zu ›kommunizieren‹, Streitigkeiten zu schlichten, niemanden zu verstimmen, nicht in Konflikt zu jemandem zu geraten.

Mark sagte: »Vielleicht solltest du deine Motive für diesen Brief überprüfen. Wenn du Streit mit Daniel willst und die bereits entstandene Kluft zwischen euch erweitern, schick den Brief ab. Aber an seiner Stelle wäre ich so damit beschäftigt, mich vor deinen Angriffen zu verteidigen, daß ich der Wahrheit in dem, was du sagst, keine Beachtung schenken würde.«

»Also was soll ich deiner Meinung nach tun? Ihm die andere Wange hinhalten? Ich bin nicht selbstgerecht; ich bin wütend. Er war ein Arschloch, und das will ich ihm sagen.«

»Was er getan hat, war nicht so schrecklich. Er weiß es nicht besser; er hat versucht, deine Mutter zu beschützen. Es war nur so schrecklich für dich, weil es Erinnerungen an deine Kindheit aufgewühlt hat. Du leidest wegen etwas, was dir vor zwanzig Jahren angetan worden ist – und Daniel hatte damit nichts zu tun.«

Er hat recht. Ich hasse es, wenn er recht hat, besonders wenn ich so gern etwas täte, von dem ich weiß, daß ich es nicht tun sollte. Ich will diesen Brief abschicken. Ich will Rache. Je mehr ich Daniel verletze, desto geringer werden meine Schmerzen sein.

Mark sieht mich fest an. »Woran denkst du?« fragt er.

»Rache«, antworte ich.

»Ah«, sagt er und lächelt, so daß die Lücke zwischen seinen Vorderzähnen sichtbar wird, »die Art eines bewußten Menschen, mit Schmerz umzugehen.«

»Genau«, entgegne ich und fühle zum erstenmal seit Tagen einen Riß in der Zementwand meines Brustkorbs.

Ich tobte eine Woche lang. Ich rang in der Therapie darum, die alten und vertrauten Gefühle zu untersuchen, die Daniel ausgelöst hatte. Morgens meditierte ich, beobachtete, wie die Wut in einer Blase an die Oberfläche meines Geistes stieg; ich benannte sie: Wut, Wut. Ich sprach mit Mark darüber. Ich sprach mit Sara darüber, ich schrieb in mein Tagebuch, ich schrieb drei Briefe an Daniel, die ich nie abschickte.

Als ich den vierten Brief schrieb – und abschickte –, war die Wut zu Traurigkeit geworden und die Traurigkeit zu Annahme und Offenheit. In dem Brief erläuterte ich deutlich und ohne Ärger meine Gründe für das Schreiben des Buches und stellte klar, daß die Veröffentlichung nicht zur Diskussion stand. Der Brief drückte auch meinen Wunsch aus, die Vergangenheit ruhenzulassen und eine liebevolle Beziehung zu meiner Mutter aufzunehmen.

Als ich Daniel das nächste Mal sah, sagte er: »Ich habe die Passage über Molly in »Feeding the Hungry Heart« noch einmal gelesen. Ich saß im Arbeitszimmer und las sie wieder und wieder. Ich habe geweint. Ich konnte nicht aufhören zu weinen. Seit das Buch vor sieben Jahren herausgekommen ist, habe ich es nicht mehr gelesen. Ich konnte es nicht ertragen, deinen Schmerz zu fühlen, Geneen. Wenn ich deine Worte lese, muß ich deinen Schmerz mitfühlen, und davor habe ich Angst. Ich kann den Gedanken nicht ertragen, daß du so leiden mußtest. Es tut zu weh. Und ich habe Angst, daß ich wütend auf Ruth werden könnte. Es tut mir leid, daß ich mich aufgeführt habe wie ein Idiot.«

Ich kann von Glück sagen, Daniel in meinem Leben zu haben. Es ist ungewöhnlich, daß ein Vater oder eine Mutter bereit ist, sich selbst mit solcher Ehrlichkeit zu prüfen. Daniel denkt über das nach, was ich sage, und er läßt zu, daß meine Gedan-

170

ken und Gefühle sich auf seine Handlungen auswirken. Er hatte keine Angst davor zuzugeben, daß er einen Fehler gemacht hatte. Aber als er sich entschuldigte, brauchte ich seine Entschuldigung nicht mehr.

Ich hatte die Wahrheit gesagt, so wie ich sie sah. Ich hatte mich selbst nicht verraten.

Ich hatte mein Gefühl der Verantwortung für das Wohlergehen meiner Mutter losgelassen und beschützte sie nicht länger vor Wunden, die sie selbst mitverursacht hatte. Indem ich aufgab, mir die Schuld an ihrem Schmerz zu geben, hatte ich auch aufgehört, ihr die Schuld zu geben für meinen Schmerz.

Ich hatte die Zyklen der Jahreszeiten meines Schmerzes durchlaufen und war mit einem ruhigen Herzen hervorgekommen. Ein ruhiges Herz ist alles, was ich ursprünglich wollte und alles, was ich immer noch will.

8 Stark sein an den zerbrochenen Stellen

Als wir in der Achtzigsten Straße in Jackson Heights lebten, wohnte eine Frau uns gegenüber in einer kleinen, geheimnisvollen Wohnung. Sie hieß Bette Davis. Die Vorhänge der Wohnung waren aus grünem Samt und hatten schwarze Fransen, und auf dem Fußboden lag ein Teppich mit Pfingstrosenmuster. Ich dachte mir alle möglichen Entschuldigungen aus, um Bette besuchen zu können; ich hielt sie für exotisch, weil sie den gleichen Namen trug wie der Filmstar, einen Schönheitsfleck auf der rechten Wange hatte und ihr Haar nach Rosenwasser duftete. Ich liebte es, neben ihr in einem Schaukelstuhl zu sitzen und ihr Fragen über ihr Leben zu stellen, während sie quadratweise eine schwarz-gelbe Decke häckelte. Wo war sie geboren, wollte sie gern heiraten, wie sah ihre Arbeit aus. Bette war sechsundzwanzig und Stewardess, und ich hätte sie gern als Mutter gehabt.

Wenn ich ihre Wohnung verlassen hatte und in das Haus meiner Mutter zurückgekehrt war, träumte ich davon, wie mein Leben aussehen würde, wenn Bette meine Mutter wäre: Sie würde mich nicht anschreien. Ich hätte einen Schönheitsfleck auf der rechten Wange. Das Leben würde duften wie der Sommer.

Als ich Ballettunterricht nahm und ein babyblaues Trikot und ein regenbogenbuntes Tutu trug, hätte ich gern gehabt, daß meine Ballettlehrerin meine Mutter wäre. Ich übte zu gehen wie eine Ente, damit mein Gang so aussah wie ihrer, und lockte lange Strähnen meines Haars vor den Ohren, damit mein Haar aussah wie das Haar ihrer Tochter. Als sie mich zum Essen einlud und Schinken mit Ananas auf den Tisch brachte, nahm ich mich zusammen und aß, obwohl ich nie zuvor Schinken gegessen hatte und fürchtete, daß Gott mich bestrafen würde. Ich wollte, daß sie mich Liebling nannte und mir vorm Schlafengehen »Die Insel der blauen Delphine« vorlas.

Als John Kennedy erschossen wurde, wünschte ich mir, Jackie wäre meine Mutter. Ich wollte berühmt sein wie Caroline und John-John und im Angesicht der Tragödie Tapferkeit bewahren.

Als ich aufs Gymnasium ging, wünschte ich mir, daß die Mutter meines Freundes meine Mutter wäre; sie legte jeden Abend ein Gedeck für mich auf, erkundigte sich nach meinen Hausaufgaben und gab uns Erdbeeren mit Schlagsahne, mein Lieblingsessen.

Ich kaufte Jils Mutter Duftkerzen, die wie Kobolde geformt waren, weil sie schön war und Kerzen sammelte, und ich wollte, daß sie mich liebte.

Hermanns Mutter backte mir Butterkekse und schrieb mir Briefe ins College. Sie hielt mich für intelligent und war stolz auf mich.

An Ninas Mutter wandte ich mich, als ich Ratschläge über Jungen und Verhütungsmittel brauchte.

Immer, wenn ich neue Freunde kennenlernte, wollte ich zu ihrer Familie gehören. Ich wollte Teil eines Haufens von Kindern sein, die eine Mutter und einen Vater hatten, zusammen Abendbrot aßen, Sonntags ins Museum für Naturgeschichte gingen und im Sommer ein Lagerfeuer an einem See machten. Ich wollte an dem warmen Glanz einer liebenden Familie teilhaben. Ich wollte nahezu wie jeder sein, nur nicht ich selbst, und nahezu jede Familie haben, nur nicht meine.

Mit zwölf ging ich ein Jahr lang in die Sonntagsschule der Beth-El-Synagoge. Mrs. Bernstein erzählte uns von Moses, Jakob, Ruth und Naomi, vom Pharaoh und der Tötung der Erstgeborenen, über ungesäuertes Brot am Passahfest und das

Blasen der Schofar zum Neujahrsfest. Wir saßen auf den langen hölzernen Bänken der Synagoge, wo die Gebetbücher in Taschen aus blauem Samt steckten, und Rabbi Weisman erzählte uns Geschichten: »Vor langer, langer Zeit lebte einmal ein Rabbi, der die Menschen aus seinem Dorf zu einem großen Baum führte, der eine Meile entfernt stand. Er sagte, dies sei der Sorgenbaum, und alle könnten ihre Sorgen an ihm aufhängen. Die Dorfbewohner holten die Sorgen aus ihren Taschen. Die Sorgen mancher Menschen waren auf lange Streifen rot-weißen Tuches aufgeheftet; diejenigen mit kleinen Sorgen hatten ihre auf winzige Stückchen blauer Seide aufgenäht. Die Dorfbewohner brauchten eine lange Zeit, um alle Sorgen an den Baum zu hängen, und eine Zeitlang sah es so aus, als gebe es zu viele Sorgen und nicht genug Zweige, aber schließlich waren alle Taschen leer und der Baum sah aus wie ein fließender Regenbogen, so viele vielfarbige Bänder flatterten im Wind. Die Dorfbewohner verbrachten den Tag zusammen, spielten, sangen, aßen und redeten. Am Ende des Tages sagte der Rabbi: »Jetzt müssen wir nach Hause gehen. Jeder von euch muß eine Sorge vom Baum nehmen. Ihr könnt die Sorge wählen, die ihr mitgebracht habt, oder die eines anderen. Für welche Sorge werdet ihr euch entscheiden?«
An diesem Punkt der Geschichte überlegte ich, daß ich Lindas Sorgen nehmen würde, wenn ich dagewesen wäre und sie auch, denn sie hatte Eltern, die jeden Abend zu Hause waren und an Samstagnachmittagen Ausflüge mit ihr machten. Oder ich würde Ruths Sorgen nehmen, weil sie nicht so wirkte, als *hätte* sie welche; sie waren wahrscheinlich auf ein Stückchen blaue Seide aufgenäht, das so winzig war, daß es weggeflogen war.
»… und was glaubt ihr, was die Leute getan haben?« fragte der Rabbi.
Ronald Smith sagte: »Ich wette, es gab ein großes Durcheinander, weil niemand sich entscheiden konnte, welche Sorgen er nehmen sollte, oder aber alle Leute wollten dieselbe Sorge haben.«

»Nein,« erwiderte der Rabbi. »Jeder wählte die Sorgen, die er mitgebracht hatte. Niemand wollte sie eintauschen.«

Ich hätte getauscht, dachte ich. Ganz entschieden hätte ich getauscht. Ich wollte irgendein Leben, nur nicht meines, und irgendeine Familie, nur nicht meine. Ich war überzeugt, daß meine Sorgen die einzigen *wirklichen* Sorgen waren und daß ich überhaupt keine Probleme hätte, wenn ich die eines anderen haben würde.

Ich habe meine Meinung geändert.

Hemingway sagt, daß die Welt jeden zerbricht und daß manche stark seien an den zerbrochenen Stellen. Der Zweck der Heilung ist, stark zu sein an den zerbrochenen Stellen.

Als Kind erschuf ich mir eine eigene Welt, weil die Welt, in der ich lebte, mir keine Heimat war. Ich schrieb Geschichten über Planeten mit purpurfarbenen Ringen, Gedichte über Federn und Kolibris. Mein erstes Buch schrieb ich, als ich zwölf war. Ich wurde zur Schriftstellerin.

Als Kind lernte ich, das Unausgesprochene zu hören, hinter das Gesicht meiner Mutter zu klettern, hinter die Augen meines Vaters. Ich lernte zu sehen, wo andere nur hinschauten. Ich wurde zur Lehrerin.

Ich lernte, daß nichts so ist, wie es scheint. Ich lernte, daß Geld niemanden glücklich macht. Ich erfuhr von Tod und Gewalt, Betrug, Lügen und Stehlen und von Humor, Entschlossenheit und Standhaftigkeit. Ich zerbrach in zehntausend Stücke. Was ich heute bin, ist das Resultat der Art, in der ich die Stücke zusammengesetzt habe.

Als mir klarwurde, daß es neben Diätkuren einen Weg aus dem zwanghaften Essen heraus gab, setzte ich folgende Anzeige in die Zeitung:

Eßstörungsgruppe für Frauen. Ich denke, daß es möglich ist, keine Diät zu machen und abzunehmen, daß wir lernen können, wie wir uns außer Essen etwas Gutes tun können und warum wir vom Essen abhängig sind. Wenn du an diesen Entdeckungen teilhaben willst, ruf Geneen unter der Nummer 425-1185 an. Kursdauer zehn Wochen, Kosten 1 Dollar pro Abend.

Zehn Frauen riefen an und meldeten sich an. Da ich damals keine eigene Wohnung hatte, bat ich meine Freunde Sue und Harry, die erste Sitzung in ihrem Haus abhalten zu können, das an einer Landstraße lag. Da das Haus schwer zu finden war, sagte ich den Frauen, ich würde sie vor dem Spirituosenladen im Einkaufszentrum von Aptos treffen, und wir würden dann gemeinsam zu Harrys und Sues Wohnzimmer fahren.

Ich hatte vierzig Pfund Übergewicht, und ich wollte bei der ersten Sitzung präsentabel aussehen, also entschloß ich mich zwei Tage vor diesem Termin, mir eine luftgetrocknete Dauerwelle machen zu lassen. Ich mußte zwei Nächte mit den Lockenwicklern im Haar schlafen, weil meine Haare dünn sind und die Dauerwelle nicht gut annehmen. Als ich am Nachmittag vor der ersten Gruppensitzung zum Friseur ging, wurde mir mitgeteilt, die Friseurin hätte sich einer Notoperation unterziehen müssen und ich würde noch eine Nacht auf Lockenwicklern schlafen müssen.

Ich winkte den zehn mir unbekannten Frauen zu, die vor dem Spirituosenladen standen, und teilte ihnen mit, ich wäre die Leiterin der Gruppe. »Ich bin's«, sagte ich, »ich bin die Leiterin der Gruppe.« Ich stand zitternd in der kühlen Novemberluft, mit vierzig Pfund Übergewicht und Lockenwicklern im Haar. Einer Frau fiel das Kinn herunter. Eine andere meinte: »Vielen Dank. Ich gehe nach Hause.«

Die Jahre, die ich mit Diäten und Freßanfällen zugebracht habe, waren die reine Hölle. Aber der Weg, dem ich folgte, als mir bewußt wurde, daß das zwanghafte Essen mein Freund war, lehrte mich, an mich selbst zu glauben, über mich selbst zu lachen, Mut zu haben, Risiken einzugehen, tiefer ins Leben einzutauchen als ich es je für möglich gehalten habe. Ich habe den Schmerz des Zwanges als Weg zu dem Unaussprechlichen in mir verwendet; er hat mir Mitgefühl gegeben mit den anderen, die mit dem Essen zu kämpfen haben; er hat mir das Verständnis von Vertrauen, Furcht, Ernährung und Befriedigung ermöglicht. Die Stellen in mir, die als Kind am schwächsten waren, gehören heute zu meinen stärksten. Sie sind jetzt stark, weil – nicht trotzdem – sie damals schwach waren.

Nicht die Verwundung bestimmt die Qualität Ihres Lebens, sondern das, was Sie mit der Verwundung anfangen – wie Sie sie halten, sie tragen, mit ihr tanzen oder sich unter ihr begraben. Niemand kann sagen, wo Träume geboren werden. Oder was den Menschen den Mut gibt, ihren Träumen zu folgen. Lucille Balls Vater starb, als sie vier Jahre alt war. Ihre Mutter heiratete wieder, schickte aber Lucille zu Verwandten. Die legten ihr eine Hundeleine um und banden sie an einem Baum im Garten fest, damit sie nicht herumwanderte. Während ihr Körper gebunden war, wanderte ihr Geist. Sie schuf sich einen Freund mit Namen Sassafras, der sie tröstete und ihr sagte, daß sie einmal ein berühmter Filmstar werden würde.

Leben ist, was geschieht, wenn Sie mit den Verwundungen leben. Es geht im Leben nicht darum, die Verwundungen zu beseitigen, damit Sie endlich leben können. Verwundungen können nie auf Dauer ausgelöscht werden. Wir sind zerbrechliche Geschöpfe, und an manchen Tagen zerbrechen wir aufs neue.

Im Januar letzten Jahres flogen Mark und ich nach Phoenix. Während er auf das Gepäck wartete, ging ich zum Schalter von American Airlines, um ein Ticket für einen anderen Flug zu kaufen. Die Schlange war lang; ich wartete eine halbe Stunde. Mark und ich hatten nicht genau verabredet, wer zu wem kommen und wo wir uns treffen sollten. Nach dem Kauf des Tikkets wartete ich darauf, daß Mark auftauchte. Fünfzehn Minuten vergingen, zwanzig Minuten, dreißig. Dies ist die Geschichte, die ich mir selbst erzählte: »Er hat mich vergessen. Er hat den Flughafen verlassen. Ich weiß den Namen des Hotels nicht, in dem wir bleiben werden, ich weiß nicht mal, in welcher Stadt es liegt. Möglicherweise liegt es nicht in Phoenix, sondern in Scottsdale. Kein Problem. Ich nehme einfach ein Taxi, fahre zum Flughafenhotel, rufe alle fünf Minuten meinen Anrufbeantworter an, um zu sehen, ob Mark sich gemeldet hat, und wir sehen uns irgendwann heute abend.

Wenn nicht, macht das auch nichts, ich fliege morgen sowieso weiter.« Wenn nicht, macht das auch nichts? Mein Herz raste. Ich konnte nicht verstehen, wieso Mark weggegangen war, ohne nach mir zu suchen, aber ich tat, was ich als Kind getan hatte: Ich überlegte mir, wie ich allein zurechtkommen konnte und redete mir ein, es mache mir nichts aus. Nachdem das klar war, kam mir der Gedanke, eine letzte Anstrengung zu unternehmen und Mark ausrufen zu lassen. Binnen dreier Minuten erschien er am Schalter von American Airlines.
»Ich dachte, du hättest mich vergessen und wärst ohne mich gegangen.«
»Du hast was gedacht?«
»Ich dachte, du hättest mich vergessen.«
»Du machst Witze, stimmt's? Ich lebe mit dir zusammen, schlafe mit dir, rede jeden Tag meines Lebens mit dir – und schleppe dreizehn Gepäckstücke von dir mit mir herum. *Wie könnte ich dich vergessen haben?* Ich habe eine Stunde und fünfzehn Minuten an der Gepäckausgabe auf dich gewartet.«
»Oh.«
Ich leide unter Verlassensängsten. Vor drei Jahren hörte ich auf, mit Mark zu reden, wenn er für ein paar Tage wegfahren wollte. Dann schufen wir ein ›Weggeh-Ritual‹, bei dem wir uns am Tag vor seiner Abreise eine halbe Stunde zusammensetzten und über unsere Gefühle sprachen. Meine waren immer gleich: Ich sagte ihm, wenn er mich liebte, würde er mich nicht verlassen, und da er mich verließ, konnte er mich nicht lieben, und wenn er mich nicht liebte, wollte ich mich nicht verwundbar machen und ihn lieben. Er sagte, er sei nicht mein Vater oder meine Mutter, er würde in zwei Tagen zurück sein und er liebe mich. Das Ritual funktionierte ungefähr ein Jahr lang ganz gut. Dann brachen meine Ängste über mir zusammen, und ich begann, auf Distanz zu ihm zu gehen, wenn er zurückkam.
Verwundungen werden nie auf Dauer ausgelöscht. Meine Verlassensängste wandeln sich von Jahr zu Jahr, je nachdem wie bewußt mir dieser Teil meiner selbst ist. Wieviel bin ich

bereit zu riskieren, wie geduldig bin ich bereit zu sein, wieviel Barmherzigkeit kann ich aufbringen für den Teil von mir, der ständig Angst hat, verlassen zu werden. Die Arbeit mit meiner Furcht vor dem Verlassenwerden formt die Biegungen und Farben meines Lebens, so wie ein Fluß einen Canyon formt.

Beim Heilwerden geht es darum, unsere Herzen zu öffnen, nicht sie zu verschließen. Es geht darum, die Stellen in uns, die die Liebe nicht einlassen wollen, weich zu machen. Heilung ist ein Prozeß. Beim Heilwerden schaukeln wir hin und her zwischen den Mißhandlungen der Vergangenheit und der Fülle der Gegenwart und bleiben immer öfter in der Gegenwart. Es ist das Schaukeln, das die Heilung bewirkt, nicht das Stehenbleiben an einem der beiden Stellen. Der Sinn des Heilwerdens ist nicht, für immer glücklich zu werden; das ist unmöglich. Der Sinn der Heilung ist, wach zu sein. Und sein Leben zu leben, nicht bei lebendigem Leibe zu sterben. Heilung hängt damit zusammen, gleichzeitig ganz und zerbrochen zu sein.

Wenn uns mit einem, zwei, drei oder zehn Jahren aufgeht, daß wir zu verwundbar sind für die Welt, in der wir uns wiederfinden, packen wir unseren Körper in einen schützenden Gipsverband, zeichnen hübsche Bilder darauf und schreiben unsere Namen und lassen andere Leute Bilder darauf zeichnen und ihre Namen schreiben. Und bis wir erwachsen geworden sind, ist jeder Zentimeter des Gipsverbandes mit Farbe bedeckt, und wir haben uns so an ihn gewöhnt und hängen so sehr an den Bildern, daß wir vergessen, daß darunter unser Körper ist.

Wenn wir merken, wie schmerzhaft der Gipsverband ist, daß er unsere Knochen zusammendrückt und unsere Bewegungsfreiheit einschränkt, wenn uns bewußt wird, daß wir dieser Kindheitshülle entwachsen sind und sie nicht mehr brauchen, scheint die Aufgabe, den Verband abzusägen, so immens und so schmerzhaft zu sein, daß wir nicht wissen, ob sich die Mühe lohnt. Besonders dann, wenn wir sehen, daß fast alle Menschen um uns herum in ihrem Verband umhergehen. Und jeder ist so damit beschäftigt, den Gipsverband der anderen zu bewundern oder sie sogar darum zu beneiden, daß wir uns fragen, ob wir uns das Ganze nur einbilden. Vielleicht ist das wirklich meine Haut, sagen wir zu uns selbst. Wie könnten sie alle so glücklich sein, wenn ihre Körper in Gips steckten? Und wir fühlen uns so einsam, wie wir uns als Kinder gefühlt haben.

Das zwanghafte Essen ist der Verband, nicht die Wunde, obwohl die meisten Menschen das nicht glauben.

Vor fünf Jahren erhielt ich einen Anruf von Karen Russell, einer Frau aus Vancouver, British Columbia, die an einem Workshop teilnehmen wollte, den ich in Santa Cruz leitete. Als ich sie bat, mir etwas von sich zu erzählen, sagte sie, daß sie »Essen als Ersatz« gelesen hätte und sie das Buch sehr bewegt hätte. »Ich wiege 420 Pfund«, sagte sie. Der Workshop war bereits voll ausgebucht, aber ich versprach ihr, sie anzurufen, wenn jemand absagen würde.

Als ich den Hörer aufgelegt hatte, rief ich Sara an, die den Workshop mit mir zusammen leitete, und erzählte ihr von Karens Anruf.

Sara sagte: »Hast du je mit einer Frau gearbeitet, die über 300 Pfund wog?«

»Nein.«

»Wie sieht eine Frau aus, die 420 Pfund wiegt?« fragte Sara.

»Ich weiß nicht«, entgegnete ich. »Und ich mache mir Sorgen wegen ihr – ob sie auf einen Stuhl paßt – und ob ihre Erwartungen zu hoch sein werden. Es ist eine lange Reise für einen Workshop, der zwei Tage dauert. Vielleicht sollte ich sie an jemanden in Vancouver verweisen.«

Zwei Tage später erhielt ich eine Absage für den Workshop. Ich rief Karen an und wir unterhielten uns über meine Bedenken. Sie sagte, sie wolle kommen, ob ich die Möglichkeit bitte in Erwägung ziehen würde? »Gut« sagte ich. »Ich sehe Sie am Samstag in Santa Cruz.«

Das ist ihre Geschichte:

Mit siebenunddreißig wog ich laut der Frachtwaage im Frachtterminal 424 Pfund. Ich konnte mir nicht einmal Kleider in Fachgeschäften kaufen, die sich auf Übergrößen spezialisiert hatten, weil deren Angebote bei Größe 52 aufhörten und ich Größe 60 hatte. Meine Garderobe bestand aus drei Kaftans, die ich speziell hatte anfertigen lassen: marineblau, schwarz und braun, an den Seiten gerade hochgenäht mit Löchern für Kopf und Arme. Sommers und winters trug ich Sandalen zum Hineinschlüpfen, weil ich mich nicht vorbeugen konnte, um Schnürschuhe zuzubinden und Schuhe mit Absätzen unter meinem Gewicht zusammenbrachen. Ich besaß keinen Mantel, aber das machte nichts, weil ich sowieso nie aus dem Haus ging. Morgens manövrierte ich mich aus dem Bett, ging in die Küche, holte mir meinen Essensvorrat und ließ mich in meinem Sessel in Wohnzimmer nieder, getröstet durch die Gewißheit, daß genug Essen da war. Meine Tage waren angefüllt mit dem monotonen Gedröhn der Seifenopern. Ich lebte mein Leben nur mittelbar durch meinen Mann und meine Kinder. Sie wurden meine Arme und Beine und mein Fenster zur Außenwelt. Wenn ich irgendwo hinwollte, fuhr ich mit dem Auto. Der Wagen wurde zu einem Teil meiner Abschirmung, meine Rüstung, mein Schutz. Ich fuhr durch die Stadt und aß, stopfte Wut, Schuldgefühle, Kränkungen und Schmerz herunter – aß, bis nichts mehr wichtig war.

Christian, mein fünfzehnjähriger Sohn, spielt Baseball. Acht Jahre lang fuhr ich jede Saison zum Spielfeld, um ihm beim Spielen zuzusehen. Ich habe nicht viele seiner Spiele versäumt, aber ich sah sie mir alle aus dem sicheren Schutz meines Autos heraus an. Immer suchte ich meinen Parkplatz mit peinlicher Sorgfalt aus: Er mußte nahe genug am Platz liegen, um das Spiel sehen zu können, aber so versteckt, daß die anderen Spieler oder ihre Eltern mich nicht sehen konnten. Ich wäre gerne da draußen gewesen, auf der Tribüne hinter der Ausgangsbase, aber ich konnte es nicht riskieren, Christian zu blamieren oder die Demütigung und Ablehnung ertragen zu müssen, die ich erfahren würde, wenn ich die Autotür auch nur ein kleines bißchen öffnete. Ich machte es mir so bequem wie möglich und sah mir das Spiel in Gesellschaft meines Vorrats an Pizza, Limonade und Chips an.

Hundertmal habe ich versucht, mich aus meinem Zustand der Nicht-Existenz zu befreien. Ich bin zu Dutzenden von Ärzten gegangen. »Bewegung, meine Gute«, pflegten die zu sagen. »Reißen Sie sich dreimal täglich vom Tisch los.« Ich ging zu einer Diätgruppe, wo eine Dame während der Zusammenkunft Schweinsohren tragen mußte, weil sie diese Woche ›böse‹ gewesen war und zwei Pfund zugenommen hatte. Eine andere Organisation lobte diejenigen, die ›gut‹ gewesen waren, und ein unbehagliches Schweigen umgab all die, die in der betreffenden Woche nicht abgenommen hatten. Ich bin nie wieder zu einer der beiden Gruppen gegangen. Ich habe zahllose andere Gruppen ausprobiert, aber immer erhielt ich dieselben Botschaften: »Du bist schwach, undiszipliniert, faul … dein Charakter ist zweifelhaft, und du hast keine Integrität … du bist nicht sehr klug … du kannst dir selbst nicht vertrauen … Hier sind die Regeln. Vertrau *uns*. Wir wissen, was gut für dich ist. Nur übertrete die Regeln nicht.« Ich scheiterte so oft, daß ich kampfesmüde war und nur noch wollte, daß alles aufhörte.

Eines Morgens, als ich in meinem Sessel saß, lief eine Talkshow im Fernsehen, in der sich drei Gäste über Gewichtsprobleme unterhielten, und ich war fasziniert. Während der Sendung spürte ich, wie etwas Wärme in den kältesten Teil meiner Taubheit aufstieg. Geneen sprach eine Sprache, die mein Herz gut kannte; ich war tief bewegt, daß jemand meine Situation verstehen konnte … und im überregionalen Fernsehen voll Mitgefühl und Eloquenz darüber sprach.

Nach der Sendung telefonierte ich in den Buchhandlungen herum und machte ein Exemplar von »Essen als Ersatz« ausfindig. Ich las und weinte, las weiter und weinte noch mehr. Ich rief in Geneens Büro an; zwei Wochen später saß ich in einem Greyhound-Bus, der von Vancouver nach San Franzisko fuhr.

Für mich war einer der wichtigsten Grundgedanken des Workshops, daß es bei diesem Prozeß kein Versagen – kein falsch oder richtig – gibt. Ich hatte meine Konflikte mit dem Essen immer starr und linear gesehen, während sie in Wirklichkeit mehr wie eine Spirale sind. So, als würde man aus einem Flugzeug springen, an der Reißleine ziehen und bemerken, daß kein Fallschirm da ist – aber dann festzustellen, daß es keinen Boden gibt. Es ist ein tiefgehender Prozeß, und mir wurde klar, daß ich ihn wach und bewußt durchleben wollte. Ich beschloß, Verurteilung durch Bewußtheit zu vertauschen, so oft es ging. Anstatt zu mir zu sagen: »Du blöde Kuh, du hast es vermasselt, du wirst es nie schaffen« würde ich mich fragen: »Gut, du ißt, obwohl du keinen Hunger hast – warum tust du das?«

Wenn mir früher etwas zu weh tat, packte ich ein und verließ mich selbst, weil ich Angst hatte, daß die Furcht mich bei lebendigem Leibe auffressen würde, wenn ich mir erlaubte, sie zu fühlen. Ich habe mich verpflichtet, bei mir zu bleiben, die Angst oder die Verletzung auszuhalten.

Nach dreieinhalb Jahren lebe ich immer noch im Prozeß der Befreiung. Diese Reise hat mich zu atemberaubenden Plätzen geführt, und ich lebe jetzt bewußter, als ich es mir je hätte träumen lassen.

Ich habe 275 Pfund abgenommen. Letztes Frühjahr habe ich mir meine allerersten Jeans und Sweatshirts, Turnschuhe und Blusen gekauft. Ich habe eine Arbeit, die mich ausfüllt, und ich verstehe mich gut mit den Kollegen. Jetzt parke ich meinen Wagen und gehe in den üppigen Wäldern am Ufer des Flusses spazieren. Ich bin aus dem Auto gestiegen und auf die Tribüne gegangen. Ich bin Team-Mutter von Christians Baseballmannschaft und Sekretärin des Baseball-Vereins. Mittlerweile liebe ich farbenfrohe, auffallende Kleidung – und Achterbahnen. Es hat auch schwere Zeiten gegeben. Einige Dinge sind an die Oberfläche gekommen, bei deren Bewältigung ich Hilfe brauche, und ich habe eine Therapie angefangen. Tatsache ist, daß die Therapie manchmal wehtut. Ich stelle jedoch immer häufiger fest, daß der Schmerz an Farbe und Intensität verliert und ich nicht essen muß, um ihn ertragen zu können, wenn ich loslasse, anstatt mich gegen ihn zu wehren.

Kürzlich habe ich einen Tag mit Karen verbracht. Ich wollte wissen, was den Unterschied ausgemacht hatte. Ich wollte wissen, warum sie, nachdem sie siebenunddreißig Jahre versucht hatte abzunehmen und sich wie eine Versagerin fühlte, zu einem zweitägigen Workshop kommen und die nächsten dreieinhalb Jahren damit zubringen konnte, das in die Tat umzusetzen, was sie dort gelernt hatte. Ich wollte wissen, wieso sie mit ihren 420 Pfund im ersten Monat, in dem sie essen konnte, was sie wollte, nicht vor Angst überwältigt wurde, als sie sah, daß sie weiter zunahm anstatt abzunehmen.

Sie sagte:

»Ich bin jeden Morgen mit Schmerzen in der Brust aufgewacht. Ich konnte keinen halben Block weit gehen, ohne außer Atem zu geraten und umkehren zu müssen. Ich wollte mich nicht umbringen, aber ich wollte, daß ich in aller Stille weggenommen wurde. Als ich Sie im Fernsehen sah, war es, als würde mir bewußt, daß ich im Exil lebte, und jemand sprach meine Sprache und sagte, ich könne wieder nach Hause kommen. Als ich Ihr Buch las, weinte ich zum erstenmal seit zwanzig Jahren. Ich lag im Sterben, Geneen. Ich hatte keine andere Wahl.«

Meine Freundin Maria, die ebenfalls mit eßgestörten Frauen arbeitet – sie lehrt, das Essen zu legalisieren und mit den Diäten aufzuhören –, sagt, daß Karen einen Kern von Ich-Stärke gehabt haben muß, der es ihr ermöglichte, das durchzuziehen, was sie in einem Wochenend-Workshop gelernt hatte. Sie sagt, Karen müsse als Kind einen Menschen gehabt haben, der sie liebte, einen Babysitter vielleicht. Jemanden, der ihr gezeigt hat, daß sie liebenswert ist, jemanden, der ihr die Stärke und Entschlossenheit gegeben hat, auf sich selbst achtzugeben. Ich habe Karen danach gefragt. Sie meint, es habe nichts mit in der Kindheit erfahrener Liebe zu tun; sie hatte keine andere Wahl. Sie wußte, daß sie kurz vor dem Tod stand.

Der erste Schritt zur Veränderung für einen eßgestörten Menschen ist, seine Verzweiflung zuzugeben – sich bewußt zu werden, daß seine alltäglichen Entscheidungen Entscheidungen über Leben und Tod sind – und das Leben zu wählen.

Wir entwickeln den Zwang zu essen, weil wir etwas zu verbergen haben. Etwas, von dem wir glauben, daß es schlimmer ist als dick zu sein oder zwanghaft zu essen. Der Prozeß der Befreiung von der Eßstörung beinhaltet, beim Essen fest zu bleiben, so daß wir entdecken können, was wir verbergen. Aber bis wir überzeugt sind, daß die Eßstörung etwas bedeutet, bis wir aufhören, sie als zulässige Obsession abzutun, die durch Willenskraft, ein Proteingetränk oder den Schnitt eines Chirurgen in Ordnung gebracht werden kann, bis uns klar wird, daß der Zwang der Verband ist und nicht die Wunde, bis wir wissen, daß wir sterben, wird uns die Information fehlen, die wir brauchen, um uns für das Leben zu entscheiden.

Alkoholiker und Drogenabhängige gefährden sichtbar und offensichtlich ihr Leben mit ihrer Sucht; sie fahren ihre Autos zu Schrott, stechen mit Nadeln in ihre Arme. Eßgestörte Menschen wissen nicht, wie sie erkennen sollen, daß sie am Ende sind, weil ihr Leben selten dreckig ist. Sie holen ihre Kinder von der Schule ab, nachdem sie den ganzen Tag nur gegessen haben, sie gehen zur Arbeit, nachdem sie sich dreimal am Morgen erbrochen haben, sie kümmern sich um Freunde und Ehepartner, um Menschen, die sie brauchen. Sie sprechen nicht undeutlich, ihre Motorik ist nicht eingeschränkt; man kann sich auf sie verlassen, sie sind klug und gehen auf andere ein. Alkoholiker stürzen mit einem Knall ab; die, die ganz unten ankommen und das Glück haben, das zu erkennen, haben eine Chance, wieder nach oben zu kommen. Eßgestörte ertrinken, wenn keiner hinsieht, weil sie niemanden belästigen wollen.

Gestern habe ich mit einer Frau namens Rachel telefoniert. Sie hält sich seit zwei Jahren an die Essensrichtlinien[10] und obwohl sie froh ist, nicht weiter zugenommen zu haben, würde sie gern abnehmen. Ich fragte sie, ob es wahr sei, was sie sage – daß sie sich an die Richtlinien halte.

»Essen Sie nur, wenn Sie Hunger haben, und hören Sie auf zu essen, wenn Sie genug haben?«

»Nein«, sagte sie.

»Warum nicht?«

»Ich habe Angst vor dem, was geschehen könnte, wenn ich abnehme. Wer weiß, wie sich meine Beziehungen zu anderen Menschen verändern würden oder mein Job? Ich habe schon nach so vielen Methoden versucht abzunehmen, und immer, wenn es anfängt, hart zu werden, habe ich keine Lust mehr. Dann denke ich, daß die Methode nicht funktioniert, und suche mir eine neue Diät.« Eine Alkoholikerin, die ihr Auto zu

Schrott fährt und festgenommen wird, weil sie unter Alkohol-
einfluß gefahren ist, kann sich den Luxus, lässig zur nächsten
Methode überzugehen, nicht leisten. Ihre Abhängigkeit
drängt sie in eine Ecke, wo Gerichtsvorladungen und zerbrochene Beziehungen ihr folgen wie eine Spur von getrockne-
tem Blut, bis sie etwas unternehmen muß – oder sterben.

Bei Eßgestörten gibt es keine offensichtliche Dringlichkeit,
die sie provozieren oder inspirieren würde. Sie wählen nicht
zwischen Leben und Tod; sie treffen die Wahl zwischen Eiscreme oder einem Proteintrunk. Oder so scheint es.

Und wenn die Konsequenzen von zehn oder dreißig Pfund
Übergewicht auch nicht dieselben sind wie die, in betrunke-
nem Zustand Auto zu fahren, sterben Eßgestörte jedesmal ein
wenig, wenn sie zwanghaft essen. Wir alle – Alkoholiker, Drogenabhängige, Raucher, Eßgestörte – müssen genau dieselbe
Entscheidung treffen: Will ich leben, solange ich lebendig bin,
und mich an das halten, was mich stärkt und mir Kraft gibt,
oder will ich sterben, während ich am Leben bin, und mich an
das halten, was mich zerstört? Wenn ich das Leben wähle, wo
muß meine Heilung ansetzen? Was sind meine Geheimnisse?
Welche Teile von mir war ich nicht bereit zu akzeptieren?
Welche Bilder, welche Alpträume, welche Gedanken fürchte
ich am meisten auszusprechen?

Karens Vater erlitt einen Nervenzusammenbruch, als sie zwölf
Jahre alt war; ihre Mutter ließ ihn in die Psychiatrie einweisen.
Eines Tages kam Karen von der Schule nach Hause, und ihr
Vater war verschwunden. Es gab weder Briefe noch Anrufe.
Karen sah ihn nie wieder. Sie fing an, zuviel zu essen. »Wenn
ich mich einsam fühlte, war das Essen mein bester Freund.
Wenn ich meinen Vater vermißte, tröstete das Essen mich.
Wenn ich wütend war, beruhigte es mich. Meine Mutter muß-
te von sechzehn Uhr bis Mitternacht arbeiten, und wenn ich
von der Schule in ein leeres Haus kam, rief sie mich von der

Arbeit aus an und sagte mir, was im Kühlschrank war. Nichts tat so weh, daß es nicht durch Essen zum Verschwinden gebracht werden konnte. Ich überstand die nächsten vierundzwanzig Jahre meines Lebens, indem ich auf automatische Steuerung stellte. Ich ging aufs College, heiratete und bekam Kinder – aber ich habe nicht viel davon wahrgenommen.«

Sie heiratete einen Mann, der einundzwanzig Jahre älter war als sie. »Ich habe meinen Vater geheiratet«, sagt sie. In der Tat. Sie war ein zwölfjähriges Kind, das sich danach sehnte, mit seinem Vater zu leben. Sie war ein zwölfjähriges Kind, dem beigebracht wurde, daß ihre Gefühle zu groß waren für die Welt, in der sie lebte. Ihre Mutter, ihre Tante Emilia und ihr Onkel Bernhard fragten nie danach, wie sie sich fühlte, als ihr Vater wegging, gaben ihr nie Raum für Traurigkeit oder Einsamkeit. Also begrub sie ihre Gefühle in 420 Pfund Fleisch. Als sie mich am Flughafen abholt, trägt Karen Jeans mit einem breiten, roten Gürtel und einen über die Schulter geschlungenen Schal mit Paisleymuster. Sie hat ihr Haar zum Pferdeschwanz gebunden. Sie sieht aus wie fünfzehn, und das sage ich ihr. »Ich *bin* fünfzehn«, entgegnet sie. »Als ich zuerst angefangen habe abzunehmen, wurde ich wieder zwölf Jahre alt, weil ich in dem Alter begonnen habe, zuzunehmen und mich selbst im Untergrund zu begraben. Aber in den letzten Jahren habe ich Fortschritte gemacht«, sagt sie und grinst. »Bald werde ich sechzehn sein und kann mit Männern ausgehen.« Karen nimmt alles wahr – Geräusche, Gerüche, Texturen. Und sie kichert viel, ein hohes, wildes Kichern. Ich ertappe mich bei dem Wunsch, ich könnte die Welt mit ihren Augen sehen, mit den Augen von jemandem, der gerade anfängt. Sie schwingt hin und her zwischen einer unbezähmbaren und unbefangenen Freude und ernsten, aber gelassenen Unterhaltungen über die schmerzhaften Entdeckungen, die sie in ihrem Leben macht. Einmal sagt sie: »Geneen, leg deine Hände hierher. Ich möchte dir etwas zeigen.« Sie nimmt meine Hände und legt sie auf ihre Hüften. »Ich habe Hüftknochen. Es ist kaum zu glauben, ich habe tatsächlich Hüftknochen.«

Später erzählt sie: »Ich war zwanzig Jahre alt und hatte mich noch nie mit einem Jungen verabredet. Ich war Lehrerin in einer baptistischen Schule, und eines Tages las einer meiner Schüler während einer Klassenarbeit den »Globe«. Ich nahm ihm die Zeitung weg und las sie selbst. Dort gab es eine Rubrik mit Kontaktanzeigen und ähnlichen verrückten Sachen. Eine Freundin sagte, ich hätte bestimmt nicht den Mut, selbst eine aufzugeben, und ich nahm die Herausforderung an. Ich bekam vierzig Zuschriften, und eine klang so, als käme sie von einem netten Kerl. Wir haben uns ein halbes Jahr lang geschrieben und dann angefangen, miteinander zu telefonieren. Eines Tages fragte er mich, ob ich ihn heiraten wolle.«

»Ohne dich zu kennen?« fragte ich.

»Ohne mich zu kennen«, bestätigte sie. »Und ich sagte ja, ohne ihn zu kennen. Ich hatte ihm gesagt, daß ich 380 Pfund wog, aber das schien ihm nichts auszumachen. Er flog an einem Freitagabend nach Indianapolis, am Montag machten wir die Blutuntersuchungen, und Dienstag haben wir geheiratet. Am Mittwoch fuhren wir nach Vancouver und zogen mit seiner Mutter zusammen.«

Ich schnappe nach Luft, entsetzt von der Vorstellung, jemanden zu heiraten, dem ich nie begegnet bin. *Und mit seiner Mutter zusammenzuziehen.*

Karen lacht. »Erstaunlich, was? Aber ich brauchte einen Ausweg aus meinem trockenen, gräßlichen Leben, und Klaus bot ihn mir. Das Problem war, daß wir uns nicht liebten. Das tun wir immer noch nicht. Klaus ist in Ordnung, solange ich ihn in Ruhe lasse. Als ich 420 Pfund wog, reichte es mir, einen Ehemann zu haben, der nicht trank und mich nicht schlug. Aber jetzt reicht es mir nicht mehr. Seit zehn Jahren hat mich niemand berührt. Ich möchte ein Leben voll Liebe führen, sogar wenn das bedeuten sollte, daß ich allein leben muß. Es ist zu schmerzhaft.«

»Das Abnehmen bringt eine andere Art von Schmerz, nicht wahr?«

Sie nickt. »Als ich 420 Pfund wog, starb ich langsam am Schmerz der Taubheit. Jetzt bin ich lebendig. Der Unterschied ist, daß ich meine Gefühle spüre, anstatt sie herunterzuschlucken.«

»Würdest du je so sein wollen wie vorher?«

»Machst du Witze? Mein Arzt sagte mir vor ein paar Monaten, ich sei manisch-depressiv. Er meinte, meine Gefühle seien zu intensiv und ich würde zu schnell von Traurigkeit zu Freude wechseln und umgekehrt. Er hat mir Medikamente gegeben, die ich nehmen sollte. Ich ging nach Hause und dachte über das nach, was er gesagt hatte – und wurde sehr wütend. Ich ging zurück zu ihm und sagte: »Hören Sie, ich habe siebenunddreißig Jahre meines Lebens meine Gefühle heruntergeschluckt, und jetzt, wo ich das Essen nicht mehr dazu benutze, ist völlig klar, daß all diese Gefühle hochkommen, aber ich bin froh, daß sie es tun. Wenn Sie damit nicht umgehen können, werde ich einen Arzt finden, der es kann.«

Wir sitzen einander auf zwei weißen Sofas gegenüber. Karen meint: »Es war nicht nur meine liebeleere Ehe, sondern meine liebeleere Kindheit. Meine Mutter war gehässig und herrschsüchtig. Ihre Vorstellung von einem gemütlichen Sonntagnachmittag war es, die Fusseln von den Gardinen zu entfernen. Ich haßte sie dafür, daß sie meinen Vater vergrault hatte. Aber vor kurzem ist mir klar geworden, daß er mich verlassen hat. Er wurde nach sechs Monaten aus der Psychiatrie entlassen und hat nie angerufen, nie versucht, mich zu sehen. Ich bin gerade dabei, das Gefühl von Traurigkeit und Zorn aus diesen Jahren zuzulassen.«

Das zwanghafte Essen ist der Verband, nicht die Wunde. Das Verschwinden des Fetts hat Karen mit den Wunden konfrontiert, die es hervorgerufen haben.

Aber nicht die Wunde bestimmt unser Leben, sondern die Entscheidung, die wir als Erwachsene treffen – ob wir unsere Wunden annehmen oder gegen sie wüten wollen.

Der zweite Schritt zur Veränderung für einen eßsüchtigen Menschen ist es, zu lernen, ungeheuer sanft mit jedem einzelnen Teil seiner selbst umzugehen, den er verabscheut – auch mit seinem Fett. Dieser Schritt erfordert die Arbeit eines ganzen Lebens.

Bei dem Workshop sagte Karen Russell: »Das ist das erste Mal in meinem Leben, daß mir jemand sagt, ich sei nicht schlecht und nicht wertlos, daß ich Freundlichkeit und Mitgefühl verdiene.

Als Kind habe ich gelernt, an einen zornigen Gott zu glauben«, sagt sie, »einen Gott, der dich bestraft, einen Gott, der nie zufrieden ist, für den nur Vollkommenheit gut genug ist. Ich hatte eine zornigen Mutter und einen zornigen Gott, und dann richtete ich meinen Zorn gegen mich selbst. Mit den Diäten war es wie mit dem zornigen Gott; ich konnte nie gut genug sein. Ständig rebellierte ich und hatte hinterher eine furchtbar schlechte Meinung von mir selbst. Bei dem Workshop ist mir klargeworden, daß ich nicht schlecht bin und daß Aufrichtigkeit, nicht Bestrafung, der Weg zur Lösung meiner Eßprobleme ist. Die Faust in der Mitte meiner Brust hat sich zum erstenmal in meinen Leben geöffnet.«

Der Unterschied zwischen Karen Russell und Hunderttausenden von Menschen, die mit ihrem Gewicht oder einer anderen Abhängigkeit ringen, ist, daß Karen anfing, nach einem Freßanfall »bei sich zu sitzen«, wie sie es nennt, anstatt sich gegen sich selbst zu wenden. Sie begann, das Überessen als einen Weg zu sehen, durch den sie Zugang zu ihren Gefühlen bekommen konnte, anstatt als Beweis dafür, daß sie wertlos war und es nie schaffen würde. Es war, als wäre sie eine Außenstehende gewesen, die gnadenlos Gericht über sich selbst hielt, und ließe sich jetzt in ihr eigenes Herz ein. Es ist die Frage, ob man ein Kind, das Schmerzen hat, tritt oder es in den Armen wiegt.

Die meisten Menschen treten, weil sie selbst getreten worden sind und nicht wissen, wie sie anders handeln sollen. Sie haben das Gefühl, daß es selbstsüchtig ist und unmöglich eine Veränderung bewirken kann, wenn sie freundlich zu sich selbst sind und ihren Schmerz als Richtschnur benutzen.

Die meisten wüten gegen ihre Eßsucht. Sie hassen sie und sie hassen sich selbst. Sie sind es leid, so viel Zeit damit zuzubringen, über ihre Obsession mit dem Essen nachzudenken. Sie wollen es hinter sich bringen, aber die Ungeduld, mit der sie ihre Qual beenden wollen, verlängert sie nur. Haß hat noch nie jemanden geheilt.

Karen zeigt mir die schlaffen Hautfalten, die unter ihrem Kinn und den Armen hängen. »Mein Therapeut hat mir die Adresse eines Schönheitschirurgen gegeben. Der will den Bauch straffen, die überschüssige Haut von den unteren Rippen bis zur Schamgegend, von Hüfte zu Hüfte, abschneiden. Er müßte mir einen neuen Bauchnabel machen. Er will die Brüste verkleinern ... dann kämen die Unterarme dran ... dann die Hüften. Ich bin mir nicht sicher, was ich davon halten soll. Zur Zeit stehe ich auf Knochen und Hautfalten. Ich mag meine Knochen. Sie sind kräftig und stark, solide und bodenständig. Auch die Hautfalten sind ein Teil von mir. Das sind meine Kriegsverletzungen. Im Augenblick will ich sie nicht wegschneiden lassen; ich hege ihnen gegenüber sehr freundliche Gefühle.«

Letzte Woche erhielt ich diesen Brief von Karen:

Vor ein paar Wochen strich mir ein Mensch, den ich liebe, leicht mit der Hand durchs Haar und küßte mich auf die Stirn. Es war ein bittersüßes Gefühl, weil es mich mit Staunen erfüllte und mir gleichzeitig der Mangel an Liebe in meinem Leben in krasser Deutlichkeit entgegensprang. Trotz aller Fortschritte, die ich in meiner Arbeit mit dem Essen gemacht hatte, landete ich nach der Arbeit in einem Supermarkt. Ich brachte fünfundvierzig Minuten damit zu, die Gänge auf und ab zu wandern. In der Backwarenabteilung hielt ich an und hob ein paar Croissants hoch, hielt sie zärtlich fest, roch ihr weiches Hefearoma. Tränen stiegen mir in die Augen, und ich legte sie sanft auf das Regal zurück. Dann landete ich bei den Fertiggerichten: Frühlingsgemüse mit Reis und Käse. Ich schüttelte die Packung, und sie reagierte mit einem dumpfen Plopp. Wieder kamen mir die

Tränen und wieder stellte ich die Packung zurück. Dann ertappte ich mich dabei, wie ich ein großes Glas Mayonnaise umarmte (ja, tatsächlich umarmte). Es fühlte sich kühl und glashart an, und mir wurde klar, daß es in diesem Laden nichts gab, was mich befriedigen konnte. Ich hungerte nach etwas, das es hier nicht zu kaufen gab – und auch sonst nirgends. Also verließ ich das Geschäft mit leeren Händen. Aber ich hatte alles: Mein Selbstgefühl war heil geblieben.

Tobias ist ein vierzehnjähriger Junge. Ich traf ihn letzten Monat, als die Baseballmannschaften zusammengestellt wurden. Er stand vor mir, ein großer, tolpatschiger Junge, und fingerte nervös an einer alten Baseballmütze herum. Er stammelte:»Ich … ich … ich möchte nur spielen.« Er erzählte mir, daß ihn als kleiner Junge ein Ball direkt ins Gesicht getroffen hatte und er seitdem nicht fähig gewesen wäre zu spielen. Aber jetzt, in einem Alter, in dem viele Jungs aufhören, war Tobias bereit anzufangen.

Ich fühle mich wie Tobias; ich stehe am Beginn einer neuen Saison und fange mit vierzehn ein Spiel an, das die meisten gespielt haben, seit sie sechs Jahre alt waren. Nervös fingere ich an einer alten Baseballmütze herum und sage:»Hey! Ich möchte so gern spielen, daß es wehtut. Kann ich?« Es sieht so aus, als seien die Mannschaftslisten schon aufgestellt, und vielleicht ist kein Platz für eine Zweiundvierzigjährige, die so spät mit dem Spiel beginnt.

Aber ich bin *am Leben,* und ich fühle alles mit großer Intensität. Ich gehe im Wald spazieren und verspüre ein stilles Gefühl der Ehrfurcht. Als ich letzte Woche im warmen Frühlingsregen spazierenfuhr, war ich wie verzaubert von einem doppelten Regenbogen. Letzten Monat machte ich eine anstrengende Wanderung. Als ich von den Bergen herunterkam, traf ich eine ältere Engländerin, die mich in ihr Haus einlud, weil sie mir etwas zeigen wollte. Wir gingen in ihr Gewächshaus, und die Düfte von über hundertfünfzig Orchideen in verschiedenen Stadien des Wachstums und des Blühens vermischten sich. Es war fast berauschend. Es waren karmesinrote, cremig weiße und unerhört purpurrote Orchideen aus Guatemala und Costa Rica. Bei der Arbeit sah ich letzte Woche aus dem Fenster und betrachtete ein paar kahle, mit Regentropfen bedeckte Eichen. Ich weiß, es waren nur Regentropfen auf nackten Ästen, aber für mich sahen sie aus wie Diamanten.

Ich wünschte, ich könnte sagen, daß es einfach großartig ist, Größe achtunddreißig zu haben, aber ich habe festgestellt, daß es ein zweischneidiges Schwert ist, wach und lebendig zu sein. Ich kann mir nicht nur das Gute heraussuchen. Auf der einen Seite steht das Staunen, Ehrfurcht, Aufregung und Lachen – und auf der anderen Tränen, Enttäuschungen, schmerzende Traurigkeit. Ich kann nur ganz werden, wenn ich bereit bin, *all* meine Gefühle zu erkunden. Also … 275 Pfund später ist mein Leben eine Mischung aus Schmerz und Seligkeit. Das Leben verletzt mich jetzt oft, aber es ist wirklich. Es ist mein Leben, das ich selbst lebe, anstatt wie früher ein Ersatzleben in einer Seifenoper zu führen. Ich weiß nicht, wohin mich mein Weg führen wird, aber eins weiß ich genau: Ich werde den Weg ganz bestimmt gehen.

Ja zu dem Weg anstatt zu dem Ziel. Ja zu dem Wunderbaren, ja zu der Traurigkeit.

Ja. Ja.

9 Wenn Liebe Liebe ist

Sonntagmorgen vor zehn Jahren. Ich sitze mit meiner Freundin Jil zusammen, die ich seit drei Jahren nicht gesehen habe. Es gibt Vollweizenbrötchen und Lachs, Hüttenkäse mit Schalotten, sowie frischgepreßten Orangensaft aus Porzellanbechern. Wir unterhalten uns darüber, wie wir in einer Beziehung das bekommen können, was wir wollen. Jil meint, ich solle eine Liste der Eigenschaften aufstellen, die ich bei einem Mann erwarte; wenn ich nicht genau wüßte, was ich wollte, könnte ich auch nicht erwarten, es zu kriegen.

Sie bestreicht ihr zweites Brötchen mit Hüttenkäse. »Sie hätten wirklich großzügiger mit den Schalotten sein können«, sagt Jil. »Du siehst nachdenklich aus. Woran denkst du?«

»An Benjamin«, entgegne ich. »Ich habe seit Ewigkeiten nicht mehr an ihn gedacht. Und an meinen Vater. Er konnte nicht zur Beerdigung kommen, er war zu beschäftigt. Er erzählte mir, daß «sowas halt passiert». Ich fühlte mich, als hätte Benjamins Tod meine Knochen in Flammen gesetzt, und als mein Vater mir mitteilte, er könne nicht kommen, weil er zu viel zu tun hätte, tat er mir leid, und ich sagte, ich könne das verstehen.«

»Frauen bekommen einen Krumen von ihren Vätern«, sagte Jil, »wenn sie also von einem Mann zwei Krumen kriegen, akzeptieren sie das.«

Als ich mich mit Jil traf, war Nick mein Liebhaber. Der intelligente, großzügige, verheiratete Nick. Seine Frau wußte von mir und der Freundin, die er vor mir gehabt hatte. Sie tolerierte seine Affären, weil sie Sex nicht mochte und ihn auf diese Art vermeiden konnte. In der Woche vor meinem Besuch bei Jil stritten Nick und ich uns, als er gehen wollte, um seine Tochter von der Schule abzuholen. Ich war wütend, weil er unsere Treffen zwischen den Büroschluß und den Ballettstunden seiner Tochter eingezwängt hatte. Wenn er zur Tür hereinkam, küßte er mich leidenschaftlich und sagte mir, wie schön ich sei. Dann gingen wir ins Schlafzimmer und liebten uns. Dann war unsere Zeit zu Ende. Ich schrie ihn an: In deinem Leben bin ich der Nachtisch, die Schokolade. Für die Süßigkeit kommst du zu mir, aber dein Hauptgericht ist deine Frau, deine Familie. Ich will das Hauptgericht für jemanden sein.

Eine Woche später brachten die Frauen meiner Eßstörungsgruppe ihr Lieblingsessen zu dem Treffen mit, und jede einzelne der zwölf Frauen hatte Schokolade in irgendeiner Form dabei. Kuchen, Schokoriegel, Eiscreme. Nachdem jede ihr Lieblingsessen beschrieben und erklärt hatte, warum sie es am liebsten aß und wie sie sich dabei fühlte, stellten wir übereinstimmend fest, daß, obwohl jede der Frauen den ersten Bissen genoß, Schokolade ein Extra war. Sie nährte nicht. Wie fühlt ihr euch, wenn ihr Schokolade eßt? fragte ich. Mir wird übel und ich fühle mich leer, antwortete eine der Frauen.

Viele der Frauen sagten, daß sie Süßigkeiten mit ihren Vätern assozierten, mit der Art, wie sie von ihren Vätern behandelt worden waren. Unter den flüssigen, kirsch-erfüllten Nächten war ein wildes, heftiges Verlangen nach Kartoffelbrei, Reis, Gemüse und Vollkornbrötchen. Süßigkeiten befriedigten sie nicht; sie brauchten etwas Kräftigeres.

Zwänge entwickeln sich nicht in einem Vakuum; sie beginnen in Beziehungen. Wir nahmen Zuflucht zu den Zwängen, als wir spürten, daß wir den Menschen egal waren, die wir gern hatten.

Im Gymnasium sah ich mir die schlanken Mädchen an, die Akne hatten oder krauses Haar, und dachte: Wenn ich deinen

Körper hätte oder du meine Haut oder meine glatten Haare, wäre wenigsten eine von uns hübsch. Ich war überzeugt, daß das einzige, was mit mir nicht stimmte, mein Gewicht war und daß ich, wenn ich durch ein Wunder (um das ich jeden Tag betete) schlank aufwachen würde, für den Rest meines Lebens atemberaubend schön und glücklich wäre. Wenn es mit einer Beziehung nicht klappte, zuckte ich die Achseln und machte Pech oder die Tatsache, daß ich dick war und niemand, der es wert war, mich haben wollte, dafür verantwortlich.

Erst zwei Jahre, bevor ich Mark traf, wurde mir klar, daß ich nicht nur aus guten Gründen zwanghaft aß, sondern mir auch aus guten Gründen falsche Partner aussuchte. Mein Eßverhalten und mein Verhalten in der Liebe stammten aus derselben Quelle: dem Modell von Liebe, das ich von meinen Eltern übernommen hatte, und dem Selbstbild, das ich mir begründet auf dieser Liebe konstruierte.

Siebzehn Jahre lang war ich eßgestört. Einundzwanzig Jahre lang hatte ich Beziehungen, die mir das gleiche Gefühl vermittelten wie das zwanghafte Essen: Mir wurde übel und ich fühlte mich leer. Ich hatte keine Vorstellung davon, wie ich auf mich selbst achtgeben sollte, weder beim Essen noch in Beziehungen zu anderen Menschen. Soviel Schokolade zu essen, daß mir übel wurde, war nicht viel anders, als mir Partner zu suchen, für die ich nie mehr sein würde als die Glasur auf dem Kuchen ihres Lebens.

Ich wußte nicht, daß das Essen einer Mahlzeit ein Akt der Freundlichkeit war und meinem Körper den Treibstoff verschaffte, den er brauchte, um klar zu denken und sich fließend zu bewegen. Ich hielt es für ungezogen und daher aufregend, Doughnuts mit Zuckerguß zum Frühstück zu essen. Ich wußte nicht, daß es ein Akt der Freundlichkeit war, mir einen freundlichen, nicht gebundenen Partner zu suchen. Ich hielt es für ungezogen und aufregend, Partner zu wählen, bei denen ich auf Messers Schneide lebe und die Desaster durch Leidenschaft ausgleichen mußte. Partner, bei denen ich mich nicht ausruhen konnte.

196

Ich aß, um meine Gefühle wegzuschieben. Ich aß, um mich selbst verschwinden zu lassen. Ich wußte nicht, daß ich etwas wert war. Und wenn ich das nicht wußte, konnte ich mir ganz bestimmt keinen Partner aussuchen, dem das klar war.

Walter Goldmans Glieder schienen zu lang zu sein für seinen einssiebzig großen Körper; er wußte nicht, wo er sie lassen sollte, was er mit ihnen anfangen sollte. Aber sein Mund war weich und großzügig, und er gefiel mir sofort. Ich traf ihn am zweiten Tag der Orientierungseinheit, und drei Wochen später war ich rasend in ihn verliebt. Walter war Student im letzten Studienjahr; er hatte ein Auto, eine Wohnung, Sinn für Humor. Aber Walter hatte einen großen und unverzeihlichen Fehler: Er liebte mich. Er interessierte sich für mich, respektierte mich, wollte das Beste für mich. Und das konnte ich nicht ertragen. Ich nörgelte an ihm herum, ich mochte die Schuppen nicht, die auf sein Hemd rieselten und fand, er sehe lächerlich aus, wenn er sich die Haare geschnitten hatte. Nachdem wir sieben Monate miteinander gegangen waren, bat er mich, ihn zu heiraten. Ich log und sagte, ich würde darüber nachdenken. Aber ich kannte die Antwort bereits. Jemanden, der blöd genug war, mich zu lieben, jemanden, für den ich mich nicht überschlagen mußte und der mir nicht das Herz brach, wollte ich nicht heiraten. Die Antwort war nein. Zwei Jahre, nachdem ich mich von ihm getrennt hatte, erzählte mir eine Freundin, daß Walter heiraten würde. Die Hochzeit sollte in einer Synagoge in New Haven, Connecticut, stattfinden. Zu der Zeit war ich in New York und besuchte meine Eltern. Ich rief Walters Mutter an und erzählte ihr, ich wäre Lillian Gillman, eine Kommilitonin von Walter. Ich sagte, ich wäre gerade in der Stadt und hätte gehört, daß Walter heiraten wollte, und ich würde gern zur Trauung kommen, obwohl ich nicht zum Hochzeitsempfang eingeladen sei – ich wolle nur hinten in der Synagoge sitzen, wohlwollend lächeln und ihm Glück wünschen. Sie erwiderte, ich könne natürlich gern kommen, und gab mir die Adresse der Synagoge.

Ich hatte einen Plan. Ich würde Walter zurückgewinnen. Er hatte mich geliebt; ich war sicher, daß er mich wieder lieben konnte. Ich würde mit der Bahn hinfahren, einen großen Hut und eine Sonnenbrille aufsetzen und mich hinten in die Synagoge setzen, bis ich Walter erspähte. Dann würde ich ruhig zu ihm herübergehen und mich ihm zu erkennen geben. Zwar würde er verblüfft sein, aber er wäre glücklich, mich zu sehen. Ich würde meine Dummheit bereuen und ihm meine unsterbliche Liebe beteuern und dann, genau wie Katharine Ross und Dustin Hoffman in dem Film *Die Reifeprüfung*, würden wir lachend und atemlos aus der Synagoge laufen, voll Glück, daß wir unsere Liebe erneuert hatten, bevor sie für immer verloren war.

Als ich dabei war, mich für diese Wiedervereinigung anzuziehen, bekam ich überraschend Besuch von Jasmin, die im College ein Zimmer mit mir geteilt hatte. »Wo willst du derartig aufgedonnert hin«, fragte sie, »und was ist das für ein Dings, das du da auf dem Kopf hast?« Ich erwog zu lügen, aber sie war meine beste Freundin, und ich beschloß, mir ihre Unterstützung zu sichern.

»Walter will heute heiraten, und ich gehe zu seiner Hochzeit.«

»Du tust was?«

»Ich gehe zu Walter Goldmans Hochzeit. Mir ist klargeworden, daß ich einen schrecklichen Fehler gemacht habe, und ich will ihn zurückhaben. Heute ist meine letzte Chance dafür.«

»Du gehst nirgends hin, Gene, und wenn ich dich an Händen und Füßen fesseln muß. Du hast Walter nie geliebt, und du liebst ihn immer noch nicht. Du willst ihn nur haben, weil du ihn nicht kriegen kannst. Nimm den Hut ab, und wir gehen ins Kino.«

Jasmin hatte Unrecht mit Walter und mir. Seine Gegenwart machte mich froh, regte mich an, tröstete mich. Ich fand ihn zärtlich und interessiert, leidenschaftlich und respektvoll.

Walter war nicht das Problem. Mein Problem war, daß ich diese Gefühle nicht mit Liebe verband. Liebe war spannungsgeladen, unvorhersehbar und dringlich. Liebe war das Gefühl in meinem Bauch, daß er mir entglitt und ich etwas tun mußte, bevor es zu spät war. Liebe war etwas, das ausschließlich von mir abhing.

Während der ersten zwanzig Minuten meines Zusammenseins mit Mark wußte ich, daß ich mein Leben mit ihm verbringen wollte. Als ich Jasmin am nächsten Tag traf, berichtete ich ihr, daß ich wahnsinnig verliebt sei – daß ich den Mann getroffen hätte, mit dem ich den Rest meines Lebens verbringen würde. »Vor drei Tagen hast du noch nichts von Liebe erwähnt. Wie lange kennst du ihn schon?« fragte sie.

»Vierundzwanzig Stunden«, entgegnete ich. Sie verdrehte die Augen. Seitdem ich achtzehn Jahre alt bin, hat Jasmin mich durch jede meiner Beziehungen begleitet. Sie ist die einzige, der ich von meiner Beziehung zu Nick, dem verheirateten Mann, erzählt habe. Diese Geschichte – und der Schmerz, den mir das Zusammensein mit ihm bereitete – kam an einem Wochenende ans Licht, an dem ich sie in New Orleans besuchte. Als wir im Restaurant Austern aßen, erzählte ich ihr, daß ich mich mit einem Mann angefreundet hätte, den ich gern hatte; bei unserem Spaziergang im Stadtpark erwähnte ich, daß er verheiratet war; als ich im Waschsalon Baumwollunterwäsche zusammenfaltete, erzählte ich, daß wir uns einmal geliebt hatten; bevor wir am zweiten Abend zu Bett gingen, berichtete ich, daß ich ihn jeden Tag traf. Schließlich sagte Jasmin: »Ich will die ganze Wahrheit hören, und zwar sofort. Ich werde dich nicht verurteilen. Erzähl einfach, was los ist.«

Über Mark sagte sie: »Du kennst ihn seit vierundzwanzig Stunden und bist wahnsinnig in ihn verliebt? Das ist gesund, Gene, sehr gesund.«

»Diesmal ist es anders«, erwiderte ich lächelnd.

Und er war anders.

Meine romantischen Phantasien darüber, dem Richtigen zu begegnen und in einer Mitternachtszeremonie zu heiraten, während zehntausend Kerzen auf einem See schwammen, trieben neue Blüten. Ich werde das weiße Kleid mit Perlenstickerei und Schlitzen an den Seiten tragen, das ich Weihnachten im Schaufenster gesehen habe. Ich werde atemberaubend aussehen, wie eine kleinere, breitere Cher. Wir werden unser Ehegelöbnis sprechen, uns tief in die Augen schauen. Jahrelang gehegte politische Überzeugungen – eine gesetzliche Anerkennung ist bedeutunglos, die Ehe ist eine heterosexuelle Falle, die meine lesbischen Freundinnen unfairerweise ausschließt – verschwanden wie das grüne Leuchten kurz nach Sonnenuntergang. Ich wollte Mark heiraten. Und ich wollte, daß er mir einen klassischen Antrag machte.

Nachdem ich neun Monate lang gedanklich die Gästeliste aufgesetzt hatte, mein Vater angerufen und »So?« gesagt, meine Mutter angerufen und gesagt hatte: »Ich habe mir geschworen, dich das nicht zu fragen, aber wann heiratest du?«, Marks Mutter angerufen und gesagt hatte: »Ich bin wirklich nicht der Typ Schwiegermutter, der sich in alles einmischt, aber ich muß es einfach wissen: Wann soll der große Tag sein?«, und meine Freunde gefragt hatten: »Ist es ernst?« (was bedeutete: Wann heiratest du?), und nach einem besonders liebevollen gemeinsamen Wochenende, nachdem ich so lange gewartet hatte, wie es menschlich fair war, und nachdem ich mich daran erinnert hatte, daß ich eine befreite Frau war und nicht darauf warten mußte, daß der Mann etwas tat, entschied ich mich, Mark selbst zu fragen.

Er saß mir gegenüber, in einem mit braunem Baumwollsamt bezogenen Sessel mit Sonnenbannermuster.

»Ich muß dich etwas fragen.« Mein Herz hämmert, mein Magen verkrampft sich.

»Ja?«

»Willst du mich heiraten?« Blöde, denke ich, du hättest die Frage zumindest vorsichtig einleiten können, mit einem Kuß vielleicht.

»Wir lieben uns wirklich sehr, nicht?«

Ist das eine Fangfrage? »Ja…« sage ich zögernd und warte darauf, daß die Bombe platzt.

»Und ich will dich wirklich gern heiraten…« seine Stimme scheint sich durch die Hintertür zu verlieren, hinaus in den Wald.

Ich beginne zu schwitzen; der Schweiß läuft mir die Stirn herunter. Ich warte immer noch.

»… aber ich bin noch nicht bereit für die Ehe.«

Liebe wird zu Angst, Angst verhärtet sich zu Zorn, der Zorn verwandelt sich in Verlegenheit. Ich habe ihn gebeten, mich zu heiraten, und er will nicht. Mein Leben lang habe ich darauf gewartet, jemanden zu finden, den ich genug liebe, um ihn zu heiraten, und jetzt will der Idiot mich nicht heiraten. Ich will aufstehen und zur Tür hinausgehen. Ich will ihn nie wieder ansehen. Er hat Knopfaugen, sein Haar ist pomadig, und sein Hals ist zu breit.

»Ich bin einfach noch nicht bereit, unsere Bindung derart öffentlich zu machen. Nicht so kurz nach Lou Anns Tod.« Er sieht mich an, merkt, daß jeder Teil von mir mit Ausnahme meines Körpers den Raum verlassen hat, und beginnt, sehr schnell zu reden. »Es hat nichts mit dir zu tun, Geneenie, wirklich nicht. Ich liebe dich, ich könnte mit keiner Frau glücklicher sein, wir passen so gut zusammen, nur fühle ich tief in mir, daß ich es nicht tun kann, es ist zu früh, es wäre nicht fair dir oder mir gegenüber. Wenn ich mich auf diese Art binde, will ich es in die Welt hinausrufen, ich will ganz dasein, ich will wahnsinnig glücklich sein, daß ich dich heirate – und ich werde es sein, ich brauche nur mehr Zeit.«

Zum Teufel mit dir, zum Teufel mit Lou Ann, zum Teufel mit unserer Beziehung. Es ist weder höflich noch einfühlsam, so etwas laut zu sagen, also tue ich es nicht. Aber ich bin wütend. Und verletzt. Ich habe mich verwundbar gemacht, ich habe ihn gebeten, mich zu heiraten, und er hat mich abgewiesen.

»Sprich mit mir, Geneen.«

Es gibt nichts zu sagen.

Vor fünf Minuten habe ich ihn so sehr geliebt, daß ich ihn heiraten wollte, und jetzt kann ich kaum glauben, daß ich im selben Raum sitzen muß wie dieser Scheißkerl.

»Geneen? Bitte, laß mich keine Ratespiele spielen. Ich weiß, daß du dich verletzt fühlen mußt, aber bitte sag mir, was du denkst. Glaubst du, daß ich dich nicht liebe und dich deshalb jetzt nicht heiraten will?«

Ich nicke, zähle bis drei und zwänge die Worte durch meine Kehle. »Wir sind seit neun Monaten zusammen, und du hast mir gesagt, daß du den Rest deines Lebens mit mir verbringen willst, du hast mir gesagt, wie sehr du mich liebst, aber jetzt, wo ich dich bitte mich zu heiraten, unsere Bindung öffentlich zu machen, erklärst du mir, du wärst noch nicht bereit. Ich fühle mich wie eine Frau, die erfährt, daß ihr Mann eine Affäre gehabt hat – die ganze Zeit habe ich geglaubt, du hättest dich ganz auf mich eingelassen, und jetzt sagst du, ein Teil von dir sei nie bei mir gewesen und sei immer noch nicht bereit, ganz bei mir zu sein.«

Er antwortete mir, dann schmollte ich und antwortete ihm, dann antwortete er mir, und dann antwortete ich ihm.

Stunden später – nach einem Tränenausbruch, einem Spaziergang im Wald und einem Lauchkuchen – sagte Mark: »Ich liebe dich wirklich, ich möchte bei dir sein, und ich kann mich immer noch nicht ganz und gar auf dich einlassen. Seit Lou Anns Todestag müssen drei Jahre vergangen sein, bevor wir anfangen, übers Heiraten zu reden.«

Ich entgegnete: »Ich liebe dich auch und ich mag es nicht, abgewiesen zu werden, und nächstes Mal bist du dran.«

Als Lou Anns dritter Todestag vorbei war, hielt ich jedesmal den Atem an, wenn Marks Augen sich verschleierten und er aussah, als wolle er etwas Bedeutungsvolles sagen. Ich hoffte, ich warf das I Ging, ich wünschte mir etwas, wenn ich den ersten Stern sah. Ich hatte Mark gern, ich liebte ihn, aber was ich mir wünschte, war, daß er mich nie bitten würde, ihn zu heiraten.

Es war eine sichere Sache, die Ehe zu wollen, als Mark noch nicht bereit dafür war. Es war mir vertraut, wegen etwas zu wüten, das ich nicht haben konnte. Es war tröstlich, diejenige zu sein, die die Distanz zwischen uns verringern wollte, die größere Nähe wollte. Ich wußte, wie ich ein gesundes Verhalten vorspielen konnte; ich wußte, wie ich vorgeben konnte, verletzlich zu sein; ich wußte, wie ich wirken konnte wie eine Erwachsene. Aber ich wußte nicht, wie ich verletzlich und erwachsen sein sollte. Und bevor ich Mark traf, wußte ich nicht, daß ich es nicht wußte.

Der schwierige Teil war nicht, Mark kennenzulernen. Der schwierige Teil ist, bei ihm zu bleiben. Der schwierige Teil ist, irgendwo zu bleiben. Als ich Mark seit sechs Monaten kannte, schrieb ich in mein Tagebuch: »Wenn ich immer diejenige bin, die geht, kann ich nicht verlassen werden. Ich *werde nicht* die Solide sein, die Gewohnte, der Trottel, die am Abendbrottisch auf einen Mann wartet, der nie nach Hause kommt, ich werde nicht zulassen, daß ich zur Idiotin gemacht werde. Wenn ich ruhig und still bin, mache ich mich zur Zielscheibe. Wenn ich in Bewegung bleibe, kann niemand mich fangen, mich schlagen, mir wehtun.«

In der achten Klasse erzählte mir meine Freundin von ihrem Freund. Sie gingen zwei Monate lang miteinander, aber sie trennte sich von ihm, weil er herrschsüchtig und bösartig war und eine krumme Nase hatte. Später in diesem Jahr kam ich auf eine andere Schule und begegnete ihm. Meine Freundin hatte sein Herz gebrochen, aber er hatte es repariert und ging jetzt fest mit einem anderen Mädchen. Ich wollte ihn. Als er krank wurde, besuchte ich ihn jeden Tag. Ich kletterte zu ihm ins Bett und küßte ihn, ließ ihn mir die Hand in die Bluse stecken. Als es ihm besser ging, hatte er sich von seiner Freundin getrennt, mir sein Armband gegeben und forderte mich auf, mit ihm an den Wochenenden zur Weltausstellung zu gehen. Ich tolerierte ihn drei Monate lang, dann entschied ich, daß er herrschsüchtig und gemein war und eine krumme Nase hatte.

Ich habe mich immer in Männer verliebt, die mich nicht wollten oder nicht mit mir zusammensein konnten. Und es wirkte immer so, als sei ich bereit, mich zu binden und würde durch Partner davon abgehalten, die sich ihrer Gefühle nicht sicher waren. Solange er das Schwein war, konnte ich es mir leisten, vor Liebe überzufließen. Ich konnte zittern und aufgeregt herumflattern und warten, während ich die ganze Zeit wußte, daß es hoffnungslos war und die Distanz zwischen uns bestehen bleiben würde. Wenn sich ein Mann zufällig auf mich einließ, konnte ich mich darauf verlassen, daß meine Obsession mit dem Essen mich vor allzuviel Nähe bewahren würde, da sie mich von mir selbst fernhielt.

Die Distanz war tröstlich. In den zwei Jahren, in denen Ralph, der Meditierende, durch die Welt reiste, saß ich in meiner blau-grünen Wohnung, legte den Titelsong von »Tootsie« auf und summte in Gedanken an Ralphs Gesicht und die Illusion von Liebe schmachtend vor mich hin.

Solange ich nur in das Potential einer Beziehung verliebt war – die Vorstellung, die Illusion –, brauchte ich mich nicht verwundbar zu machen. So wie ich mein Leben aufschob, bis ich schlank sein würde. Nichts von dem, was vorher geschah, zählte, weil sich alles ändern würde, wenn ich schlank geworden war. Ich wartete darauf, daß mein Leben wirklich werden würde.

Bei Mark hielt ich mir eine Hintertür offen. Ich ging eine Beziehung zu einem Mann ein, der in eine andere Frau verliebt war. Eine tote Frau reichte aus, um eine tröstliche Distanz zwischen uns zu schaffen. Etwas stand zwischen uns, das ihn davon abhielt, sich ganz und gar auf mich einzulassen, etwas, gegen das ich wüten konnte. Ich hatte etwas, wonach ich streben konnte, worum ich mich bemühen und das ich mir wünschen konnte. Ohne Marks Trauer über Lou Anns Tod stand nichts zwischen uns außer dem, was jeder von uns bewußt zwischen uns stellte. Das war nicht mehr die Illusion von Nähe; es war Nähe. Und ich hatte panische Angst davor.

Eine Frau kam zu mir, nachdem sie durch eine Diät sechzig Pfund abgenommen und siebzig Pfund wieder zugenommen hatte. Sie war wütend, weil das Schlanksein nicht das war, als was es ihr angepriesen worden war. Ohne ihr Traum-vom-Schlanksein-Glück, als sie dick war, stand nichts zwischen ihr und dem vollen Lebendigsein. Und das gefiel ihr nicht.

Man kann nicht schlank bleiben, ohne bereit zu sein, die Illusion aufzugeben und sich selbst gegenüberzutreten. Und man kann keine gesunde, wachsende Beziehung haben, ohne bereit zu sein, die Konzentration auf die Fehler des Partners seinzulassen und sich selbst gegenüber ehrlich zu sein. Die Befreiung vom zwanghaften Essen und das Leben in einer Beziehung, in der die Partner sich gegenseitig unterstützen, erfordern dieselbe Bereitschaft aufzuhören, sich gegen den Schmerz zu verteidigen.

Es tut weh, in einer Beziehung zu leben. Aber es ist wirklicher Schmerz. Nicht der Schmerz, jemanden zu wollen, der dich nicht will, und nicht der Schmerz des Versuchs, Ordnung in das Leben eines anderen zu bringen, damit er die Wahrheit erkennen kann – oder dich. Auch die Befreiung vom zwanghaften Essen ist schmerzhaft, aber es ist nicht der Schmerz, den du verspürst, wenn du auf eine Waage steigst und siehst, daß du vier Pfund zugenommen hast, oder wenn du etwas ißt, das du nicht hättest essen sollen, oder wenn du gern schlank wärst und dick bist. Wirklicher Schmerz entsteht, wenn du das entfernst, was zwischen dir und dem Wachsein steht. Wirklicher Schmerz ist der mutige Schmerz des Erwachsenwerdens. Der dunkle und dreckige Schmerz, sich selbst einzugestehen, daß du vierzig Jahre alt bist und noch immer Angst davor hast, deinem Vater die Wahrheit zu sagen. Schmerz mit Haaren daran, der tierische Schmerz, der von ganz tief innen kommt. Es ist der Schmerz, das abzuschütteln, was du übernommen hast und was nicht zu dir gehört, so daß du in den Schimmer eines Lebens eintreten kannst, das wirklich dir gehört.

Der Schmerz eines Zwanges ist kein wirklicher Schmerz. Der Schmerz des Zusammenseins mit einem unerreichbaren oder gewalttätigen Partner auch nicht. Ich will damit nicht sagen, daß es nicht weh tut, sondern daß der Schmerz auf den tiefe-

en, wahreren Schmerz aufgepropft worden ist. Es gibt einen
ursprünglichen Schmerz, den Schmerz von Verlust, Einsamkeit, Trauer, Angst. Und es gibt den Schmerz, den wir erschaffen, um uns von unserem Verlust, unserer Einsamkeit, unserer
Trauer und Angst abzulenken. Heilwerden heißt, die Wunde
zu öffnen und sie von innen heraus heilen zu lassen, sie Wind
und Sonne und der Zeit auszusetzen, nicht Verbände um sie
zu wickeln und jedesmal zu schreien, wenn das Heftpflaster an
der Haut kleben bleibt.

Es liegt in der Natur der Obsession, daß sie einen vor der
Wahrheit schützt. Menschliche Beziehungen sind ein Prozeß,
in dem die Schichten, die du aufgebaut hast zwischen dir und
der Möglichkeit, daß ein anderer Mensch dir etwas bedeuten
könnte, erst erkannt und dann entfernt werden.

Ich erinnere mich an den Tag, an dem mir bewußt wurde,
daß ich Essen nicht *mochte* – obwohl sich mein Leben ums
Essen drehte, um die Frage, was ich essen durfte und was
nicht, obwohl ich für einen Eisbecher mit heißer Schokola-
densoße gestorben wäre und nichts, und ich meine *nichts*,
so gut war wie Essen. Ich sah das Essen nicht an, ich roch
es nicht, ich schmeckte es nicht, ich nahm die feinen Unterschiede nicht wahr. Im Vergleich zu dem Zweck, zu dem
ich es benutzte, war das Essen nebensächlich. Es ergab sich
zufällig, daß ich aß, aber was ich wirklich wollte, war, den
Krawall in mir zu beenden.

Ich benutzte das Essen und ich benutzte Menschen. Beim Essen nannte ich es Eßstörung und bei den Menschen Liebe. Ich
benutzte beides für denselben Zweck: Ich wollte meine Angst
nicht fühlen, meine Scham darüber, ich selbst zu sein, meine
Hoffnungslosigkeit. Dem Essen oder den Menschen, die ich
mir aussuchte, schenkte ich keine besondere Aufmerksamkeit. Ich aß Schokolade weniger des Geschmacks wegen (nach
dem ersten Bissen schmeckte ich nichts mehr) als wegen des
Gefühls, das ich hatte, wenn sie aufgegessen war. Ich suchte
meine Partner nicht so sehr danach aus, was sie mir bieten
konnten als vielmehr danach, wieviel in unserer Beziehung in

206

Ordnung zu bringen war. Das Ziel, das ich beim Essen und beim Lieben im Auge hatte, war haargenau dasselbe: Ich wollte von mir selbst befreit werden.

Als ich eine zwanghafte Esserin war, gab es viele Augenblicke, in denen ich Angst hatte, daß ich nie wieder eine Gelegenheit bekommen würde, wenn ich nicht heute, jetzt, in dieser Sekunde, alles aufessen würde. Nicht, daß ich fürchtete, daß ein bestimmtes Stück Torte oder Lasagne weg sein würde, sondern daß ich eine Gelegenheit vorbeigehen ließ, vielleicht meine letzte, den Teil von mir, der immer hungrig blieb, immer verzweifelt nach Erlösung suchte, satt zu bekommen. Ich konnte nie ehrlich sagen, daß ich genug hatte, denn obwohl mein Körper satt war, fühlte ich mich leer. Und ich war überzeugt, daß ich irgendwann, beim nächsten Bissen, beim nächsten Stück oder der nächsten Scheibe genug haben würde.
Ich habe mir selbst beigebracht, nicht mehr zwanghaft zu essen. Ich steckte Essen in Plastikbeutel, einen Keks in einen Beutel, ein Stück Käse in einen anderen. Die Beutel trug ich mit mir herum. Ich reiste mit getrockneten Birnen und Reiscräckern, überbackenen Tofu-Sandwiches und roten Lakritzen und sagte mir immer wieder, ich könnte ja jederzeit etwas essen, wenn ich Hunger hätte, ich müßte nicht jetzt sofort alles essen. Es funktionierte. Daß ich mir ständig versicherte, ich würde nichts verlieren, wenn ich nicht jetzt, in diesem Augenblick, alles aufaß, gab mir ein Gefühl der Sicherheit. Ich lernte zu essen, wenn ich Hunger hatte und mit dem Essen aufzuhören, wenn mein Körper genug hatte. Ich nahm ab. Essen ist kein Problem mehr für mich. Aber der Hunger blieb.
Wenn Mark für ein paar Tage wegfahren wollte, wurde er zu meiner letzten Chance, meiner Hoffnung auf Erlösung. In dem Augenblick schien meine dringende Not nur damit zusammenzuhängen, daß ich wollte, daß er blieb – genau wie beim Essen der Druck mit nichts anderem als dem Bedürfnis

nach Essen zusammenzuhängen schien. Mark wurde meine Nahrung: das Verlangen nach einem letzten Bissen bittersüßer Schokolade, dem letzten Atemzug Eiscreme, meiner einzigen Chance, ganz zu werden. In dem Moment, bevor er zur Tür hinausging, wollte ich mit verzweifelter Dringlichkeit, daß er eine Lücke füllte, von deren Existenz ich nichts gewußt hatte, bis offensichtlich wurde, daß er nicht da sein würde, um sie auszufüllen. Ich wollte ihn ganz – jetzt – und ich konnte ihn nicht für später in Plastikbeutel füllen.

Dem Zwang liegt die Überzeugung zugrunde, daß die Macht, uns zu erfüllten Menschen zu machen, uns ganz zu machen, außerhalb unserer selbst liegt. Wenn wir das Gefühl haben, etwas oder jemand könne richten, was bei uns nicht in Ordnung ist, werden wir das zwanghafte Bedürfnis entwickeln, es oder ihn immer bei uns zu haben.

Der Zwang muß nicht notwendigerweise mit einem Stoff oder einer Aktivität verbunden sein. Daß wir uns zwanghaft verhalten, liegt an der Art, wie wir über uns selbst denken. In der Art, wie wir unser Leben leben, gibt es eine Qualität, die entweder zwanghaft ist oder nicht. Es hängt nicht mit Essen, Alkohol, Drogen oder Arbeit zusammen, obwohl wir zwanghaft von diesen Dingen abhängig sein können. Das Kennzeichen eines Zwangsverhaltens ist die Unfähigkeit, zu erkennen, wann wir genug haben. Von irgend etwas. Essen, Arbeit, Liebe, Erfolg, Geld.

Das Schwierigste daran ist, daß die Leere nicht verschwindet, wenn wir das Zwangsverhalten überwunden haben.

Ich dachte, ich glaubte wirklich, ich zählte felsenfest darauf, daß eine Liebesbeziehung mich glücklich machen würde. Ich wußte nicht, daß der Wunsch nach einer Beziehung voll Liebe, Respekt und gegenseitiger Unterstützung meine letzte Rückzugsmöglichkeit war und daß ich, als ich Mark getroffen hatte und mir kein großer Traum mehr zu träumen blieb, mit den bruchstückhaften und abgetrennten Teilen meiner selbst konfrontiert werden würde, die ich nicht den Mut gehabt hatte, mir einzugestehen.

Der Zen-Meister Suzuki Roshi sagt, daß nichts außerhalb unserer selbst geschieht. Eine Beziehung ist nicht dazu da, daß wir im Zusammensein mit einem anderen Menschen Frieden finden. Sie ist dazu da, daß wir uns verpflichten, den Kontakt aufrechtzuerhalten und nicht wegzulaufen, wenn der Partner ein Spiegel ist für die Härte unseres Herzens.

Mark kann mich nicht heilen. Aber wenn ich bereit bin, nicht wegzulaufen, nicht zwanghaft zu essen, mir keinen anderen Liebhaber zu suchen, mich nicht in meine Arbeit zurückzuziehen, werde ich das Gesicht unter meinem Gesicht finden. Und ich werde mich selbst heilen.

Die Frage ist nicht, wann oder ob Sie jemanden treffen werden, den Sie lieben können; nichts wird sich ändern, wenn Sie die Liebe Ihres Lebens gefunden haben, außer daß Sie die Liebe Ihres Lebens gefunden haben. Die Arbeit beginnt, wenn die Verliebtheit aufhört. Und die Frage ist nicht, wie wunderbar es sein wird, wenn Sie aufwachen und einen warmen Körper neben sich spüren, wenn Sie jemanden haben, mit dem Sie ins Kino gehen, die Ferien genießen und Ihre Eltern besuchen können, und bei dem Sie Sie selbst sein können. Die Frage ist, was Sie tun werden, wenn es schwierig wird. Wie können Sie jemandem vertrauen, wenn Sie nie gelernt haben, sich selbst zu vertrauen? Was bedeutet es für eine Frau, die Essen als Ersatz für Liebe benutzt hat, in einer liebenden Beziehung zu leben? Was müssen wir über Nähe und Intimität lernen? Was lehrt uns die Nähe zu einem Menschen über unsere Verbundenheit mit allen lebenden Wesen?

Wenn Sie einen Bereich Ihres Lebens gründlich erforschen, werden Sie die Antworten für alle Bereiche finden. Was Sie lernen, wenn Sie sich von Ihrer Obsession mit dem Essen befreien, ist das, was Sie über Nähe und Intimität wissen müssen:

Binde dich.
Sag die Wahrheit.
Vertrau dir selbst.
Der Schmerz geht vorbei, wie alles andere auch.
Lache gern.
Weine leicht.
Sei geduldig.
Sei bereit, verletzbar zu sein.
Wenn du bemerkst, daß du dich an etwas klammerst
und das Schwierigkeiten macht, laß es fallen.
Sei bereit zu versagen.
Laß dich nicht von der Angst abhalten,
den Sprung ins Unbekannte zu wagen
oder in dunklem Schweigen zu sitzen.
Erinnere dich, daß alles irgendwann verloren geht,
gestohlen wird, ausleiert, kaputtgeht;
der Körper sackt zusammen und bekommt Falten;
alle Menschen leiden; und alle Menschen sterben.
Kein Akt der Liebe ist jemals vergeudet.

Die Menschen kommen in einen Workshop und erwarten ein Wunder. Sie wollen spätestens gestern schlank sein. Sie sind ihre Obsession mit dem Essen leid, sie sind es leid, einen Großteil ihres Lebens damit zuzubringen, über ihren Körper nachzudenken und darüber, was sie essen können, was sie nicht essen können, was sie gerade gegessen haben und nicht hätten essen sollen. Sie wollen, daß es vorbei ist. Sie wollen mit ihrem Leben weitermachen. Ich sage ihnen, gebt euch ein Jahr, in dem ihr euch an die Essensrichtlinien haltet, und sie sehen mich an, als hätte ich den Verstand verloren. Dann stehen die Leute auf, die das ein Jahr lang getan haben, und sprechen darüber, was für ein Gefühl es ist, zu essen, wenn sie Hunger haben und Nahrung nicht als Ersatz für Liebe, Trost oder den Ausdruck der eigenen Persönlichkeit zu benutzen.

Die Neuen wollen wissen, wie das geht. Wie habt ihr den Mut gefunden, durchzuhalten? Was macht euch so verschieden von denen, die es versucht haben und zunahmen, den Mut verloren und statt dessen eine Flüssig-Diät machten?

Sie gingen eine Verpflichtung ein, und sie hielten sich daran. Sie hatten eine Vision von dem, was möglich sein konnte, und sie folgten dieser Vision. Wenn sie Angst hatten, ließen sie nicht zu, daß die Angst sie aufhielt. Sie glaubten daran, im Grunde gut zu sein.

Letzte Nacht träumte ich von einem Mann, der in der Antarktis lebte und die Eskimos erforschte. Er hatte einen langen, schönen Bart und braune Augen. Er fragte mich, wo Cupertino läge und ob er zu Fuß dort hingehen könne. Sein Haus war aus Ahorn gebaut, und überall an der Wand hingen Werkzeuge. Obwohl ich mit Mark zusammenlebe, zog ich in Erwägung, mit ihm zusammenzuziehen, er war so sexy. Es würde ein hartes Leben werden, dachte ich – eine Außentoilette, kein heißes Wasser. Das Rad noch einmal entdecken. Dann wachte ich auf.

Ein Freund von mir hat das Heiraten aufgeschoben, bis er dreiundvierzig war, weil er darauf gewartet hatte, Nastassja Kinski kennenzulernen und sie zu heiraten. Er wohnte in Berkeley, war Computerprogrammierer und reiste nicht. Letzte Nacht träumte ich davon, mit einem Mann der Berge zusammenzuziehen. So sehr ich Mark auch liebe, es gibt einen Teil von mir, der nicht zugeben will: Das ist es, ich werde nirgendwohin gehen. Ich kann nicht mit Harry Hamlin davonlaufen und die Glückseligkeit entdecken.

Wenn die Leute zu meinen Workshops kommen, behalten sie die Möglichkeit einer Diät in der Hinterhand. Gut, wir versuchen es mal, eine Woche lang, einen Monat lang, und wenn es nicht klappt oder unsere Angst zu groß wird, wenn wir zunehmen sollten oder unsere Freunde sich über uns lustig machen, können wir ja immer noch eine Diät machen.

Wenn ich eine Meditationseinkehr mache, denke ich in den ersten vier Tagen nur darüber nach, wie ich von da wegkommen könnte. Ich werde mir das Auto von jemandem ausleihen, mit dem Bus fahren, eine Freundin anrufen, einen Hubschrauber mieten. Dann wird mir klar, daß Weglaufen das einzige ist, was schlimmer wäre als dazubleiben. Ich kann nicht vor mir selbst davonlaufen.

In meinen Büchern habe ich davon gesprochen, daß wir uns selbst mit Freundlichkeit, Sanftmut und Mitgefühl begegnen sollten. Ich glaube immer noch, daß die drei notwendig zu einer Befreiung vom zwanghaften Essen dazugehören. Aber etwas habe ich nicht erwähnt, das Bindemittel, das die anderen drei zusammenhält: Bemühen und Verbindlichkeit. Nicht aufgeben, wenn es hart wird.

Wir würden nicht zwanghaft essen, wenn wir wüßten, wie man dranbleibt, wenn es hart wird. Aber wir müssen es üben. Wir müssen so tun, als wüßten wir, wie wir leben können. Die verbindliche Entscheidung für ein Eßverhalten ist dasselbe wie eine verbindliche Entscheidung für eine Beziehung: Wir verpflichten uns einer bestimmten Art des Lebens in der Welt. Wir verpflichten uns, uns selbst treu zu bleiben, nicht einem anderen Menschen oder einem Ernährungsprogramm – und unsere Ernährung, unsere Arbeit, unsere Beziehungen und unser spirituelles Leben gemäß unseren eigenen Prioritäten einzurichten. Wir verpflichten uns, zu tun, was wir tun müssen, damit sich das Leben in uns entfalten kann und wir uns nicht verführen lassen von Glanz, Geld, Ruhm, Schlankheit oder der Illusion, daß wir ein Leben frei von Schmerz führen könnten.

Rückwärts gezählt bin ich in den letzten zwanzig Jahren mit einem Mann zusammengewesen, der sich nicht zu mir hingezogen fühlte, einem Mann, den ich nicht leiden konnte, einem verheirateten Mann, einer verheirateten Frau, einem Mann, der in London lebte, einem Mann, vor dem ich Angst hatte, einem Mann, der in Buffalo lebte, einem Mann, den ich nicht begehrte, einem Mann, der starb.

Wenn es nicht wild oder stürmisch war, war es keine Liebe. Nach der Liebe mußte man sich sehnen. Für die Liebe mußte man bluten.

Nach drei Jahren Zusammensein mit Mark sagte ich zu Sara, ich wisse nicht, ob Mark einer der oberflächlichsten, gehemmtesten Menschen überhaupt oder einer der geduldigsten und mitleidvollsten Männer auf Gottes Erde sei.

Meine Beziehung zu Mark ist leicht. Mit ›leicht‹ meine ich, daß ich nicht meine Fingernägel verbrennen muß, nicht die Verantwortung übernehmen muß für seine geistige Gesundheit oder seine Beziehung zu seiner Mutter, etwas anderes als Kürbis und Artischocken kochen oder ordentlicher als er sein müßte, mich nicht wie Melanie in »Vom Winde verweht« benehmen muß oder Sex als Mittel benutzen, um ihn zu überzeugen, mich zu lieben, und nicht vorgeben muß, etwas anderes zu sein als die komplizierte, prinzipientreue, unverblümte und lebhafte Frau, die ich bin.

Er liebt mich, wenn ich neben einer Reisetasche, einem Koffer auf Rädern und bunten Einkaufstaschen Cracker, Kekse, Trockenfrüchte und Milchreis mit ins Flugzeug nehme. Er liebt mich, wenn ich mitten in der Nacht verängstigt aufwache und ihn bitte, mir etwas vorzusingen. Er liebt mich, wenn ich drei Tage für eine Entscheidung brauche und nochmal drei Tage, um die getroffene Entscheidung wieder umzustoßen. Er liebt mich, wenn ich darauf bestehe, daß wir im Garten Tofu-Hotdogs grillen und es zwei Stunden dauert, um das Feuer anzumachen und zwei Minuten, den zusammengeschrumpften Tofu auf den Kompost zu werfen.

Was er nicht tut: Mich schlagen, sich plötzlich von einem Tag oder Moment auf den anderen radikal verändern, erwarten, daß ich für ihn sorge, Druck ausüben – direkt oder indirekt –, damit ich aufhöre, für mich selbst zu sorgen, mich brauchen, um mit seinem Leben oder sich selbst zufrieden zu sein. Er bricht nicht zusammen, wenn ich mich wie eine Dreijährige aufführe und glaube, daß ich nur kriegen kann, was ich will, wenn er nachgibt.

Was er tut: Er erkennt, was klar und brilliant an mir ist und fördert es, er sieht meine schwierigen Seiten und akzeptiert sie, er verfolgt seine Träume voll Leidenschaft und ohne auf meine Zustimmung zu warten, er wacht lächelnd auf, er lacht mit mir und weint vor mir, er wirft es mir vor, wenn ich unfair bin, er erinnert mich daran, wer ich bin, wenn ich vergessen habe, warum ich am Leben bin. Er sagt mir die Wahrheit.

Einen Menschen zu lieben und von ihm geliebt zu werden lehrt uns, was mit anderen Menschen und allen lebenden Wesen möglich ist. Vertraut zu sein oder distanziert, die Wahrheit zu sagen oder sich davor zu verstecken, das sind Entscheidungen, die wir täglich ungezählte Male in ungezählten Situationen treffen – beim Einkaufen, an der Tankstelle, wenn jemand uns auf der Autobahn schneidet, wenn wir an einem Obdachlosen verbeikommen, wenn wir hören, daß zweihundert Jahre alte Bäume gefällt werden sollen, und daß unsere Enkelkinder vielleicht nie einen Urwald sehen werden.

Es spielt eine Rolle, ob Sie sich als einen Menschen sehen, der fähig ist, etwas zu verändern, oder als einen Menschen, dessen Stimme nicht zählt. Es spielt eine Rolle, ob Sie sich selbst mit Ehrerbietung oder mit Gleichgültigkeit begegnen. Jedes bißchen Arbeit an uns selbst zählt. Jedes Mal, wenn Sie die Liebe wählen, zählt.

Wenn das Essen Liebe ist, ist die Liebe hart und leuchtend wie Lack. Liebe ist etwas außerhalb deiner selbst, ein weiteres Ding, das du dir aneignen kannst. Wenn Liebe Liebe ist, steht nichts zwischen dir und deinem brechenden Herzen.

Liebe rührt dich an. Und das ist gut.

Anmerkungen und Literatur

1 In deutscher Sprache ist erschienen: Roth, Geneen: *Essen als Ersatz. Wie man den Teufelskreis durchbricht.* Reinbek: Rowohlt, 1989.

2 In der BRD gibt es schätzungsweise 60.000 AnorektikerInnen, 500.000 BulimikerInnen und 400.000 allgemein eßgestörte Frauen. 60 Prozent aller AnorektikerInnen werden bulimisch. Nach einer repräsentativen Befragung der Bevölkerung der BRD von 1982 kontrollieren 10 Prozent aller Frauen ihre Nahrungsaufnahme fast immer, 23 Prozent häufig, 32 Prozent ab und zu und nur 34 Prozent gar nicht. 63 bis 75 Prozent aller Frauen haben Erfahrungen mit Diäten. Der Ernährungspsychologe Prof. Dr. V. Pudel bezeichnet Fastenkuren als »Einstiegsdrogen« für ein chronisch gestörtes Eßverhalten. Zwei von drei Übergewichtigen haben nach einer vom Arzt verordneten Diät ihr Ausgangsgewicht nach sieben Monaten wieder erreicht. Psychologen und Mediziner haben in den letzten Jahren 500 verschiedene zum Teil widersprüchliche Diäten entwickelt. Die Kleiderkonfektionsgröße 38 kann nur von 8 Prozent der Frauen getragen werden. 92 Prozent erreichen dieses Ideal nicht. (Quelle: Dick & Dünn. Berlin 1990)

3 In meinen Workshops biete ich eine oder mehrere gelenkte Phantasiereisen an, die den Teilnehmern helfen sollen, an Geschehnisse oder Gefühle heranzukommen, an die sie sich bewußt nicht mehr erinnern.

4 Summer sind Lebensmittel, von denen du weißt, daß du sie willst, ohne sie zu sehen, von ihnen zu hören oder ihren Duft zu spüren. In meinem Buch *Essen als Ersatz* (S. 37-39) ist eine genauere Beschreibung summender und zunickender Lebensmittel zu finden.

5 Ellen Bass und Laura Davis beschreiben in ihrem Buch *Trotz allem. Wege zur Selbstheilung für sexuell mißbrauchte Frauen* (Berlin: Orlanda Frauenbuchverlag, 1990) den Prozeß der Selbstheilung.

6 Model Mugging wird in Europa bisher nicht gelehrt. In mancher Hinsicht vergleichbar ist beispielsweise Wen-Do, wo neben Abwehr- und Angriffstechniken auch Rollenspiele und Übungen zur Selbstbehauptung eine Rolle spielen. (Anm. d. Ü.)

7 Siehe die Stadien des Trauerns, die Elisabeth Kübler-Ross in ihrem Buch *Interviews mit Sterbenden* (Stuttgart: Kreuz-Verlag, 1972) beschreibt. Zwar ist es richtig, daß sich das Trauern um ein Leben in vielerlei Weise von dem Trauern um die verlorenen Jahre unterscheidet, aber die Stadien des Trauerns sind vergleichbar, und der Leser wird es vielleicht hilfreich finden, sie zu kennen.

8 Danke, Annette Goodheart.

9 Nähere Informationen finden sich in dem Buch *Einsicht durch Meditation. Die Achtsamkeit des Herzens – Buddhistische Einsichts-Meditation für westliche Menschen* von Joseph Goldstein und Jack Kornfield (Bern: Scherz Verlag, 1989)

10 Genauere Informationen über diese Richtlinien finden sich in meinem Buch *Why Weight: A Guide to Ending Compulsive Eating* (New York: Plume, 1989).